ÉMILE BOUTMY

Membre de l'Institut.

Éléments

d'une

Psychologie politique

du

Peuple américain

LA NATION — LA PATRIE — L'ÉTAT

LA RELIGION.

Librairie Armand Colin

Paris, 5, rue de Mézières

Éléments

d'une

Psychologie politique

du

Peuple américain

Coulommiers. — Imp. Paul BRODARD. — 381-1901.

ÉMILE BOUTMY

Membre de l'Institut.

Éléments

d'une

Psychologie politique

du

Peuple américain

La Nation. — La Patrie. — L'État.
La Religion.

Librairie Armand Colin

Paris, 5, rue de Mézières

1902

PRÉFACE

Les phénomènes qu'on a essayé d'analyser dans ce volume sont les premiers, je veux dire les plus anciens qui se soient produits dans toute nation; selon l'ordre chronologique, et même selon l'ordre logique, ils précèdent tous les autres. Comment s'est constituée originairement la masse qui est devenue le peuple américain, comment a-t-elle acquis la conscience commune d'une nation distincte? Par quelle suite d'événements s'est dégagée l'idée de patrie, s'est formée et assise la notion de l'État? Par quelles influences plus intérieures et plus secrètes encore s'est étendue et diversifiée, derrière ces deux formes politiques, la notion de l'au-delà? Autant de problèmes non moins philosophiques qu'historiques qu'il faut d'abord résoudre si l'on veut entreprendre avec quelque maîtrise une étude politique sur les États-Unis. C'est donc avec raison que le livre a été intitulé *Éléments d'une Psychologie politique du Peuple américain*. Je me hâte d'ajouter que je n'ai

jamais eu la prétention d'embrasser tout le système
des forces élémentaires. Je n'ai pris et considéré que
celles qu'imposaient à l'observateur l'intensité de
leur action, l'étendue et la variété de leurs effets.

Les phénomènes que je viens de définir ont été
étudiés dans leurs causes les plus profondes, les plus
invétérées et les plus durables; par exemple, la
constitution d'un peuple a été rendue dépendante
d'une certaine densité de la population et aussi de
l'existence d'une frontière naturelle qui la ramène
sur soi et la force à se prendre en un corps de nation
distincte. La conception de la patrie a été rattachée
à ce fait, qui n'avait aucune chance de se produire
dans notre vieux monde, d'une nation qui n'a point
de passé et qui a au contraire devant elle un immense
avenir. La liberté et l'égalité se sont montrées en
Amérique avec des caractères particuliers : en Europe,
la plupart des libertés — droit de se déplacer, d'exercer
une profession, de se marier, de léguer ses biens
selon sa volonté, etc. — portent une date, celle de leur
acquisition par un don ou une concession de l'État;
toutes les libertés, en Amérique, appartenaient à l'individu par le fait seul de la naissance; l'État n'a pu
que les limiter. L'égalité est en Europe le résultat
d'une dépossession des classes privilégiées qui laisse
après elle chez les uns l'âpre et rogue sentiment
d'une possession récente, chez les autres le désir
indéracinable de revenir à la première occasion sur
l'abandon consenti de leurs droits; en Amérique, au
contraire, l'égalité était la condition naturelle d'une
société où manquaient jusqu'aux premiers éléments

d'où aurait pu sortir une caste. J'ai fait voir des
hommes qui, soit dans la candeur et l'intolérance
des croyances primitives, soit même dans le positi-
visme utilitaire et dégagé auquel s'est par degré
réduite leur foi, continuent d'être des chrétiens, des
pratiquants très éloignés de la libre pensée agressive
ou du scepticisme léger de nos races d'Europe. J'ai
montré que le patriotisme n'enlève rien au sentiment
entier et arrogant de leur personnalité, qu'il n'a rien
de commun avec la haute et grave conscience qui
animait un d'Assas, qu'il est fait d'optimisme, d'orgueil et de jactance. A propos de l'État, j'ai rencontré
— c'est la différence la plus tranchée qu'il y ait entre
l'Amérique et l'Europe — un gouvernement qui est
la création consciente des individus au lieu d'être le
milieu immémorial au sein duquel chacun de nos
Français s'éveille à la vie et prend conscience de ses
droits, qui sont peu de chose, et des droits du pouvoir
qui sont presque tout. Société économique avant
d'être une société politique, les États-Unis ne laissent
disponibles pour les services de l'Administration et
de l'État que des hommes moralement et intellectuellement inférieurs ; les autres trouvent un emploi
plus fructueux de leurs dons naturels et de leurs
capacités acquises, dans les libres entreprises de l'industrie, du commerce et de l'agriculture. Ils se rési-
gnent sans grand effort aux abus d'un gouvernement
que l'Europe considérerait comme le pire des maux.
Enfin la religion, par l'arrêt de développement qu'ont
subi toutes les autres formes idéales de la pensée,
philosophie, littérature et art, est demeurée la seule

de ces formes qui ait pu fournir un certain développement, d'ailleurs sans originalité et sans éclat. Ce
développement s'est fait, chose étrange, de plus en
plus aux dépens du dogme et du rituel par un attachement de plus en plus marqué aux préceptes moraux et aux pratiques d'une charité très active.

On voit par ces exemples, pris au hasard dans l'ouvrage qu'on va lire, quel est l'ordre, la nature et, pour
ainsi dire, le niveau des causes que nous avons recher-
chées derrière ces grands phénomènes : nation, patrie,
État, religion. Nous les avons poursuivies dans la profondeur et la nuit des instincts, dans l'intimité et le
secret de la conscience, presque toujours dans des
faits primordiaux qui ont contribué à former le
milieu vivace et transformateur où l'émigrant venait
aborder, où les molécules humaines, jetées séparément
tour à tour, étaient rapidement métamorphosées soit
par l'influence des hommes plus anciens d'une ou de
deux générations, soit par l'action de conditions économiques qui étaient les mêmes pour tous et agis-
saient uniformément sur toute la masse. J'ai parlé
du niveau de ces causes. Elles sont enfouies, en effet,
comme le vieux sol de l'Attique et de Rome, et il
nous a fallu de laborieuses tranchées pour les mettre
au jour. Sous l'énorme amas qui les couvre, elles
sont en quelque sorte à l'abri des influences même
les plus puissantes qui se produisent à la surface.
Celles-ci ne peuvent pas atteindre à un   'le profondeur. Si l'on veut me permettre de cha..ger de comparaison, je dirai que ce sont des nappes souterraines
qui s'étendent sous toute une contrée et déterminent

uniformément la composition de ses eaux. Une pluie
d'orage pourra s'infiltrer çà et là dans le sol, entraîner
les sels de la surface et les diluer dans quelques
sources dont elle changera la nature. Elle ne pourra
modifier qu'à la longue les éléments essentiels de ces
courants profonds qui se dérobent à tout mélange.

Je n'ai donc pas grande hésitation à laisser sans
changements les articles que je réunis dans ce
volume après les avoir publiés une première fois
en 1890-1892. Quelques notes insérées aux endroits
où une mise au courant des documents statistiques
et législatifs peut sembler nécessaire, suffiront comme
remaniement du texte.

Toutefois, l'analyse en raccourci qu'on vient de lire
n'épuise pas les sujets contenus dans ce volume. Il
me resterait à dire que ces causes plus que séculaires,
inaccessibles à l'action perturbatrice de causes plus
complexes et plus récentes, peuvent se dénaturer par
elles-mêmes et à elles seules. Il leur arrive de rencontrer un obstacle dans leurs effets accumulés, et
leur action peut alors être détournée de son sens ou
même se renverser complètement. C'est ainsi que
l'augmentation de la population, à force de se répéter
d'année en année, a fini par subir, depuis 1870 environ,
trois modifications qui sont très capables d'en faire
sortir des effets totalement inconnus à l'Amérique
d'il y a soixante ans. Cette augmentation, qui se fait
de l'Est à l'Ouest, a, par la densité rapidement accrue
des zones les plus rapprochées, diminué l'attrait
qu'exercent sur l'émigrant les terres inhabitées, désormais séparées de lui par trop d'étapes. Elle a con-

contré — c'est particulièrement le cas pour les États atlantiques — de grandes masses d'hommes dans les villes et renversé le rapport qui existe entre la population urbaine et la population rurale. Elle a formé sur divers points du territoire des noyaux considérables appartenant à une nationalité distincte, et elle a donné ainsi la consistance et la durée à des idées et à des habitudes qui naguère auraient cédé sans résistance à l'influence du milieu. De ces trois modifications procède ou doit au moins procéder un patriotisme caractérisé, conscient, actif, tumultueux, avivé par l'échange rapide des idées, par l'impression de force que laisse à chacun le spectacle confus de l'énorme masse dont il fait partie, très sensible à l'image, à la sonorité et à l'éclat des mots, un peu charlatan, prompt à orchestrer le moindre succès, plus national que l'ancien et surtout plus démocratique, enfin étrangement entremêlé de notions conçues dans le milieu européen et conservées intactes au sein de groupes homogènes. J'ai brièvement analysé ce patriotisme; j'ai montré qu'il était tantôt en arrière, tantôt en avance sur l'ancien. J'ai fait voir que s'il ne s'est pas développé avec plus de largeur et de maîtrise, s'il n'a pas réalisé d'un coup tous ses attributs, c'est qu'il a rencontré une résistance dans les institutions et aussi dans les mœurs formées et arrêtées sous d'autres influences.

On a donc analysé dans ce volume, autant que cela était possible, toute la série des causes premières; tous les événements qui sont survenus depuis peuvent y être rapportés. Un seul se dérobe :

c'est l'état d'âme ou la manière de sentir qu'on a
appelée « impérialisme ». Bien qu'il ait pour fond le
patriotisme transformé qui vient d'être esquissé, il
y ajoute d'autres caractères si nouveaux, si différents
de ce qu'on s'attend à rencontrer aux États-Unis et
pour ainsi dire si *unamerican* qu'il mérite bien au
moins quelques remarques et quelques réflexions : je
lui ai consacré le dernier chapitre de ce volume.

E. B.

Décembre 1901.

ÉTUDES

D'UNE

PSYCHOLOGIE POLITIQUE

DU

PEUPLE AMÉRICAIN

CHAPITRE I

LA MÉTHODE

BRYCE ET TOCQUEVILLE

Nous avons montré ailleurs[1] que le régime parlementaire n'a pu naître et créer ses traditions que par l'industrie et grâce aux mérites propres d'une oligarchie de grandes familles. Parvenu en Angleterre à la plénitude de son type, emprunté de là, sur la foi de Montesquieu, par presque toutes les nations civilisées, il ne s'adapte pas

[1]. *Le Développement de la Constitution et de la Société politique en Angleterre*, p. 285.

sans peine aux conditions générales ou locales de la démocratie, qui va partout nivelant les inégalités sociales et politiques. En Angleterre même, en Espagne, en Italie, en France, selon la mesure où les éléments aristocratiques ont été éliminés ou déclassés, ce régime éprouve plus ou moins une « difficulté d'être ». Tel, un homme qu'on oblige à vivre dans une atmosphère à laquelle ses poumons ne sont point faits, souffre d'une sorte de dyspnée qui lui cause des intermittences dans le pouls, des vertiges et même un commencement d'affolement, jusqu'à ce que l'accommodation au milieu se soit complétée par la lente transformation des organes.

Rien d'étonnant que les penseurs politiques se tournent vers le seul grand pays où le gouvernement libre a été réalisé dans un milieu et sous des formes entièrement purgés d'éléments aristocratiques. Les uns — les moins clairvoyants — lui demandent des solutions toutes faites à copier directement; d'autres, plus sagaces, des vues, des suggestions, un certain art d'adaptation, point de départ et instrument de combinaisons qui pourront avoir un caractère original, bien que suscitées par cet illustre modèle. Les études sur les États-Unis se sont multipliées significativement depuis un petit nombre d'années. En France, les deux volumes de M. le duc de Noailles sont dignes d'un nom cher aux amis de la grande République et de la liberté. Les deux premiers volumes de M. Gourd ne dépassent pas la date de 1770; mais ils nous promettent un précieux répertoire et un savant commentaire des Constitutions des États, trop masquées jusqu'à ce jour par le prestige de la Constitution fédérale. La deuxième édition du livre de M. Claudio Jannet appellerait pour son compte une étude approfondie, où la discussion et la critique tiendraient une large place, sans faire tort à l'estime que mérite un écrivain d'une si ample information, d'une si respectable sincérité. Je passe aujourd'hui à côté de ces richesses pour aller à un ouvrage capital qui, du premier coup, a pris dans l'opinion des Américains le rang d'un traité classique de la matière. Je veux parler des trois volumes de M. J. Bryce sur l'*American Commonwealth*.

I

L'ouvrage de M. Bryce est trop considérable pour avoir besoin de l'injustice que — non pas certes M. Bryce lui-même — mais une partie du public est en passe de commettre à l'égard de Tocqueville. On donne volontiers à entendre que *la Démocratie en Amérique* est un livre désormais daté et dépassé, où l'homme politique ne s'adressera plus pour s'instruire. Tout au plus une curiosité oiseuse s'avisera-t-elle d'y chercher comment un homme d'esprit se figurait les États-Unis ou on raisonnait à vide aux environs de l'année 1835. C'est ainsi qu'un grand tragédien paraît en un instant vieilli et démodé, parce qu'un jeune rival de grand talent a débuté dans ses rôles, avec l'attrait d'un port, d'un costume et d'une diction selon le goût des temps nouveaux.

Ce jugement lui-même est de mode et passera. Je viens de relire les trois volumes de Tocqueville et, quelques réserves que j'aie à faire, particulièrement sur le dernier, je l'ai fermé avec une impression d'admiration profonde pour l'œuvre tout entière. L'auteur de l'*American Common-wealth* partage ce sentiment; il l'a exprimé en termes qui l'honorent, dans un morceau critique de grand prix : *the Predictions of Hamilton and of Tocqueville.* Il a toutefois accompagné ce témoignage d'une liste assez longue d'erreurs de détail, d'omissions, de prévisions démenties par les faits.

Sans en rien contester, me sera-t-il permis de reprendre le sujet d'un peu plus haut? M. Bryce ne m'en voudra pas du pieux scrupule qui m'empêche d'aborder sa grande œuvre avant d'avoir, pour mon compte et à ma manière, dégagé et liquidé en quelque sorte ce que le temps a enlevé à Tocqueville et ce qu'il lui laisse. Le plus court est sans doute de faire la somme des

insuffisances et des défauts : ce sont presque tous
ceux de l'époque, plutôt que ceux de l'auteur, et,
cette déduction faite, on pourra estimer par différence la haute valeur de l'excédent.

L'Angleterre a fourni le fond sur lequel se
dessinent les institutions américaines. Tocqueville la connaissait mal. Il gardait en lui l'image
toujours présente des institutions françaises et il
se reportait sans cesse à ce terme de comparaison,
trop différent du monde nouveau pour aider à le
bien comprendre et à l'embrasser dans son tout.
Il avait, de plus, l'obsession de cet avenir inconnu
qu'il appelait la « démocratie »; il sondait cette
ombre et y promenait son fanal avec une sorte de
nocturnus horror, de fatalisme mystique plus fort
qu'il ne convient à un penseur politique. Enfin,
il était justement convaincu que les forces morales
ont seules une valeur propre, et il obéissait trop
vite au désir d'aller les chercher à leurs sources
les plus hautes et les plus abondantes. De là, des
lacunes dans sa description et particulièrement
dans l'analyse des *mécanismes*. Voilà comment,
par exemple, après avoir marqué très exactement
la place de l'État particulier — du *commonwealth*
— et le poids dont il pèse dans l'équilibre constitutionnel, il n'a pas pris le temps d'en étudier la
structure et les organes. Le moraliste impatient,
se dérobant à cette besogne de pur juriste, a passé
outre à l'organisation bien autrement vivace du

township des villes et des comtés, où il pressentait cette impression de liberté large et tumul-
tueuse, d'activité prodigue et féconde qu'il nous
a transmise en des pages immortelles. C'est un
des graves défauts du livre; ce n'est pas, tant s'en
faut, une méprise de l'observateur. Il a très bien
vu que le *township* est comme la cellule élémentaire, le premier et fertile exemplaire de la démocratie américaine. Sait-on qu'il y a tel Etat où
les budgets des communes, des villes et des
schoolboards forment les *cinq sixièmes* des dépenses publiques? C'est chimère pour la vieille
Europe de vouloir emprunter aux États-Unis les
parties hautes de leur mécanisme politique, si
elle ne s'est d'abord approprié ces puissantes
sources motrices et ces innombrables déversoirs
de l'agitation humaine. Sur ce point, le jugement
de Tocqueville a gardé toute sa valeur.

Ainsi, malgré toutes ces causes d'erreur et
d'omission, Tocqueville a tracé du régime politique des États-Unis un portrait généralement
exact ou facile à remettre au point. Il a été moins
heureux dans plusieurs de ses prédictions. M. Bryce
en signale particulièrement deux que l'événement
n'a pas confirmées. Tocqueville a visité les États-
Unis à l'époque où les partis politiques venaient
de se désagréger. Il a auguré que l'effet de cette
désintégration serait durable, et n'a pas prévu le
nouveau classement qui allait résorber en deux

autres grands partis les débris des anciens groupes.
Cet avenir lui était d'autant mieux caché qu'il ne
croyait pas à la durée effective de l'Union fédérale. Il avait remarqué avec justesse que, dans le
conflit engagé depuis l'origine, les États particuliers avaient sur le pouvoir central l'avantage
de la consistance, d'une conscience politique plus
claire, d'un patriotisme plus sûr de son objet.
L'autorité fédérale avait presque toujours été
sauvée par l'événement de la nécessité d'user de
contrainte; l'emploi de la force aurait probablement tourné à son humiliation. On pouvait croire
qu'elle ne cesserait pas de perdre en prestige et
en crédit. Tocqueville se persuada que l'Union,
sans cesser d'exister en droit et en fait, ne serait
bientôt plus qu'une ombre et un nom.

Les deux méprises sont complètes : l'Union
s'est finalement consolidée; la théorie extrême
des *State rights* a été abandonnée, et les deux
grands partis sont restés les cadres de toute l'activité politique. Mais qui ne voit qu'une pres-
cience plus qu'humaine eût été nécessaire pour
ne pas s'y tromper? Peut-on reprocher à Tocqueville de n'avoir pas prévu l'établissement des
lignes de steamers transatlantiques, le développement du réseau des chemins de fer, le télégraphe
et toutes les suites directes et indirectes de ces
merveilleuses inventions? En 1835, ces grands
faits s'annonçaient à peine. Ce sont eux qui ont

emporté décidément la balance en faveur de l'Union. Les steamers ont jeté sur tous les rivages des États-Unis, les chemins de fer ont distribué dans toutes les parties profondes du continent américain une masse énorme d'immigrants, étrangers à la vie municipale de chaque État et qui ne connaissaient, pour en avoir entendu parler, que le gouvernement fédéral. Longtemps errant sur cette immense surface, comme une nappe d'eau qui cherche son niveau, attirés en grand nombre vers l'Ouest, particulièrement dans les « Territoires », qui sont soumis constitutionnellement aux lois et à la tutelle du Congrès, ces nomades, ces sortes de *heimathlose* ne pouvaient ressentir aucun patriotisme local; ils ne se rattachaient vaguement qu'à l'*Union*. Ils se sont trouvés, catéchumènes naïfs, à la merci des politiciens, et ceux-ci ne pouvaient guère parler aux sens obtus de cette multitude que par des formules simples et des dénominations tranchées. Cette circonstance a certainement contribué à la reconstitution des forces politiques en deux grands partis nationaux aux *plateformes* très générales.

D'autre part, les 191 000 milles de *railways* (chiffre de 1899) ont réduit les distances, à ce point qu'aujourd'hui Chicago est pratiquement aussi près de New-York que l'était autrefois Philadelphie. Ils ont mêlé et assimilé les habitants de différents États par la facilité des migrations sur tout le territoire. La solidarité nationale a reçu de ces contacts multipliés une consistance inattendue, et l'autorité centrale y a trouvé un appui moral plus ferme, en même temps que ces grands bras de fer lui procuraient le moyen de faire sentir sa force sur des points où naguère elle n'aurait même pas eu la pensée d'atteindre. Qui peut dire quelle eût été, sans la vapeur, c'est-à-dire sans Sherman et Farragut, l'issue de la guerre de Sécession? Enfin, chemins de fer et steamers ont autrement encore contribué au même résultat en ouvrant à tous les États, même à ceux du Pacifique, des débouchés exceptionnellement avantageux sur l'Europe. Ces débouchés ne peuvent être assurés que par une entente commune, et cette entente ne peut être réalisée d'une manière étendue et durable que par l'entremise et sous la surveillance du pouvoir national. De grands intérêts ont été ainsi créés, qui recommandent le maintien de l'Union et conseillent même un certain degré de centralisation. L' « Interstate commerce act » (1887), qui a placé les questions de transit sous le contrôle d'une commission fédérale, témoigne que cette influence est plus que jamais présente et active.

Tout ce qui n'a pas dépendu de ces découvertes, par lesquelles la science devance et défie toute prévision, Tocqueville l'a vu. La figure qu'il a tracée reste exacte pour tous les traits significatifs. Et, indépendamment de la justesse, quelle profondeur dans les aperçus, quelle maîtrise dans l'enchaînement des effets moraux, quelle gravité convaincue, et, çà et là, quelle émotion profonde, d'autant plus saisissante qu'elle se refoule elle-même derrière les artifices un peu froids d'un style étudié !

Mais ce qu'on reproche surtout à Tocqueville, c'est sa méthode. On l'oppose en ce point à M. Bryce lui-même et encore plus à M. Taine. Il ne sort guère, en effet, des généralités ; il disserte, il déduit. On s'arrête parfois de lire et l'on se demande s'il parle bien d'un peuple réel ou s'il rêve d'un peuple imaginaire. Cela est surtout vrai du troisième volume, publié après les autres. C'est plutôt un traité général sur la démocratie, suivant la juste expression de M. Bryce, qu'une étude particulière sur la démocratie en Amérique. Cette étude est admirable à maints égards ; mais Tocqueville y a singulièrement rétréci ses perspectives et quintessencié ses conclusions.

Les deux premiers volumes échappent davantage à cette critique. Sainte-Beuve, qui les a jugés avec un respect dégagé de toute sympathie, regrettait cependant qu'ils fussent d'un tour trop abstrait et que Tocqueville n'eût pas donné ses pièces justificatives. Ces pièces, l'auteur en avait les mains pleines. C'est surtout la manière d'exposer qui est abstraite ; le fond repose sur une

enquête précise. Tocqueville a observé ; il sait
voir. Il ne dédaigne pas « les faits particuliers » ;
il en a recueilli et posé un grand nombre. Si cela
ne paraît pas, c'est que, ces faits ainsi amassés, il
a pour règle de s'en débarrasser avant d'écrire. Il
les secoue comme fait le voyageur de la poussière
du chemin avant de paraître en bonne compagnie ; c'était le ton et les façons d'alors. Il n'en a
pas moins fourni toutes les étapes du chemin.

Ce procédé de l'artiste s'accordait, d'ailleurs,
avec une thèse du penseur. Deux écoles sont ici
en présence, dont il vaut la peine de définir brièvement les méthodes. La nouvelle recherche curieu-
sement des « faits particuliers » ou individuels
dans les notes de voyageurs, les biographies, les
mémoires, voire même les romans. Elle en fait le
tissu même de sa démonstration. L'ancienne, à
laquelle Tocqueville appartenait d'instinct, estime
que, dans l'étude morale et sociale d'un peuple,
les observations relatives à des individus ou limitées à un lieu et à un point du temps (voilà bien
les « faits particuliers ») n'ont point par elles-mêmes
rang de preuves : ce ne sont que des indices ou
des exemples, des moyens de découvrir, de mettre
en place et à l'occasion d'*illustrer* — ce qu'il faut
toujours faire sobrement — les véritables éléments
de la démonstration. Celle-ci repose essentiellement sur l'enchaînement des grandes causes physiques et historiques avec leurs effets psychologi-

ques, et sur la suite et le déroulement de ces effets dans l'âme humaine et dans la société.

Que peuvent valoir quelques rares échantillons, fragments ramassés au pied d'une montagne, pour déterminer la composition de cette masse énorme et disparate? On la détermine d'après l'épaisseur et la direction des grandes couches géologiques, au moyen d'une tranchée qui les met à nu. Quand il s'agit d'une société humaine, c'est la psychologie générale, ce sont les grandes statistiques qui pratiquent cette tranchée révélatrice. Les « petits faits » ont simplement la valeur de points de repère pendant la recherche et ensuite de *spécimens*, de piquantes leçons de choses aidant à se représenter vivement et matériellement les objets. Peut-être précisément ce dernier point eût-il inquiété la conscience de l'austère penseur; peut-être eût-il craint que la vivacité accrue de la peinture ne se fît prendre pour l'intensité accrue de l'évidence, et que, pour avoir trouvé plus de couleur et de relief au tableau, le lecteur ne s'imaginât qu'il y avait réellement plus de force et de solidité dans la preuve. Selon ses règles de jugement, les faits particuliers étaient comparables à ces dépositions d'enfants et de domestiques, les plus saisissantes presque toujours, les plus proches de la réalité à saisir, mais trop souvent partiales, peu judicieuses et mêlées de commérages. Le tribunal les accueille à titre de renseignements, mais leur refuse la valeur légale de témoignages et ne les retient que si elles se trouvent confirmées par leur concordance avec les circonstances générales de la cause.

Il y a beaucoup de vérité dans ces observations ; mais il n'y en a pas moins dans cette remarque, que les déductions générales où se complaisait Tocqueville n'atteignent guère que l'homme universel, personnage dont nous n'avons point affaire. Quant à la psychologie de race ou de nation, celle dont le politique a surtout intérêt à devenir maître, il n'y a pas mieux que les faits particuliers pour la faire ressortir, par corrections et nuances, sur le fond banal de la psychologie abstraite. Dans une étude morale et sociale, le lieu commun a son prix ; mais la science, pas plus que l'art, ne peut s'y arrêter et s'en contenter. La psychologie générale est comme un contour maigre enveloppant beaucoup de blanc, une sorte de silhouette, trop pauvre en lignes intérieures pour présenter des reliefs et reproduire une physionomie. Les faits particuliers y posent des ombres ; ils y introduisent la couleur et le clair-obscur ; la figure exsangue et plate prend par ces puissants artifices l'épaisseur, la chaleur et le mouvement ; et remarquez que la couleur et le clair-obscur ne sont pas seulement un attrait pour l'œil : ils ajoutent au degré de détermination du dessin ; ils donnent la sensation de la vie et une

sorte de mesure approximative des forces internes
qu'on ne peut autrement calculer. Telle est exactement la vertu des faits particuliers. La très
grande difficulté de les choisir, de les interpréter
avec justesse, est une raison pour que le penseur en use avec circonspection, non pour qu'il
renonce à ce moyen de se procurer une image
plus riche et plus caractérisée du type qu'il
étudie.

Tocqueville s'est donc, non pas trompé, mais
privé à son dam d'une ressource précieuse. Paraî-
trai-je trop indulgent si je l'excuse sur l'état d'enfance de cet art délicat et tardif, à l'époque où il
écrivait? Pouvait-il prévoir avec quelle sagacité
et quel bonheur dans la recherche, quelle sûreté
dans le choix, quel art exempt de tout trompe-
l'œil dans l'arrangement, un maître qui devait se
rencontrer avec lui dans l'étude d'un autre grand
sujet, s'emparerait de ces éléments dédaignés, et
les fondrait en masses aussi cohérentes que pourrait l'être la plus serrée des déductions abstraites?
L'architecte grec, accoutumé à ses colonnes faites
de hautes assises et à ses architraves d'un seul
morceau, ne pressentait pas qu'un jour l'ingénieur
romain noierait dans de la pouzzolane — une
poussière — des briques minces et légères, mou-
lerait en blocs ces matériaux menus, liés d'un
ciment indestructible, et en formerait des piles solidement assises, des arcs élancés, des voûtes har-

dies, capables d'enclore et de couvrir continûment d'immenses espaces.

Il faut garder nos gloires; c'est mon apologie pour ces trop longues réflexions. Cette justice ainsi rendue à Tocqueville, je suis plus à l'aise pour dire tout le bien que je pense de l'œuvre de M. Bryce.

II

L'auteur de l'*American Commonwealth* est un homme politique, membre du Parlement, un professeur de droit à l'Université d'Oxford, un historien original. Il était admirablement qualifié à ces trois titres pour entreprendre une étude sur les États-Unis. L'Angleterre politique, qu'il possède à fond, lui fournit un terme de comparaison que rendent inappréciable la parenté de race et le fonds commun originaire des institutions. M. Bryce est extrêmement versé dans la littérature et le droit germaniques. Les « choses de France » font moins de figure dans son livre, mais le peu qu'il en dit témoigne d'une connaissance très honorablement exacte de notre pays. A une préparation générale si rare s'est ajoutée une préparation spéciale non moins exceptionnelle. M. Bryce n'a pas fait, si je compte bien, moins de cinq séjours aux États-Unis depuis 1870. Il en a employé l'intervalle à se recueillir, à grouper les faits observés, à préciser les *desiderata* et à mettre en forme les questions complémentaires à poser d'après les résultats acquis. C'est ainsi qu'on devient maître d'un sujet.

De ce livre, j'aime avant tout la probité et le scrupule scientifiques; portés à ce point, ils sont devenus si rares! Je n'imagine pas que M. Bryce se soit jamais contenté d'un à peu près, quand il y avait moyen de se procurer mieux par une laborieuse recherche, d'une conjecture, quand un témoignage précis pouvait être obtenu, d'une détermination comparative par plus ou par moins, quand il existait quelque part un chiffre positif. La réalité n'a jamais été serrée d'aussi près. Et, d'autre part, je ne crois pas que l'auteur ait une seule fois dépassé dans ses conclusions la portée des preuves ainsi rassemblées. On n'est pas plus discret dans ses jugements, plus retenu dans ses prévisions. L'attrait d'une thèse nouvelle, le plaisir de se livrer à une idée spécieuse, de se laisser emporter sur la pente vers une perspective profonde, trouvent M. Bryce insensible ou — pour parler plus exactement — gardé par un ferme propos de véracité, de simplicité, de justesse. Cela est méritoire, car cette « bonne foy » se paye. L'exposition en est nécessairement plus lente, l'appareil de l'argumentation plus pesant, et, à la fin, ce qu'un lecteur français appellerait le profit liquide, c'est-à-dire le gain en propositions abso-

lues et catégoriques, paraît moins abondant.
M. Bryce s'excuse sur le manque d'espace d'avoir
fait une étude très incomplète. Il regrette notamment la nécessité où il s'est trouvé d'exclure la
philosophie, l'histoire et le droit. Pour les deux
dernières sciences, elles sont sans doute moins
absentes que l'auteur le suppose. Il n'a pas pu se
séparer de lui-même, et, sinon l'histoire et le droit
dans leur substance, du moins les qualités de l'historien et du juriste sont partout actives et senties.
Je n'en veux pour preuve que cette remarquable
analyse de l'instrument constitutionnel fédéral qui
remplit tout le premier volume.

Ce que je goûte encore très particulièrement
dans ce livre, c'est cet optimisme, d'ailleurs per-
spicace et nullement dupe, qui est la marque du
politique et qui distingue celui-ci du pur moraliste.
Le moraliste est par essence un personnage clairvoyant et chagrin ; le politique doit être clairvoyant
et rester de belle humeur. Il ne justifie pas son
nom, s'il ne voit pas tout ce qui se découvre au
chercheur attentif; il le justifie moins encore, si,
après avoir vu tout cela, il ne croit pas à quelque
chose qui ne se voit point et qui pèsera dans le
sens du bien. Toute société recèle des forces
latentes dont l'observateur n'a pas la mesure, des
puissances de réaction contre le mal qui s'amas-
sent sous des apparences de langueur, des germes
nouveaux où dorment des formes inconnues. Il

est juste d'accorder à chaque peuple le bénéfice de
ces chances favorables; le politique doit être du
parti de la vie contre celui de la mort.

La haute impartialité de M. Bryce a bien cette
nuance. Les genres vitupératif et laudatif lui sont
également étrangers. Ni l'impatience de juger, ni
la passion de glorifier ou de condamner, ni la
préoccupation d'excuser, ni cette aigre indulgence
dont la fin secrète est de dénigrer par comparaison,
ne troublent sa volonté de seulement savoir et
comprendre; mais cette volonté se complète par
un parti pris d'espérer. Aussi ces trois volumes
forment-ils un singulier contraste avec les œuvres
des observateurs militants comme Laboulaye ou
M. Cl. Jannet, par exemple. Ils contiennent, pour
qui veut l'y trouver, les éléments du réquisitoire le
plus nourri qui ait jamais été dressé contre un
peuple. Et, cependant, il n'y a pas de livre qui
rappelle moins le ton d'un réquisitoire. Chaque
blâme y est immédiatement suivi d'un acte de foi
dans la puissance interne de redressement dont le
peuple américain est doué. Ne le jugeons point
d'après nos règles, dit en substance M. Bryce. Il y
a là un tempérament jeune, chaud et sain qui fait
mentir les pronostics qu'on tirerait d'après nos
tempéraments appauvris. Des maladies, qui semblent mortelles à la description, ne sont que béni-
gnes pour une constitution de cette vigueur. Elle
les supporte, elle en éliminera d'elle-même le virus

à la longue. La vigne américaine n'est pas exempte
du phylloxera, mais elle le nourrit sans dépérir.
C'est l'image de l'Américain. Il voit comme nous,
par exemple, la vermine de politiciens dont il est
couvert; mais ce qui ne ferait qu'une plaie de
tout notre corps politique le démange à peine. Il
n'en reste pas moins libre et dispos pour tout ce
qu'il estime ses affaires essentielles.

M. Bryce a pu s'inspirer plus ou moins, dans ces
appréciations favorables, de la courtoisie recon-
naissante d'un hôte bien accueilli. Mais il a surtout, et tous les penseurs politiques lui en sauront
gré, reconnu la nécessité de faire une place, à côté
des critiques les moins atténuées, à ce je ne sais
quoi de réparateur que l'on traduit familièrement
par le mot : il y a de la ressource. Témoin exact
et minutieux, il a su ouvrir un large crédit à cet
« inconnu » qui s'élabore sourdement dans toute
nation jeune, se fait sentir vaguement et profondément comme une onde de vie et entraîne sans
preuve la foi et l'espérance de l'observateur.

Le compte rendu admirablement clair, serré,
complet, donné par M. de Franqueville [1] me
décourage de tenter ici une analyse de l'*American Commonwealth*. Je me bornerai à quelques
brèves indications.

Le premier volume est consacré à la descrip-

1. Dans le *Correspondant*, 10 et 25 juin 1887.

tion du gouvernement central. Sir Henry Sumner
Maine avait dépensé beaucoup d'art à retrouver
dans toute la Constitution fédérale la Constitution
anglaise du temps de George III. Je me suis élevé
naguère contre cette théorie. J'ai la satisfaction
de voir que M. Bryce ne l'accepte pas sans l'atténuer sensiblement. Il estime que la Constitution
fédérale a emprunté bien plus largement aux
Chartes des différentes colonies qu'à l'organisation politique de la mère patrie. J'aurais souhaité
qu'il insistât davantage sur ce qu'elle doit à la
pression des circonstances, des passions et des
intérêts, à des compromis improvisés, acceptés par
lassitude, à des expédients ingénieux, et, d'autre
part, à certains principes abstraits alors en crédit.
A force de chercher partout l'hérédité, on finirait
par supprimer en histoire la part du contingent et
la part du rationnel. M. Bryce appuie de son autorité une autre proposition qui m'est chère, c'est
que la Constitution de 1789 n'est pas l'acte souverain d'un peuple d'individus, mais un contrat entre
plusieurs puissantes personnes morales, qui ne
sont autres que les anciennes colonies. L'unité
morale de la nation n'a pas été la cause, mais
l'effet graduel de la Constitution.

Sur le départ constitutionnel des attributions
entre l'autorité fédérale et le gouvernement des
Etats, sur la séparation outrée des pouvoirs législatif, exécutif et judiciaire, sur leur organisation et

leurs rapports mutuels, on ne devait s'attendre à
rien de bien nouveau; tout en a été dit. Mais ce
que l'abondance et la précision incomparable des
détails font ici particulièrement ressortir, c'est la
puissance de la force des choses et l'impuissance
des fabricants de constitutions, démontrées par la
série de leurs mécomptes. Qui reconnaîtrait l'élection présidentielle, telle que la prévoit le texte, frac-
tionnée, calme, sagement conduite par de petits
groupes librement choisis, dans cette crise tumul-
tueuse qui entraîne en un seul flot la nation tout
entière, sous une impulsion qui ne vient ni du
peuple ni des électeurs légaux, devenus des personnages entièrement passifs? Qui reconnaîtrait le
caractère aristocratique de l'élection à deux degrés
des sénateurs par les législatures locales, dans ces
• nominations à *tickets* qui sont devenues virtuellement directes en cessant d'être libres? Qui se
serait avisé qu'un gouvernement où les pouvoirs
ont été absolument séparés se ferait surtout remarquer par leurs empiétements réciproques, qu'un
gouvernement où figurent deux Chambres deviendrait le contraire d'un gouvernement de discussion,
• et la Chambre populaire l'analogue des Corps législatifs muets de notre second Empire, avec ses propres comités pour Conseil d'État? Qui aurait prévu
• que, dans un gouvernement de partis, il n'y aurait
ni chefs avoués ou avouables au sein du Parlement, et que, dans un gouvernement libre et

national, personne, ni législateurs ni gouvernants,
ne serait effectivement responsable? C'est ce qui
ressort avec une évidence piquante du tableau
tracé par M. Bryce.

Le gouvernement des États, l'administration
locale et l'organisation des partis remplissent le
second volume. L'administration locale a été
décrite à grands et justes traits par Tocqueville.
M. Bryce y a ajouté d'intéressants exemples,
particulièrement pour le régime municipal des
grandes villes. Le gouvernement des États n'avait
eu encore ni peintre, ni historien. M. Bryce en a
magistralement montré la structure et suivi
l'évolution. Rien de plus singulier, à l'heure
actuelle, que cette graduelle mise en suspicion et
en interdit des Assemblées électives : dans tous
les États, moins six, elles ne tiennent plus de
sessions que tous les deux ans, elles ont les
mains liées pour l'emprunt et l'impôt, elles ne
peuvent plus toucher par la loi à maint sujet que
la Constitution règle elle-même, etc. C'est, en
d'autres termes, le peuple frappant d'incapacité
ses mandataires les plus directs. Le discrédit et
la décadence des législatures d'État sont un des
phénomènes qu'on aurait le moins attendu d'une
démocratie. L'organisation des partis, le système
des conventions échelonnées, les *rings*, les
bosses... font le sujet d'un demi-volume non
moins intéressant. Mais c'est surtout par les cha-

pitres qui suivent sous le titre : « l'Opinion
publique » que l'ouvrage sort absolument do
pair. Un peu plus de concision eût fait de cette
étude un chef-d'œuvre. Le troisième volume se
complète par une série de monographies sur
l'Église, le barreau, les tribunaux, les Universités, la Bourse, les chemins de fer, auxquelles
s'entremêlent deux piquants morceaux sur l'agrément ou la monotonie de la vie américaine.

Tel est ce livre qu'on ne saurait trop louer. Il
y a pourtant une contre-partie à tant de mérites :
le plan général, l'ordre des matières ne sont pas
les meilleurs qu'on eût pu concevoir : ce ne sont
pas ceux du moins qui, selon notre optique française et l'orientation de notre curiosité, ouvrent
le plus de perspectives et les plus profondes sur
le sujet. M. Bryce s'est proposé — ce sont ses
expressions — de présenter un tableau général
des États-Unis, *gouvernement* et *nation*. Trois
grands objets s'espacent dans ce cadre : l'appareil
constitutionnel lui-même, les formes et procédés
suivant lesquels il fonctionne, les forces qui le
mettent en mouvement. « Il est naturel, dit
M. Bryce, de commencer par la première de ces
trois études, et, des deux parties qu'elle embrasse,
le gouvernement des États et le gouvernement
fédéral, il est plus à propos de traiter d'abord
celui-ci, qui présente moins de difficultés pour
les lecteurs européens, parce qu'il ressemble au

gouvernement national de leurs pays respectifs. »
Je suis tenté de croire que l'ordre naturel est de
commencer par la dernière de ces trois études.
C'est par les forces en action dans les profondeurs de la masse nationale que s'expliquent la
structure et la marche de l'appareil constitutionnel. Cet appareil nous apprend peu de chose
à lui seul. Je doute, en outre, que l'analogue le
plus rapproché de nos gouvernements européens
soit ici le gouvernement fédéral ; c'est bien plutôt,
et sur des points plus essentiels, le gouvernement
d'un État. J'ajoute que si la préoccupation
d'adapter l'ordre d'exposition des matières à
l'ignorance ou à la médiocre préparation du lecteur est justifiée dans un manuel d'école, elle ne
l'est à aucun degré dans un ouvrage de haute
science comme celui de M. Bryce. Même excès de
condescendance pour le public, quand l'auteur,
quittant le chapitre du gouvernement, aborde
celui de la nation, qui embrasse « les idées, le
caractère et les habitudes du peuple souverain ».
Ici se placent quelques morceaux admirables,
notamment sur les partis politiques et sur le
règne de l'opinion. Mais M. Bryce nous avertit
qu'il n'entend pas épuiser également toutes les
divisions de cette troisième partie, soit pour ne
pas lasser son lecteur par trop de détails, soit
parce qu'il y a certaines questions qu'il possède
moins bien que les autres, soit parce que ces

questions ont été traitées avec compétence par
d'autres publicistes. C'est ainsi qu'il parlera des
Universités, parce que les auteurs européens les
ont négligées, et négligera les *common schools*,
parce qu'ils en ont parlé. Je crains que le caractère de la nation n'apparaisse pas avec la plénitude et la netteté désirables, dans un tableau où
l'auteur s'expose à détruire l'effet d'ensemble par
les blancs absolus qu'il laisse en plusieurs
endroits de la figure, et où il s'accorde le droit
d'omission, non à raison du peu d'importance de
telles ou telles parties, mais pour des motifs
aussi extérieurs que la facilité de renvoyer à
l'œuvre d'un autre écrivain.

Oserai-je dire comment j'aurais souhaité que
M. Bryce ordonnât son sujet? A sa place, et si
j'avais eu cette richesse d'informations, cette
maîtrise dans la mise en œuvre, j'aurais, ce me
semble, commencé par « l'homme, l'individu ».
Je l'aurais montré tel que le donne l'immigration
en ses périodes successives : réfugié se dérobant
à la persécution religieuse, chercheur d'aventures
en quête de richesse ou d'une vie plus libre, fret
suspect des Compagnies de colonisation; appor-
tant sur ces rivages les qualités de sa race ou les
infirmités de sa condition, l'énergie de sa foi ou
son fatalisme de misérable; les plus anciens, le
poids de leurs fortes traditions juridiques et politiques; les plus récents, l'errante légèreté d'une

écume rejetée par la société européenne. J'aurais ensuite décrit le milieu, c'est-à-dire l'ensemble des conditions physiques et géographiques qui entourent et cernent le nouvel arrivé; le climat ou plutôt les climats, les impressions habituelles que les sens reçoivent de la nature environnante, les aptitudes naturelles du sol, les nécessités et les facilités économiques. J'aurais noté cette cause capitale : l'éloignement de tous les grands établissements militaires, la faiblesse ou l'humeur pacifique des peuples limitrophes.

Puis, j'aurais essayé de me faire le témoin et, à grands traits, l'historien de la rencontre, du choc et de l'adaptation entre cet homme et ce milieu. De cette histoire un fait décisif se serait dégagé : la source de toute impulsion subie par la volonté, la matrice de toute empreinte reçue par le caractère sont ici la nécessité patente, la *sommation*, si l'on peut ainsi dire, de reconnaître, d'occuper et de mettre en valeur cet immense territoire. Cette nécessité fournit en quelque sorte à l'esprit sa notion du souverain bien; tous les autres mobiles s'effacent devant celui-là ou s'en imprègnent. En un mot les États-Unis sont avant tout une société économique; ils ne sont qu'à titre secondaire une société historique et politique.

Cette interversion dans l'ordonnance accoutumée des principes sociaux, j'en aurais d'abord vérifié les effets dans les grands départements

d'ordre spéculatif : religion, philosophie, poésie,
art et science. Puis j'aurais suivi ces mêmes
effets dans les cercles concentriques de plus en
plus étendus où s'exerce l'activité humaine. En
premier lieu, la famille, sa place dans la société,
la position qu'y occupe le père, l'idée que la
femme, la fille, le fils se font de leurs droits et de
leurs devoirs. Cette étude manque dans le livre
de M. Bryce, et c'est assurément une lacune
regrettable. Après la famille, la propriété, foncière ou mobilière, et les conditions exceptionnelles où elle se présente dans ce continent
immense et sans maître. Puis les groupes : l'association libre, le trust, la corporation, l'école,
l'Église, l'Université, le *township*, la ville. La
plupart de ces groupes ont précédé l'État et con-
tinueraient à vivre s'il venait à périr ou à se
transformer. Tous tiennent de plus près que lui à
l'individu et par des besoins plus immédiats. Ils
sont plus stables et en un sens *naturels*. C'est
pourquoi ils doivent être décrits les premiers.
C'est maintenant le tour de l'État, qui n'est dans
le principe que l'ancienne colonie, affranchie de
son allégeance envers la Couronne d'Angleterre
et reconstituée en corps autonome. Les États postérieurs à l'Union ont été organisés sur le modèle
des plus anciens et ne forment pas une série à
part. L'État particulier, le *commonwealth*, est
l'organisation ordinaire et nécessaire. L'autorité y

est celle que nous connaissons en Europe dans nos pays unitaires et en qui reposent les pouvoirs généraux du gouvernement. Il faut posséder cette matière avant d'aborder la région fédérale et d'y considérer ce gouvernement d'exception, cette autorité à portion congrue (au moins à l'origine), simple *raison sociale*, en quelque sorte, pour les rapports avec l'étranger, laquelle, peu à peu, du simple fait de représenter la nation dans son ensemble, et par le développement des intérêts communs, a pris une consistance singulière, exercé une action en retour curieuse à suivre sur tous les groupes moins étendus, et paraît appelée à jouer un rôle de plus en plus considérable dans les destinées du peuple américain.

J'arrête ici ma querelle avec M. Bryce, un peu honteux d'opposer à une œuvre si laborieusement accomplie l'esquisse d'un plan facile à tracer sur le papier. Tocqueville a perdu à n'avoir pas entouré d'un cadre géographique, historique et naturaliste, et à n'avoir pas vivifié par des exemples, son admirable étude psychologique. Peut-être M. Bryce aurait-il gagné à faire d'une psychologie plus serrée, plus méthodique et partant de plus bas, je veux dire du niveau de l'individu et de la famille, le noyau de son admirable étude juridique et politique. Le vice de l'ordonnance, s'il existe, n'ôte d'ailleurs rien à la valeur substantielle de ces trois volumes. Ils restent, non seulement une description modèle d'un organisme constitutionnel, un traité lumineux de haute politique, mais une des œuvres de ce temps les plus recommandables par l'étendue des connaissances, l'exactitude des recherches, la justesse des interprétations, la parfaite conscience et la parfaite mesure, enfin par un style toujours clair, toujours approprié, qui s'honore en ne voulant être que le serviteur en habit gris de la pensée. J'aurai, dans le cours de ce volume, l'occasion de rendre un nouvel hommage à ces éminentes qualités, en étudiant l'une des questions qui ont un intérêt particulier pour notre pays : les notions comparées de l'État en France et en Amérique.

CHAPITRE II

LA POPULATION ET LA SOCIÉTÉ

Une nation, une patrie, un Etat se forment par une opération très complexe qu'il faut décomposer pour la comprendre. Il y a quelque artifice, mais il y a nécessité à distinguer et détacher d'abord les différentes causes, à se les représenter agissant isolément et successivement, sauf à les rapprocher ensuite dans un tableau d'ensemble, afin qu'on voie bien l'action entrecroisée des forces qui concourent à la création d'une conscience et d'une personnalité collectives.

Avant la *nation*, il y a la *société*, le simple assemblage des molécules humaines. La formation du lien social dépend dans une grande mesure des conditions *démographiques*; j'entends par là les circonstances qui déterminent l'accroissement, les mouvements et le mode de groupement de la population. Aux États-Unis, ces circonstances sont très particulières; elles ont varié d'époque en époque. Notre premier soin doit être de les décrire avec exactitude et de les interpréter avec précaution.

I

Parmi les conditions essentielles qui concourent à former une société et à dégager l'idée de nation, il y en a une qui est toute de fait et pour ainsi dire matérielle : c'est l'existence d'une population stable, qui ne reçoit pas dans un temps donné trop d'éléments de toute origine et lents à se fondre, qui ne perd pas trop, dans le même temps, de ses éléments anciens et assimilés. Et cette condition est liée à une autre non moins essentielle, qui est l'occupation *effective* d'un territoire *défini*. Par occupation effective, j'entends que le territoire est couvert d'établissements assez serrés pour qu'il n'y ait guère de place vide à y prendre. Par territoire défini, j'entends qu'il n'y a pas, à la suite et en prolongement de la région occupée, d'autres régions inappropriées, libres et ouvertes. Le premier effet de cet état de choses est que l'immigration cesse d'être fortement sollicitée, qu'elle se ralentit ou s'arrête; que, d'autre part, les habitants une fois fixés ne sont pas

tentés par la facilité de changer d'établissement,
et de fait n'en changent point. Les conséquences
ultérieures sont que les générations peuvent en
paix et longuement s'unir au sol, des cadres
sociaux permanents se former, les hommes ainsi
encadrés s'accommoder, puis s'attacher les uns
aux autres, les différences originelles s'effacer
entre eux par degrés, et sur toute la population
s'étendre l'homogénéité relative d'un seul et même
peuple.

Sans un territoire défini, ce que j'appellerai la
conscience géographique d'un peuple, soutien
nécessaire d'une autre conscience plus haute, peut
difficilement se former et se fixer. Elle est d'autant plus prompte à se dégager que la délimitation
est plus précise. C'est pour cette raison que
l'Angleterre, avec ses frontières nettement des-
sinées par la mer, a été la première en Europe,
au sortir du moyen âge, à se concevoir comme
une nation. L'Espagne, la France, placées dans
des conditions un peu moins favorables, ont été
un peu plus tardives à se saisir. L'Allemagne,
vague surface sans limites naturelles, sauf au
sud, et longtemps sans autres voisins à l'est que
des peuplades éparses et flottantes, n'a franchi
ce stade qu'au xixe siècle. Il est probable que la
forte constitution de la Pologne, de Varsovie à
Dantzig, au xve siècle, a été l'une des causes qui
ont donné de l'avenir à la Prusse encore à naître,

en coupant l'Allemagne du Nord du désert russe,
où s'était répandue jusqu'alors la colonisation ger-
manique, et en la rabattant sur elle-même. Si la
Russie enfin est restée dans une sorte d'état inor-
ganique, si elle est encore aujourd'hui moins un
peuple qu'une race — l'agent du panslavisme; —
si elle donne par moments l'impression d'une
horde sous un chef religieux, encore capable
d'une croisade contre l'Occident, plutôt que d'une
nation assise sous un chef civil, cela tient en
partie sans doute à ce que l'immensité ouverte de
l'Asie, l'invitant à l'expansion perpétuelle, l'empêche de rentrer en soi et de se concentrer. La
facilité indéfinie de s'étendre a pour effet de
maintenir, en quelque sorte, un peuple à l'âge
de la croissance et de retarder l'âge adulte, caractérisé par une conception bien dégagée de l'État,
laquelle n'est pas sans ressemblance avec la formation d'une personnalité réfléchie. L'individualité d'une nation, comme celle d'un homme, ne se
révèle à elle-même en sa plénitude que par la
rencontre d'une *limite* ou par le choc d'une autre
individualité.

Les États-Unis ont été de tout temps dans une
position comparable à celle de la Russie. Ne
remontons pas plus haut que la guerre de l'Indépendance. Les colons sont alors au nombre de
2 750 000 (Mc'Master, 9, 10, 11) disséminés le
long de l'Océan sur une bande large de 255 milles

en moyenne et longue de 14 à 15 degrés[1] : c'est
un peu plus que la superficie de la France. Ils
sont aujourd'hui 22 000 000 dans le même espace,
et ils y laissent encore plus d'un vide. Vers 1780,
la Virginie, la plus peuplée des colonies du Sud,
n'a pas plus d'un dixième de son sol occupé; le
nord de la colonie de New-York est presque
entièrement désert, et cette région est une partie
de ce qu'on appelle alors le Far West. Outre les
énormes espaces inhabités de la zone côtière, les
colons disposent, au delà des monts Apalaches,
de vastes territoires où ils ne se répandent pas
encore. Le Massachusetts, le Connecticut, New-
York, la Virginie, les deux Carolines, la Géorgie,
sont concessionnaires de bandes qui s'étendent
très avant dans l'intérieur parallèlement aux
degrés de latitude : tout cela, terres vacantes et à
prendre, parc de chasse d'une poignée d'Indiens
qu'on dépouille selon l'occasion et le besoin.

En 1790, époque du premier recensement, il
n'y a pas plus de cinq pour cent des habitants
déclarés qui résident à l'ouest des Alleghanys, et
la carte indiquant la densité de la population en
1800 est la première où l'on voit, au delà de
cette ligne, une tache légèrement foncée, tache

---

1. Ajoutez quelques centaines de milliers de nègres. Il y en
avait 220 000 vers 1750 et le nombre paraît avoir augmenté
d'une dizaine de mille chaque année par la traite, sans compter
l'excédent des naissances. (V. Hart., *Epochs of Am. History.*)

unique, qui s'étale sur l'emplacement du Kentucky actuel.

Vingt ans après que les pionniers ont commencé à pénétrer dans ce premier Far West et à l'occuper — c'est vers 1783 — la frontière commence à fuir en quelque sorte devant eux. En 1803, l'annexion de la Louisiane étend leur titre à tout le bassin du Mississipi; puis, de décade en décade, pour ainsi dire, par conquête ou par achat, d'autres annexions reculent successivement les limites du sol national : c'est la Floride en 1819, le Texas en 1845 et 1850, les provinces mexicaines en 1848 et 1858, l'Alaska en 1858, le tout à peine habité ou même désert. Le territoire embrassera en 1860 toute l'épaisseur du continent. Même aujourd'hui, le champ d'expansion est encore pratiquement indéfini.

L'aspiration et comme la succion produite par ces vides immenses, qui s'espacent en prolongement l'un de l'autre, voilà donc une première condition. Celle-ci en entraîne une seconde, l'extrême mobilité des molécules humaines. Dans ces immenses espaces et avec tant de lacunes entre eux, que de facilités aux hommes pour se déplacer, et quelle tentation de changer de lieu tant qu'ils ne sont pas satisfaits ou dès qu'ils ne se sentent plus à l'aise! L'immigration et la colonisation à l'intérieur, qui ont commencé avec la première occupation, n'ont jamais été interrom-

pues et se poursuivent encore de nos jours; l'espace ne leur a pas un instant fait défaut. On pressent avec quelles conséquences pour l'individu et
le corps social.

Essayons de constater par des témoignages et
de mesurer par des chiffres cette mobilité de la
population. Ici intervient une circonstance qui ne
se rencontre pas en Russie. Les États-Unis ont
une côte de plus de 400 lieues de long, regardant
l'Europe et très riche en bons ports, au moins
dans sa moitié septentrionale. Sur cet immense
quai de débarquement, des vaisseaux déversent
sans relâche des hommes de races, de langues, de
religions différentes. Avant 1820 il n'y a pas de
statistique générale digne de foi déterminant l'importance de ces apports. A en juger par quelques
chiffres — les 13 000 Allemands du Palatinat,
arrivés dans un laps de trois ans, les 5 000 Irlandais que Philadelphie reçoit dans la seule année
1729, etc., — on est induit à supposer que l'immigration était intermittente, mais au total assez
considérable relativement à la population native,
un peu moins toutefois qu'elle ne l'est redevenue
·depuis quarante ans, après avoir sensiblement
baissé dans l'intervalle. La plupart des immigrants
d'alors ne restent pas au lieu où ils ont pris terre;
ils se répandent, se dispersent, changent de résidence et s'arrêtent seulement quand ils ont trouvé
le bien-être. Quelques noyaux ethniques homo-

gènes, formés à l'origine, subsistent assez longtemps, peu à peu entourés, battus par le flot, enfin
submergés : Suédois en Delaware, Hollandais à
New-York, Huguenots dans les Carolines, Écossais
et Irlandais de l'Ulster dans la Virginie de l'Ouest,
Allemands en Pensylvanie[1], où ils occupent fortement la place, Anglais partout. Les noyaux
religieux sont encore plus stables. Toutefois les
catholiques sont assez vite débordés en Maryland ;
les anglicans finissent par l'être en Virginie. Seuls
les indépendants continuent à dominer décidément
dans la Nouvelle-Angleterre. Ailleurs il y a mouvement incessant, délaiement plutôt encore que
mélange.

Parmi ces éléments disparates, chez ces hommes
dont leur exode avait fait de simples individus,
comparables pour la plupart à des cellules que
les corps des peuples européens auraient détachées
de soi et éliminées une à une, comment une
conscience commune aurait-elle pu rapidement se
dégager? Il y avait, dans chaque région donnée,
trop d'hommes nouveaux venus et comme étonnés
sous un ciel étranger, trop d'hommes encore
tournés de cœur et d'esprit vers l'Europe quittée
d'hier, trop d'hommes enfin qui ne faisaient là
qu'une station, une première halte pour se recon-

---

1. Burke, en 1765, estimait que l'Angleterre était menacée de
voir la Pensylvanie lui devenir entièrement étrangère par le
langage, les mœurs et les tendances.

naître avant de pousser plus loin. Ils ne pouvaient si vite ou pour si peu de temps se fixer au sol, s'attacher les uns aux autres. La maxime : *Ubi bene, ibi patria*, qui les avait amenés sur ces rivages, restait encore trop présente à leur esprit ; elle les entraînait toujours plus loin à la recherche de toutes ces richesses sans maître qui s'espaçaient à l'infini. Disséminés et mobiles dans chaque masse un peu stable des plus anciens colons, ils l'empêchaient plus ou moins de se prendre en nation.

Cependant, vers le milieu du xviiie siècle, deux sociétés d'une densité et d'une cohésion plus apparentes se sont formées au Nord-Est et au Sud, en Massachusetts et en Virginie. C'est qu'en Virginie la caste aristocratique des planteurs, en Massachusetts la forte organisation des Eglises congrégationnalistes, qui ne font qu'un avec l'Etat, ont encadré les hommes, les ont serrés davantage les uns contre les autres et commencent à les mouler en nations. Mais regardons de plus près ces deux masses : de chacune d'elles, des molécules et des fragments se détachent sans relâche, comme de corps encore friables jetés dans un courant et livrés à la rude impétuosité des eaux. La Virginie envoie des colons dans tout le Sud. Les Virginiens, les Nord-Caroliniens peuplent les bords de l'Ohio et du Tennessee. Mais les essaims les plus nombreux et les plus rayonnants partent du Nord. Les gens de la Nouvelle-Angleterre ne cessent pas d'affluer dans les provinces de l'Ouest et du Sud : ils les colonisent de leurs personnes et de leurs capitaux. Dès la fin du xviiᵉ siècle, on les trouve à New-York, où ils sont très vite assez nombreux pour faire substituer l'anglais au français, comme l'une des langues officielles. On les voit former des noyaux de population dans les Jerseys, dans les Carolines, occuper le district de Wyoming à l'extrémité ouest de la Pensylvanie. Ils ne vont pas seuls, ils se font suivre; ils entraînent des gens de toute provenance; mais ce sont eux qui mènent tout avec une fougue incroyable. Pendant les dix dernières années du xviiiᵉ siècle, on observera que l'augmentation de la population en Nouvelle-Angleterre est presque enrayée par les pertes que cause cet exode; les gouvernements s'en alarment[1]. En 1783, quand les colons se lancent avec une sorte de *furia* dans les espaces à l'ouest des Apalaches, ce sont encore les Yankees qu'on distingue à la tête du mouvement. Ils sont les fondateurs de la Compagnie de l'Ohio, dont tous les membres devaient statutairement être citoyens du Massachusetts. Ils montrent

[1]. Tandis que la population de la Géorgie double, que celle du Tennessee et du Kentucky triple, que celle de la Caroline du Sud augmente de 40 p. 100, le Massachusetts ne s'accroît que de 16 p. 100, le Connecticut que de 5 1/2 p. 100. Rhode Island ne gagne pas mille habitants en addition à ses 69 000. (Mc' Master, II, 576.)

bien par là ce qu'ils sont. Rien qui ressemble ici à la consistance d'un État, à la fixité et à la riche unité d'une nation ; ils font penser tantôt à l'ardeur mouvante d'une horde prolifique qui jette son trop-plein, tantôt à la sèche homogénéité d'une secte formée par une stricte discipline ecclésiastique, parfois à la brutalité consciencieuse d'un ordre religieux militaire qui acquiert des territoires pour lui en même temps que des âmes pour Dieu, le plus souvent enfin, à cet énergique esprit d'entreprise et à cette mobilité des personnes et des capitaux, qui distinguent une association de marchands et de spéculateurs. Les Norwégiens ou les Danois essaimant de leurs fiords, les chevaliers teutoniques aux prises avec les Esthes, la Hanse et ses comptoirs, quelque chose de ces trois types se retrouve chez les Yankees, sans qu'aucun des trois épuise les caractères de ce groupe ethnique, où l'on ne saurait encore voir un peuple et une patrie.

Sous leur impulsion, les déplacements se font par grandes masses : en 1788, le fort Harmar voit passer 4500 *settlers* en moins de cinq mois ; 10 000 traversent Marietta au cours de la même année. Les témoignages du temps nous montrent chaque pionnier échelonnant de distance en distance des habitations précaires, qu'il abandonne bien vite dès qu'il se voit suivi et quand d'autres habitations s'élèvent près de la sienne. Il avance alors, poussant toujours plus profondément dans les solitudes. La distance dénoue plus ou moins les liens qui l'attachaient à la colonie mère et fait de lui une sorte de *heimathlos*.

Après le commencement du siècle, l'immigration étrangère paraît se ralentir. Les lois des pays européens y sont contraires. Elle se concentre à New-York et à Baltimore, délaissant un peu le Nord et presque complètement le Sud. Celui-ci ne reçoit presque plus d'apport nouveau ; le travail servile en exclut décidément le travail libre, tandis que l'interruption de la traite en 1808 a tari l'autre grande source de son immigration [1]. Les contingents diminués qu'envoie l'Europe profitent au Nord, et surtout au Centre et à l'Ouest. Ce qui continue toutefois dans tout le pays, ce sont les déplacements intérieurs, et ils se font au détriment de la densité, qui gagne à peine plus qu'elle ne perd. De 1790 à 1840, en un demi-siècle, elle n'augmente en moyenne que de trois au kilomètre carré [2]. Le déversoir ouvert à partir de 1803 par l'achat de la Louisiane, et incessamment élargi par de nouvelles annexions, attire insatiablement vers l'Ouest les habitants de la zone côtière. Le

---

1. En 1790, 10 000 immigrants. En 1804 et 1805, 4000. En 1790, 1800, 1810, le nombre des adultes recensés est beaucoup plus grand au Nord et à l'Est que dans le Sud ; cela indique bien la direction que suit dès lors le courant de l'immigration. (Seybert, *Annales statistiques des États-Unis*, 1820.)

2. Voir le *Census* de 1880.

sol vacant a été partagé en territoires qui se peuplent rapidement et deviennent des États. Le Sud continue de répandre ses colons et ses nègres dans l'Ouest méridional ; c'est une question de vie ou de mort pour lui de conquérir à l'esclavage les futurs États et de s'assurer leurs voix au Congrès. Les Yankees sont les colonisateurs en chef de tous les territoires voisins des lacs. La ligne où s'arrête leur progrès vers le Sud peut être aisément tracée ; c'est celle où l'on cesse de rencontrer le cadre typique de l'administration locale en Nouvelle-Angleterre, le *township*, et où prévaut un autre cadre, le comté, introduit par les Kentuckiens qui ont pénétré par la frontière opposée.

Une grande partie de la population se déplaçait ainsi par un flux incessant ; elle glissait en quelque sorte comme un glacier sur sa moraine. Le travail d'une nationalité en formation n'est pas comparable à une lente agglomération ni à une cristallisation progressive dans un vase fermé, au fond d'une liqueur au repos. Les additions au contenu, comme les écoulements répétés au dehors, produisent une agitation dans la masse qui fait circuler de nouveau toutes les molécules et rompt les adhérences près de se former. L'instabilité de la population en Amérique empêchait pour ainsi dire les éléments solides de gagner le fond et de s'y déposer.

De cette période (1800-1850), je citerai un seul

fait, mais celui-là très significatif. En 1830, il y avait 36 membres du Congrès originaires du seul Etat de Connecticut. Cinq représentaient le Connecticut lui-même ; les 31 autres résidaient nécessairement dans d'autres États, puisque la résidence était partout une condition d'éligibilité ; ils avaient donc délaissé leur pays d'origine. Le fait fournit la preuve, le chiffre fournit la mesure de l'instabilité de la population.

La construction des chemins de fer, qui commence à cette même date, précipite le mouvement. Les lignes de paquebots, établies à partir de 1837, fournissent régulièrement de la matière humaine. Entre 1820 et 1890, 15 millions de personnes, dont 7 millions et demi depuis 1870, viendront du dehors grossir la population native[1]. L'arrivage annuel moyen est aujourd'hui de quatre à cinq cent mille[2] (après avoir approché de 800 000), transportés par 835 steamers qui font un service régulier. On imagine aisément l'effet de désagrégation continue que produit cette masse déversée sans interruption sur le territoire. C'est comme un fleuve en crue constante dont l'eau déborde et se répand selon les pentes rencontrées par son inertie. La pression des nouveaux arrivants sur les natifs produit un engorgement qui force les uns et les autres à se déplacer en partie. Les

1. Mayo Smith, p. 44.
2. 554 456 en 1890.

exodes par étapes, où l'homme semble fuir la
société et abandonne ses établissements dès qu'il
est rejoint, recommencent en se multipliant partout où les voies de fer facilitent les transports.
Ils se poursuivent encore aujourd'hui dans le
Far West, et trop souvent c'est l'homme qu'on
croyait fixé au sol qui laisse désert le foyer con-
struit par un grand-père ou un bisaïeul. « L'Américain est un nomade », voilà le cri qui échappe
à M. de Hübner en 1869.

De notre temps, les antiques fermes de toute
une partie de la Nouvelle-Angleterre sont quit-
tées par les familes qui les avaient consacrées
par plusieurs générations d'une vie grave, simple
et forte. Les Franco-Canadiens, les Irlandais catholiques, gens contents de peu, comblent les lacunes
créées dans la vieille société puritaine, en ébran-
lent le lien et la cohésion [1]. Les premiers, leur
pécule amassé, repassent volontiers la frontière
en laissant derrière eux de nouveaux vides dans
la masse sociale; les autres se pressent dans les
grandes villes.

La solidité relative qu'avaient montrée, pendant la première moitié du siècle, plusieurs des
sociétés provinciales dans les anciens Etats, s'est
donc trouvée ébranlée plutôt que confirmée depuis

---

1. Ils commencent toutefois à se fixer et à se faire naturaliser : la portion nord du Maine leur appartient ethniquement.
Voir les articles du prof. Shaler dans le *Popular Monthly*.

quarante ans, tandis que, dans les nouveaux
États, le déplacement incessant de la population,
appelée et comme aspirée par les États et les
territoires voisins plus à l'Ouest, empêche le sentiment de la nationalité dans chaque *Commonwealth* de trouver une base stable [1]. Depuis trois
ans, par exemple, l'ouest du Kansas n'ayant ou
presque aucune pluie, les pionniers ont été forcés
de l'abandonner. Cette émigration a presque compensé l'immigration dans l'est de l'État, en sorte
que la population totale a été moindre en 1890
qu'en 1889, en 1889 qu'en 1888. En 1889, le
Michigan paraissait perdre une partie de ses
habitants, attirés par le vide des deux Dakotas.
Le Nevada s'est à moitié dépeuplé, depuis son
admission à titre d'État.

En somme, dans tous les États occidentaux —
presque une moitié de la grande République —
les hommes sont encore des molécules flottantes,
poussées en divers sens par le besoin et les appé-

---

1. Quelques chiffres rendront sensible le peu de racines de
ces plantes humaines. Dans l'État de New-York, sur 5 400 000
habitants (chiffre rond), il y en a plus de 1 500 000 venus de
l'étranger ou des autres États, tandis que près de 1 200 000, nés
dans le New-York, sont établis dans d'autres parties de l'Amérique. Dans l'Illinois, sur moins de 3 100 000 habitants, il y en
a 1 370 000 qui sont ou étrangers ou natifs des autres États,
tandis que plus de 550 000 nés dans l'Illinois l'ont quitté. Dans
le Minnesota, l'élément arrivé du dehors, étranger ou américain, est de 480 000 sur 780 000, et en Californie de 540 000 sur
863 000.

tits. Elles ne sont point fixées sur un point déterminé du territoire ; elles ne se tiennent pas entre
elles par leur attachement au même sol. Qui n'a
pas de foyer ne saurait avoir une patrie. Chaque
nationalité provinciale est ici comme une affaire
nouvelle dont les titres ne sont pas encore classés,
ce qui veut dire qu'ils ne sont pas aux mains de
gens décidés à les garder. Elle est exposée à des
baisses subites et onéreuses, résultat de réalisa-
tions volontaires ou de liquidations forcées.

Tout ce qui précède se résume et ressort dans
un fait particulièrement significatif, c'est que le
centre de population avance vers l'Ouest d'une
distance qui est en moyenne de 65 kilomètres par
décades jusqu'en 1830, et qui monte à 93 kilomètres en moyenne pour chacune des cinq décades
suivantes. Le centre de population est le point
d'intersection de deux degrés géographiques, tels
que, des deux côtés, en longitude comme en latitude, il y ait deux masses de population égales.
Le parallèle que ce point détermine en longitude
laisse à l'Est, chaque décade, outre la zone anciennement occupée de la côte et des ports, une zone
supplémentaire égale d'abord au quart, plus
récemment au tiers environ de la France ; et
l'ensemble de ces deux zones, avec sa population
agglomérée et ses grandes villes, ne fait que tout
juste contrepoids à l'Ouest et à son immense population de pionniers clairsemés. On mesure par là

l'énormité et la vitesse du torrent, et en même temps la prodigieuse dispersion de ses eaux en gouttes et gouttelettes. Le parallèle passait en 1880 par Cincinnati : il est aujourd'hui un peu au delà. Il représente ce que serait, à l'embouchure d'une rivière à delta de 450 lieues de large, la ligne extrême de terre ferme, après laquelle commencent et se prolongent presque à l'infini des lagunes, des atterrissements entrecoupés, des îlots que le courant ronge après les avoir formés et grossis. Ni eau ni sol pour ainsi dire, jusqu'à ce que les canaux se rétrécissent, les intervalles se comblent, et qu'un continent compact s'ajoute à l'ancien. Voilà bien l'image de la population de l'Ouest. Sous le pavillon de chaque nationalité légale, il n'y a pas encore de nation, mais seulement des groupes qui se cherchent vaguement pour en former une.

II

Cette marche ininterrompue en avant sème sur la route les pionniers et les établissements, en sorte que dans la plus grande partie du territoire, les molécules humaines et les groupes sont extrêmement espacés. Densité suffisante, occupation effective, les deux formules sont synonymes. Où manque le fait qu'elles expriment, manque aussi

la première condition requise pour que la société
s'organise fortement, pour qu'un peuple naisse.

En effet, des populations clairsemées — à moins
qu'il n'y ait d'autres caractères pour contreba-
lancer celui-là[1] — sont gauches et lentes à élaborer l'idée d'une nationalité et d'une patrie. De
bonne heure elles constituent assez solidement de
petites communautés locales. Mais longtemps les
rapports sont rares et brefs entre les groupes trop

1. La faible densité de la population n'a pas toujours empêché le sentiment national de naître. Ce n'est qu'une condition
défavorable dont l'effet peut être contrebalancé par l'état politique et moral du pays. Il faut faire acception des temps et
des lieux, tenir compte des circonstances. Une tradition commune et invétérée de liberté civile, j'entends ici les garanties
de la *Common law* anglaise, une stricte discipline religieuse ou
une organisation sociale fortement hiérarchisée suppléent plus
ou moins à ce qui manque aux hommes en occasions de contact;
elles produisent la cohésion malgré un certain éloignement
des molécules. La première circonstance s'est rencontrée dès
l'origine dans toutes les parties de l'Union, et l'efficacité n'en
a faibli qu'à l'époque récente où le contingent anglo-saxon de
l'immigration est tombé à l'état de minorité. Les deux autres
circonstances ont fait la force de l'esprit public en Virginie et
en Massachusetts depuis le xvii° siècle. L'insuffisance de la
densité peut être aussi compensée ou corrigée par certaines
conditions d'ordre économique. Par exemple, la facilité des
communications matérielles et spirituelles réduit le degré de
densité au-dessous duquel les hommes ne sont plus à bonne
distance pour qu'une attraction continue et croissante s'exerce
entre eux et qu'une conscience commune prenne naissance.
La proportion requise a été probablement abaissée de notre
temps par le développement des chemins de fer et la diffusion
de la presse. Réserves faites pour ces exceptions et quelques
autres, l'expérience témoigne d'un lien effectif et d'une loi de
progression concordante entre la densité de la population et
la vigueur du sentiment national.

espacés; les vues ont de la peine à s'échanger, les idées à se fondre, une opinion générale à se dégager et un véritable esprit public à prendre corps. Les hommes n'ont que peu d'occasions de s'entretenir de leurs intérêts communs; l'intérêt individuel et les intérêts locaux gardent donc tout leur relief et demeurent les occupants les plus en vue des têtes humaines. Le reste ne sort qu'à la longue de l'ombre et du vague [1].

Les faits confirment ces présomptions. Nous avons montré que, de 1790 à 1840, la densité moyenne n'avait augmenté que de 3 p. 100. A considérer tout le siècle, la population croît encore sensiblement plus vite que le territoire ne s'étend. Celui-ci n'a fait que sextupler pendant que l'autre duo-décuplait; néanmoins, en 1880, la densité moyenne sera seulement de 20 au kilomètre carré, approximativement 3 fois et demie moins que la densité de la population française actuelle, et ce chiffre tombe à 5 (14 fois moins), sur la moitié environ du territoire national.

Le chiffre qui exprime la densité moyenne pour un territoire de cette étendue est insignifiant ou décevant. Il y a lieu de distinguer les époques et les régions. A la fin du dernier siècle, il n'y a que

1. Le Dr Lyman Becker disait en 1835 que, « dans l'Ouest, les opinions et les habitudes sont si variées, les relations des habitants entre eux si récentes et si imparfaites, les établissements si disséminés qu'aucun sentiment public homogène ne peut se former et traduire en lois les institutions nécessaires ».

la Nouvelle-Angleterre et la Virginie [1] qui aient une population un peu considérable relativement à leur superficie. Or, ce sont ces colonies qui prennent la tête dans la lutte pour l'indépendance. Les autres suivent avec indifférence ou même à contre-cœur. Elles ne trouvent la force ni de résister au mouvement ni de s'y associer avec énergie. L'esprit public circule mal dans cette matière trop raréfiée. Après 1800 et jusque vers 1850, la zone que borde l'Atlantique gagne rapidement en densité. Concurremment, les sentiments provinciaux et régionaux y prennent une vigueur singulière. Toutefois, la difficulté et la lenteur des communications sont cause que la distance conserve encore une force d'obstruction considérable, qui empêche les patriotismes de se déployer largement, de s'unifier, et contribue à les maintenir dans les limites de particularismes d'État plus ou moins étroits et fermés. Aussi pendant toute cette période le sentiment fédéral, au lieu de croître, va s'affaiblissant. Vers 1860, les États formés sur l'ancien territoire du Nord-Ouest (Ohio, Indiana, Michigan, Wisconsin) comptent presque autant d'habitants que l'ensemble des États du Centre, plus de deux fois autant que la Nouvelle-Angleterre. Ils sont devenus capables

---

[1]. La Virginie contenait alors 1/5ᵉ de toute la population coloniale (Mc' Master, I). Elle resta jusqu'en 1810 l'État le plus peuplé de l'Union.

d'esprit public, ils se conçoivent comme les défenseurs du travail libre et sont l'âme de la résistance aux prétentions du Sud. On a remarqué que la plupart des hauts fonctionnaires du gouvernement fédéral d'alors, à commencer par le président, étaient originaires de cette région[1]. Quant à l'Ouest, on n'y rencontre même pas de patriotisme provincial. La population y est trop diffuse pour que la société puisse s'organiser solidement et une conscience collective s'éveiller. Il n'y a là que des pionniers qui s'avancent individuellement sans regarder derrière eux. « Le peuple est moins capable de se gouverner qu'il y a vingt-cinq ans », disaient en 1836 à Miss Martineau les chefs du parti démocratique, et ils attribuaient à la dissémination croissante des colons cette diminution de l'aptitude politique.

De nos jours, la même zone côtière élargie, c'est-à-dire embrassant, outre les 13 États de 1789, les nouveaux États formés dans la limite de leurs concessions primitives, particulièrement les États des lacs, est la seule où se rencontre, avec une population suffisamment serrée et cohérente, un esprit politique d'une certaine tenue. Ce

1. Appartenaient aux États de l'Ouest ou y avaient été élevés, s'ils n'y étaient pas nés, le président, le vice-président, le chief justice, le speaker de la Chambre, le secrétaire du trésor, le secrétaire de la guerre, le secrétaire de l'intérieur, le directeur des postes, l'attorney général, etc. (Hist. du général John Pope, *North Americ. Review*, juin 1887.

caractère est particulièrement remarquable dans
le Massachusetts, le Connecticut et Rhode-Island,
les seuls États, avec New-Jersey, où la densité
soit supérieure à la densité moyenne de la France.
Une seconde section, où la densité est au-dessous,
mais voisine de la nôtre, comprend les puissants
et progressifs États du Centre (New-York, Pensylvanie, Ohio, Maryland, Delaware). A la suite
s'échelonnent les États des lacs, qui ont entre le
quart et la moitié du nombre moyen d'habitants
correspondant à une superficie égale en France.
Au-dessous du quart, la statistique rangeait
encore, en 1880, 29 États ou territoires, dont
18 comptaient moins de 10 habitants au kilomètre
carré. C'est le cas d'une partie des États méridio-
naux et de toute la région au delà du Mississipi.
Mais au Sud, la fusion s'est faite néanmoins entre
les hommes, parce que l'arrêt ue toute immigration les a livrés tout entiers à des influences
identiques et continues qui les ont rapidement
assimilés. Dans l'Ouest, des colons différents par
l'origine, la race, la langue, largement disséminés,
courbés chacun sur sa tâche, incessamment trou-
blés dans leurs connexions naissantes par l'inter-
position de nouveaux venus, ont eu jusqu'à ce
jour peu de facilité à se reconnaître et à se fondre,
à former un corps, une unité organique et consciente. L'action était trop faible et trop intermittente entre des particules humaines à ce point

espacées et glissantes. Les États de l'Ouest ne peuvent pas être de vraies nationalités parce que ce sont à peine des sociétés [1]. Je les définirais plutôt des rassemblements où chaque individu s'isole, une sorte de sable d'hommes que le vent qui passe grossit longtemps, sans qu'il s'y produise une cohésion durable. Un souffle plus fort qui le soulèvera par aventure pourra le masser pour un jour et le faire retomber en une sorte de bloc écrasant, qui se désagrégera de lui-même par sa chute. C'est ce qui s'est passé lors du mouvement des Granges en 1873.

Dans ces groupes formés au hasard, il y a des courants subits et violents; il n'y a pas d'opinion commune organisée, tempérée et constante pouvant servir de moteur régulier, tant pour les mettre en branle que pour arrêter à propos leur inertie. L'absence d'un esprit public un peu élevé et un peu consistant est l'un des traits les plus marqués de leur caractère. Économiquement, l'Ouest est d'un prix infini pour l'Union. Politiquement, c'est pour quelque temps encore une non-valeur; on pourrait le comparer à un fardeau

---

1. Une autre classification, fondée sur le Census de 1890, fait ressortir à 41 millions la population des États atlantiques du Nord et de tous les États de la zone moyenne jusqu'au Nébraska. Les États du Sud et ceux de l'Ouest réunis ne comptent pas 23 millions d'habitants, les 2/3 de la population sont concentrés dans l'angle nord-est du pays qui ne représente pas le quart du territoire total.

mal posé que l'Union est obligée de porter et qui la fait sortir à chaque instant de l'équilibre. Les politiciens épuisent leur adresse à saisir cette matière éparse et fuyante qui ne donne pas prise. Il est piquant de les entendre, dans leurs rapports avec tel ou tel des États transmississipiens : ils lui parlent comme à quelque enfant terrible, à une créature égoïste, insconsciente et bornée, dont il faut amadouer la mauvaise humeur par des caresses, surprendre la naïveté par quelque grand mot débité et répété avec assurance, tromper l'avidité par des appâts qui peuvent d'ailleurs être grossiers, sans que l'innocent fasse plus de difficulté de les happer [1]. Le rapide peuplement de ces régions aura changé tout cela avant le premier tiers du xxᵉ siècle.

III

Ici se place un autre fait du même ordre : c'est le rapport de la population agglomérée à la population dispersée, autrement dit de la vie

1. Il faut « de l'argent à bon marché pour l'homme pauvre », s'écrient-ils. « L'argent est la monnaie qu'employaient Abraham, Isaac et Jacob. » (Kelley.) « L'or est la monnaie des rois. » (Ingalls.) « Sa tendance est de s'accumuler par grandes masses dans les centres commerciaux et de passer de royaume en royaume de manière à bouleverser les valeurs et à troubler les finances. » (Ingalls.) « Ne craignez pas de frapper de la

urbaine à la vie rurale ; à quoi il faut ajouter le
nombre comparatif des très grandes villes. Les
Américains ont été longtemps, en presque totalité,
des propriétaires fonciers vivant sur leurs
domaines. C'était encore la condition générale à
l'époque et au témoignage de Jefferson. Le commerce ne florissait alors que dans quelques ports
heureusement situés. L'industrie n'existait pas.
Elle n'a commencé à paraître qu'après la guerre
de 1812. Le développement des villes et des
grandes agglomérations est lié à celui de la production industrielle ; aussi a-t-il été tardif et
d'abord très lent. Mais l'impulsion une fois donnée,
l'accélération a été prodigieuse. En 1800, le
nombre des cités ou bourgs de 8 000 habitants et
au-dessus n'était que de 6 ; et le rapport de la
population recensée à la population totale, de
3,9 p. 100. En 1880, il y a 285 villes de plus de
8 000 habitants et 22,5 p. 100 de la population
américaine y réside [1]. Quant aux grandes villes,
il n'y en avait encore que 2 ou 3 à la fin du
xviiiᵉ siècle. Il y en a aujourd'hui presque deux
fois plus qu'en France. Pour 80 villes entre 20 et
100 000 habitants que nos statistiques relèvent,

monnaie d'argent ; les nègres, les Chinois, les Indes Orien-
tales s'en empareront aussitôt pour l'enfouir, et l'on peut hardi-
ment en émettre trente millions de dollars par an sans que
le rapport des deux métaux soit changé. »
1. Ces chiffres s'élèvent respectivement à 443 et 29,12 p. 100
en 1890. — Voir *Quarterly Journal of Economics*, Janvier 1890.

les États-Unis en ont 100. Ils en comptent 24 contre 12 au-dessus de 75 000, 15 contre 10 au-dessus de 100 000, 8 contre 4 au-dessus de 250 000, 4 contre 1 au-dessus de 500 000 . Ces chiffres sont empruntés au Census de 1880. Le Census de 1890 fait ressortir les nombres suivants : 39 villes au-dessus de 75 000, 28 au-dessus de 100 000, 3 au-dessus de 1 million.

La distribution géographique de ces agglomérations humaines n'est pas moins significative. Dans plusieurs des anciens États (New-York, New-Jersey et Massachusetts) la population urbaine excède 50 p. 100. En outre, tous les grands centres se trouvent dans la zone cis-mississipienne du Centre et du Nord-Est. Il n'y a de ville populeuse au sud de Baltimore et de Saint-Louis que la Nouvelle-Orléans; il n'y en a pas dans l'Ouest au delà du Mississipi. En résumé, un contraste démographique très marqué oppose aujourd'hui la section orientale et la section occidentale des États-Unis. Une transformation profonde s'est poursuivie depuis un siècle dans le genre de vie et les habitudes de l'Américain de l'Est. Il tend à devenir de plus en plus un citadin, tandis que l'habitant du Sud et surtout celui de l'Ouest est demeuré un rural[1]. Le premier est plus citadin, le

1. L'exemple le plus saisissant est celui du Massachusetts, jadis le type des États agricoles. La population urbaine qui était de 11 p. 100 en 1780 s'élevait en 1880 à 60 p. 100 et Bos-

second plus rural que la moyenne de nos Français.
Écart et opposition de grande conséquence !

En effet, les villes moyennes, les grandes villes
et surtout les capitales sont, chez un peuple
naissant, comme de puissants appareils où se
forme rapidement et se dégage avec ampleur le
sentiment national. Lorsque le gros de la population urbaine se recrute graduellement dans le
pays lui-même, cette matière homogène et déjà
cohérente est la première à s'illuminer d'une conscience collective qui a pour fin le bien de l'État.
Dans ces carrefours bruyants où les hommes se
coudoient et conversent sans cesse, la vie est plus
chaude qu'ailleurs, les cerveaux plus actifs, la
parole plus vive, l'âme plus sensible à la sonorité
des grands mots. Entre hommes qu'unissent déjà
la langue, la race, l'attachement de plusieurs
générations au même sol, les préjugés de classe,
les intérêts locaux et spéciaux sont vite las de se
heurter ; ils se flattent de plus sûrement vaincre
sous un drapeau vu de plus loin ; ils sont donc
très vite amenés à prendre les couleurs de l'intérêt général, à l'avouer pour arbitre ou pour
conciliateur. La presse, qui a son siège dans les

ton contenait à lui seul plus du cinquième de la population
totale de l'État. Le dernier recensement (1890) a accusé un
nouvel accroissement des villes, alimenté par un nouvel exode
de la population des villages. — Dans Rhode-Island, la proportion de la population urbaine est en 1890 de 63 p. 100.

grands centres, propage dans tout le pays ce principe d'inféodation au bien public, semence du patriotisme. Il faut la Ville, pour que la Campagne apprenne à voir et à aimer au delà de l'étroit district dont tous les habitants se connaissent entre eux. Le paysan égoïste et borné qui visite, ne fût-ce que deux fois par an, ces grands foyers, en rapporte une vue plus large des choses, l'impression qu'il y a une utilité générale et que cette utilité doit l'emporter sur tous les intérêts particuliers. Cette impression ne serait pas née s'il était resté chez lui; elle prend du relief par sa rareté même et ressort plus nette de jour en jour sur la plate uniformité de l'existence rurale.

Dans les États de l'Ouest, la Californie mise à part, l'absence de grandes cités, le caractère exclusif d'entrepôts et de marchés agricoles de `. plupart des villes sont sans doute un obstacle à ce que jusqu'à ce jour un sentiment national énergique et posé ait pu se former dans cette région. Il faut attendre. Dans l'Est, au contraire, les villes américaines ont été longtemps d'actives éducatrices de la conscience collective, provinciale ou nationale. Sièges d'une société organisée et complète, les grands centres étaient, aux jours de crise ou dans les circonstances graves, des répercuteurs et des multiplicateurs d'une singulière énergie. On a pu dire de Boston qu'il a été un moment comme l'âme vaillante du Massachusetts. L'Amérique lui a dû son indépendance.

Il est douteux qu'aujourd'hui capitales et centres urbains de l'Est soient encore aptes à remplir ce rôle. La promiscuité de l'élément natif et de l'élément exotique et le rapide accroissement du second contrarient ou énervent l'action du premier [1]. N'était la force de l'impulsion acquise, le poids de la tradition, l'empire despotique de ce *decorum* que les anciennes familles, qui se tiennent et forment l'opinion, sont naturellement appelées à définir pour des hommes nouveaux et isolés, il n'y aurait dans les villes qu'anarchie intellectuelle et morale. Quel sentiment collectif un peu profond pourrait subsister dans ce même Boston, qui compte plus d'étrangers entre quarante et soixante ans que d'Américains du même âge, et à New-York, où, sur cinq personnes au-dessus de trente-cinq ans que vous rencontrez dans la rue, il y en a quatre nées hors des frontières [2].

1. Les grandes villes contiennent plus de la moitié de l'élément étranger.

2. *Rise of American cities* dans le *Quarterly Journal of Economics*. A Boston, en 1885, 31 p. 100 seulement de la population étaient nés de parents américains, 30 p. 100 à Lowell, 22 p. 100 à Lawrence. (Mayo Smith, *op. cit.*)

IV

Ce dernier trait nous conduit à examiner de plus près et dans tout le pays la composition de la population. Que si l'on considère comment elle s'est formée et grossie depuis un siècle et par quels efforts elle continue à s'accroître, il semble que c'est surtout d'elle qu'on peut dire, bien plus justement que du peuple anglais, qu'elle est faite de la boue de toutes les races. Aucun peuple, décomposé en ses éléments, ne présente un assortiment plus complet des variétés ethniques, des langues, des religions qui existent dans le monde. Aucun ne semble plus éloigné de cette homogénéité où l'on est enclin à voir l'antécédent et la condition — où il serait plus juste de reconnaître l'effet et le signe — d'une forte constitution nationale.

Et pourtant il y a, en plus d'un sens, de l'homogénéité dans la population des États-Unis. Tous les observateurs ont signalé ce caractère, dès avant la guerre de l'Indépendance. Tocqueville a été jusqu'à dire que les habitants résidant aux extrémités de cet immense territoire se ressemblent plus entre eux qu'un Breton et un Normand, par exemple, dans l'uniformité supposée de notre France.

Plusieurs causes expliquent cet air de famille.
Je n'en retiens pour le présent qu'une seule, qui
trouve naturellement sa place dans une étude
démographique. C'est l'influence du climat. Le
climat n'a pas la vertu de créer une nation, mais
il a celle de la préparer en façonnant une variété
ethnique. Tous ces hommes de souche et de
langue différentes juxtaposés par l'immigration,
l'action de l'atmosphère les a modifiés dans le
même sens, eux-mêmes ou leur postérité; elle les.
a peu à peu rapprochés et en grande partie fondus
dans une variété ethnique nouvelle. Il est constant
que, sur une grande partie du territoire, le ciel
habituellement serein et lumineux, l'air sec et
électrique, les grands écarts de température
maxima et minima, resserrent les tissus, affinent
le squelette, font grisonner la peau, rapetissent
les pieds et les mains [1], font saillir les apophyses,
creusent l'orbite, sculptent les chairs par le relief
des os, exaltent l'activité nerveuse et produisent
une capacité d'endurance supérieure à celle des
autres peuples. On peut d'autant moins douter
que ces changements soient l'effet du climat qu'ils
ont constamment tendu à rendre l'Américain

---

1. Il résulte des renseignements qui m'ont été fournis par
un exportateur de gants à New-York que les pointures 5 1/2
et 5 3/4, qui sont demandées dans une proportion de 20 à 25
p. 100 pour l'Amérique, représentent en Europe de 5 à 7 p. 100
de la demande.

blanc plus semblable, non pas à l'élément ethnique
prépondérant, je veux dire l'Anglo–Saxon, mais à
l'Autochtone, à l'Indien peau rouge [1] avec lequel
il n'y a pas de croisement. C'est donc bien le
milieu physique qui, directement et immédiatement, a façonné les uns comme les autres [2].

V

Le volume et la qualité de l'immigration, ses
fins et ses mobiles, la rendent plus ou moins
propre à confirmer ou à rompre l'homogénéité de
la nation. A l'origine, les proscrits religieux, les
réfugiés politiques, qui ont fourni les premiers
contingents de la colonisation, pouvaient différer
notablement entre eux par les opinions et les
croyances; ils n'en appartenaient pas moins à un
même type humain, dont les caractères invariables
étaient l'énergie indomptable, la force des con-

---

1. Voir Gaullieur, *Études américaines*, et le prof. Shaler
(*Scribner's Magazine*, novembre 1890). Emerson estimait que
cent Anglais pris au hasard pèsent un quart de plus que cent
Américains pris de même.

2. M. Gaullieur signale le fait que les races animales en
Amérique sont de plus petite taille que les mêmes races ou les
races analogues en Europe. Le docteur Brown-Séquard a
observé, de son côté, que les animaux américains, de même
que l'homme, supportent mieux les blessures que leurs pareils
de l'ancien monde et qu'il faut, pour amener la mort, des
lésions beaucoup plus profondes.

victions, le besoin de liberté, la passion du nouveau. Les contingents postérieurs paraissent avoir obéi à des impulsions moins élevées ; ajoutez qu'ils étaient formés d'éléments plus divers. Mais la vigueur de la volonté, l'esprit d'aventure et le goût du lucre leur composaient encore une physionomie commune très déterminée et très apparente. Jusque vers le milieu du xix° siècle, ce sont encore des tissus sains et vivaces, capables de reprendre par la greffe, que l'Europe cède au Nouveau Monde ; plus tard, et notamment après 1860, ce sont des cellules plus ou moins mortifiées et même nécrosées qu'elle lui jette. Les nouveaux immigrants sont dénués de tout acquis technique — 76 p. 100 sont de purs manœuvres, — illettrés — au Massachusetts sur 122 000 personnes sans instruction, il y a 108 000 étrangers, et c'est à cause d'eux que le coefficient de l'ignorance va croissant de décade en décade dans les États du Nord-Est, — immoraux, — au Massachusetts, les étrangers qui forment 27,1 p. 100 de la population, fournissent 46 p. 100 des prévenus, — dégradés dans leurs habitudes de vie, — les Polonais, les Italiens surtout, habitent entassés dans des taudis infects et se nourrissent de croûtes de pain, de fruits blets et de bière gâtée. C'est comme une proie préparée pour le *sweating-system*, et, en effet leurs patrons les mettent en concurrence avec les femmes pour la couture. Bien peu, dans

cette masse disparate, élèvent leur pensée au-
dessus du gain sordide, de la mince épargne, ou
même du pain quotidien. S'ils ne corrompent pas
toujours par leur contact les éléments natifs plus
sains, ils les déplacent en partie par la concurrence
et, surtout, ils contribuent à abaisser leur type de
vie avec le taux des salaires[1]. Ajoutez qu'ils
comptent 60 p. 100 de mâles et 70 p. 100
d'adultes, en sorte qu'ils ne tardent pas à peser
dans la balance électorale pour plus que la proportion qui correspond à leur nombre, particulièrement dans les 14 États qui les admettent au
vote sur la simple déclaration qu'ils ont l'*intention*
de se faire naturaliser. Ce sont des mercenaires à
bon marché qui s'offrent aux politiciens, et la
qualité de ces troupes n'est pas de nature à relever
et à épurer les mœurs de l'armée politique.

Il serait vain d'attendre de ces gens, arrivés
d'hier, un sentiment de fraternité à l'égard des
natifs et un attachement sans partage à leur
nouvelle patrie. Aussi le législateur a-t-il, en 1882
et en 1885, édicté des dispositions restrictives pour
circonscrire l'immigration pauvre par laquelle

---

1. L'abaissement du *standard of living* dans les mines de
Pensylvanie, dans les manufactures de l'Ohio et de la Nouvelle-Angleterre, dans les *lumbercamps* du Michigan, était
signalé en 1888 par T.-V. Powderly (*N. Americ. Review*). A cette
occasion, l'auteur opposait entre elles l'immigration d'avant
et d'après 1860, jugeait la première bienfaisante, la seconde
pernicieuse.

l'Europe se débarrasse de ses rebuts. Ces afflux répétés d'une matière à ce point inerte et passive ne sont pas de nature à modifier les formes du caractère américain, mais ils n'enrichissent pas le fond comme les précédents apports. Ils doivent plutôt tendre à l'appauvrir et à débiliter le tempérament national, sans que les apparences soient promptes à s'en ressentir et à révéler ce changement intime. Les optimistes répètent avec une complaisance marquée qu'il y a un type américain doué d'une force plastique singulière, qui attire à lui et transforme à son image les éléments fournis par l'immigration, de sorte qu'à la seconde génération, rien ne trahit plus leur origine. Le fait peut être exact sans avoir le sens favorable qu'on lui prête. Ne supposons pas, en effet, que cette aptitude à tout transmuer en sa substance indique nécessairement un état de société propice à l'éclosion d'une nationalité complète et vivace. Il faut, au contraire, beaucoup de différences accusées, comme *substratum* à la riche unité d'une nation. Trop d'homogénéité, dans une société comme dans un corps vivant, est le signe d'une organisation inférieure. Les causes qui font que, depuis près de cinquante ans, l'énorme flot de l'immigration est bu si rapidement par le sol, sans que, l'instant d'après, il y paraisse à la surface, c'est d'abord l'ouverture des immensités de l'Ouest par les annexions et les chemins de fer; puis

l'impétueux exode de tout un peuple, possédé
d'une idée et d'une passion unique : l'amour du
gain; enfin, l'inconsistance de ces 15 millions
d'hommes de plus en plus pauvres et incultes,
que l'Europe a versés dans le courant depuis 1860.

Où ces misérables, ces déracinés auraient-ils
puisé la force de résister à l'action, — non du
milieu social, qui agit peu sur ces individus épars
et isolés, — mais du milieu physique et surtout
du milieu économique simplifié qui les entoure et
les presse? Le puissant balancier qui les timbre
d'une estampille américaine, c'est l'unité et la simplicité de la fin nationale, laquelle consiste pour
le présent à mettre en valeur un énorme capital
foncier; et cette empreinte faite d'un seul trait, en
quelque sorte, n'a pas de peine à marquer sur la
substance tendre et malléable qui est soumise à
la frappe. Quoi d'étonnant, en somme, que cette
matière amorphe pour ainsi dire, se soit adaptée,
comme les éléments plus anciens, à la fin unique
qui les tirait à elle — l'exploitation d'un territoire
vierge — et que bientôt les uns et les autres aient
paru tous semblables entre eux. Ce n'est pas tant
la société, une société fortement organisée, qui les
remodèle à sa ressemblance, c'est le même souverain bien terrestre, le même idéal économique, qui,
agissant sur eux, les transforme individu par individu. C'est la nature, c'est la force des choses, bien
plus que la nationalité, qui prouve sa force, en

imprimant sur eux son sceau, d'autant plus rapidement que la cire est plus molle, d'autant moins profondément, ajouterai-je, qu'elle est presque déliquescente. Tous se retrouvent Américains de sentiments, de façons et d'habitudes, après un délai dont la brièveté étonne. Mais l'américanisme, dans son ensemble, présente des caractères de plus en plus simples et tranchés, parce qu'ils sont de plus en plus appauvris et réduits, de moins en moins harmonieux et sains.

Il y a d'ailleurs une raison de douter que l'homogénéité nationale soit aussi parfaite dans le présent et aussi assurée pour un prochain avenir, qu'elle l'était au commencement du siècle. Ici intervient la question de la race des immigrants et de leur nationalité d'origine.

VI

J'ai fait voir tout à l'heure que les noyaux ethniques du xviie siècle s'étaient lentement fondus dans la masse anglo-saxonne. L'opération était consommée avant la guerre d'Indépendance. Après l'émancipation, et jusque vers le milieu du xixe siècle, l'immigration procéda surtout d'Angleterre et d'Écosse. Elle apportait aux États-Unis des éléments en majorité identiques à la population déjà établie. Celle-ci se les assimilait rapidement et ils l'aidaient à réduire le petit nombre d'éléments disparates arrivés avec eux. L'homogénéité se reconstituait donc rapidement après chaque infusion de substance nouvelle. Le mélange n'était cependant pas si rapide qu'il n'y eût une période pendant laquelle les éléments encore non assimilés formaient dans le corps électoral un groupe ignorant, indifférent et vénal que poussaient aux urnes des politiciens sans scrupule. Après 1846, le mal est plus aigu et plus senti; l'idée se fait jour que l'immigration n'est pas sans inconvénient, qu'elle peut troubler le jeu régulier des organes politiques et vicier plus ou moins le sang de la nation. Cette idée prend corps dans le parti des *Know nothings* (1856); mais elle ne peut résister longtemps aux nécessités économiques de tout un continent inoccupé qui demande des hommes, toujours plus d'hommes, et ne semble jamais près d'en être rassasié. Le parti languit et se dissout rapidement. Vers le milieu du siècle, l'immigration devient plus considérable; elle change peu à peu de composition et de caractère. Premièrement, elle s'élève graduellement à un demi-million par an en moyenne; l'absorption et la digestion d'une telle masse sont naturellement difficiles et un peu lentes[1]. En second

1. Dans un article de juin 1887 de la *North American Review*, le général John Pope signalait la remarquable aptitude du pays à s'assimiler l'immigration avant la guerre civile. Depuis, l'immigration, plus nombreuse et formée d'éléments moins purs, paraît s'assimiler plus difficilement.

lieu, la proportion de l'élément anglo-saxon décroît régulièrement ; la majorité est formée de plus en plus d'éléments celtiques, germaniques, latins et slaves, très disparates et plus ou moins réfractaires. Ce sont les Irlandais qui prennent la tête, après la terrible famine de 1846 ; ils arrivent par centaines de mille [1]. Plus récemment, ils sont dépassés par les Allemands, et ceux-ci tendent à l'être à leur tour par les Italiens grossis des Tchèques, des Polonais et des Russes [2]. Il est clair que ces nouveaux venus ne sont pas disposés à se séparer de leurs frères de même race arrivés avec eux, ni de ceux qu'ils retrouvent déjà établis, Ils se fixent au même lieu, notamment dans les grandes villes ; tous font corps ensemble et à part, s'entretiennent dans les mêmes habitudes d'esprit et de vie, se confirment dans leurs sympathies ethniques et perpétuent leurs communs souvenirs. Leur masse les protège contre l'action du milieu américain ; elle se désagrège lentement sur les bords, mais le centre reste longtemps intact. L'État de New-York ne compte pas moins de 500 000 Irlandais, et la ville même de New-York 200 000. Il y en a 225 000 en Massachusetts et 65 000 à Boston. Chicago groupe 75 000 Allemands. Il y a 40 000 Suédois en Min-

---

1. Entre 1840 et 1850, ils formaient 41 p. 100 de l'immigration.
2. Les Allemands, qui formaient 36 p. 100 de l'immigration entre 1850 et 1860, ne forment plus que 26 p. 100 environ (entre 1870 et 1880).

nesota. Ainsi les noyaux ethniques de la première période de la colonisation reparaissent, démesurément grossis. L'influence de la grande société ambiante n'entame pas facilement ces multitudes serrées; ce sont à elles seules de petites sociétés qui se suffisent. Allemands de Chicago ou de Milwaukee, Irlandais de New-York n'épousent guère d'Américaines; ils se marient avec des femmes de leur race[1], ils ont leurs églises, leurs pasteurs, nombre de journaux écrits dans leur langue; ils gardent des rapports avec leur patrie d'origine, font écho à ses fêtes commémoratives, appellent auprès d'eux leurs parents ou leurs amis en faisant les frais du passage. Les Irlandais soutiennent de leur argent les efforts de leur pays pour conquérir l'autonomie. On a pu dire qu'ils avaient fondé aux États-Unis une seconde Irlande, plus peuplée que l'ancienne, et leur rêve est d'arracher celle-ci à l'Angleterre. Les politiciens de chaque parti flattent ces sentiments pour attirer à eux une fraction si considérable du corps électoral; en les flattant, ils les entretiennent et les fortifient. A supposer que ces émigrés allemands ou irlandais et surtout leurs fils soient de bons Américains, attachés sans esprit de retour au sol du Nouveau Monde, ils

---

1. Sur 10 000 Irlandais mariés établis à New-York, 9 441 avaient des femmes nées en Irlande. Observation analogue pour les Allemands de New-York, les Scandinaves du Wisconsin et du Minnesota. (Mayo Smith.)

n'en auront pas moins longtemps encore deux
patries. Notre patriotisme peut être figuré par un
cercle qui n'a qu'un centre ; le leur peut l'être par
une ellipse à deux foyers. Ils s'envisagent pour une
grande part comme des colonies très satisfaites
de leur nouvel établissement, très décidées à se
maintenir distinctes de la métropole, mais fidèles
pourtant au pays de leurs ancêtres, fières de sa
gloire et touchées de ses malheurs. Une patrie veut
pour elle seule tout le cœur de l'homme. Ce partage de sentiments n'est certainement pas une cause
de force pour le patriotisme américain, tant provincial que fédéral, et les États-Unis en ont eu la
preuve répétée dans l'histoire de leurs relations
avec les puissances étrangères. Les exigences et
les démonstrations indiscrètes des Irlandais, par
exemple, les complaisances que les hommes d'État
n'ont pas cessé d'avoir pour eux, auraient été qua-
lifiées partout ailleurs d'anti-nationales. Elles sont
cause que la politique américaine la plus récente
a presque toujours manqué de suite et de crédit,
et elles auraient même pu créer des complications,
si l'Amérique n'était pas si loin de l'Europe.

Tandis qu'à l'Est, au Nord-Est et au Centre,
abondent et grossissent des noyaux ethniques
encore attachés au vieux monde, le Sud voit croître
sur son territoire une race d'hommes qui n'a encore
qu'une nationalité nominale et qui ne semble pas
près de se fondre dans la société environnante.

Les xiv° et xv° amendements à la Constitution ont
en vain proclamé l'égalité politique et civile des
nègres et des blancs; les mœurs mettent à néant
les effets de la loi. Le noir a le droit de suffrage,
mais il renonce généralement à voter; les blancs
l'en découragent par la fraude et par la violence.
Le mot : « C'est une question pour les blancs »,
suffit pour l'éloigner des urnes. Il est tenu à part
dans les écoles, dans les hôtels, dans les chemins
de fer. Autrefois, il pouvait passer pour un membre
mineur de la nation; la tutelle du maître était à
la rigueur un lien entre lui et la race blanche. Il
n'est devenu *légalement* citoyen en 1860 que pour
tomber *socialement* dans la condition d'un étranger.
Les blancs font tout ce qu'il faut pour que l' « af-
franchi » n'ait pas la présomption de se croire
le fils de la même patrie que l' « ingénu ». Ils
désavoueraient cette patrie le jour où les nègres
prendraient au sérieux et pratiqueraient leurs
droits et leurs devoirs de citoyens. Le danger serait
immense s'il était vrai que cette populace d'out-
laws fût destinée à grossir plus rapidement que la
population blanche.

Heureusement, il est établi par les tableaux du
mouvement de la population, que les blancs se mul-
tiplient beaucoup plus rapidement que les nègres[1].

1. Le recensement de 1890 attribue aux noirs un taux d'accroissement de 13,90 p. 100 contre 24,37 p. 100 qui est censé
exprimer la progression des blancs.

L'inexactitude certaine du recensement de 1870, l'inexactitude présumée du recensement de 1890 rendent téméraires les calculs fondés sur des données si contestables et nous conseillent d'ajourner toute induction concernant la proportion des deux races dans un prochain avenir. Ce qui est hors de doute, c'est que les noirs forment actuellement plus de la moitié de la population dans trois États (Louisiane, Mississipi, Caroline du Sud), que leur nombre excède 40 p. 100 dans trois autres (Alabama, Floride, Géorgie). Ce qui n'est pas moins constaté, c'est que les blancs n'y augmentent guère plus que les noirs par l'immigration. La preuve en est que le nombre des habitants des États du Sud nés hors de ces États diminue d'année en année. Il y a, au contraire, une émigration blanche, tandis que le nègre ne sort guère des terres basses et chaudes qui sont comme sa station naturelle [1]. S'il arrivait que, par l'exode des premiers et la concentration des seconds, compensant une natalité inférieure, les noirs acquissent un jour la prépondérance décidée du nombre dans les trois ou quatre États contigus où ils sont massés, il deviendrait malaisé de les retenir dans l'insignifiance sociale et poli-

---

1. A compter depuis 1850, il y a six États où les nègres se sont multipliés plus vite que les blancs (Alabama, Géorgie, Mississipi, Caroline, Virginie, Arkansas), tandis qu'en Louisiane et en Tennessee, ils ont maintenu leur proportion. Cela résulte du Census même de 1890 (48° bulletin).

tique où on les refoule par des moyens peu avouables. Le péril est évident et prochain. J'ai montré que les Irlandais, les Allemands oscillent ou se partagent entre deux patries : ici, il n'y a qu'une seule patrie, provinciale ou fédérale, pour deux races *qui ne veulent pas avoir la même* [1].

1. Depuis que ces lignes sont écrites, plusieurs États du Sud ont, par des amendements constitutionnels ou même par des actes législatifs, virtuellement privé le nègre de sa capacité électorale. La Louisiane, le Mississipi et la Caroline du Sud, c'est-à-dire les États où la proportion des hommes de couleur dépasse 50 p. 100, ont exigé uniformément de tous les électeurs soit une *educational*, soit une *property qualification*. Les noirs, presque tous ignorants ou pauvres, se trouvent ainsi retranchés du pays légal. Il va sans dire qu'ils ne sont nommés dans aucun de ces textes. La Louisiane a imaginé en outre une exception qui ne peut profiter qu'aux blancs : elle exempte des deux conditions précitées les individus mâles qui étaient inscrits avant 1867 sur les listes électorales et leurs fils et petits-fils âgés de plus de vingt et un ans. Or on sait qu'avant 1867 les blancs seuls étaient électeurs. La Louisiane a pris soin d'ailleurs de faire de cet article une section à part, afin que s'il venait à être annulé par la Cour Suprême, les autres parties de la loi restent néanmoins en vigueur.

Ces mesures témoignent de l'apaisement des esprits dans toute l'Union. Le Sud, qui avait employé couramment la fraude, l'intimidation et plus tard des lois de registration captieuses où le nègre n'arrivait pas à se débrouiller, a renoncé à ces procédés violents ou déloyaux : il a posé ouvertement le problème et l'a résolu sans passion, après une discussion publique. Le Nord avait toujours fait difficulté d'accepter pour lui-même le suffrage des noirs; le parti qui élut Grant en 1868 mettait dans son programme que la question du suffrage dans tous les États loyaux appartenait au peuple de ces États : il admet aujourd'hui tacitement que chacun des États, rebelle ou loyal, doit être libre de régler cette matière selon sa volonté. Il n'apporte plus d'ardeur dans ce débat : la preuve en est que les organes les plus accrédités s'abstiennent de traiter le sujet, prévoyant que leurs articles ne seraient pas lus.

Cette indifférence du Nord est d'autant plus surprenante qu'il est impossible d'appliquer la sanction prévue par le XVᵉ amendement aux États qui privent un certain nombre de leurs habitants mâles du droit électoral. Aux termes de cet amendement, la représentation au Congrès, proportionnelle en principe à la totalité des habitants mâles d'un État, doit être réduite dans la mesure où le corps électoral a été lui-même réduit par la Constitution et les lois. Mais comment détermi-nera-t-on cette mesure? Retranchera-t-on simplement tous ceux qui n'ont pas été enregistrés? Dans ce nombre seraient com-pris tous ceux que le hasard ou la maladie auraient empêchés de prendre part au scrutin. L'ancien parti abolitionniste a donc dû renoncer à opérer la déduction prévue par le XVᵉ amende-ment : il souffre en conséquence que le député des États du Sud représente un moindre nombre de blancs que le député des États du Nord. Exemple singulier de résignation et d'apai-sement dans un débat qui, il y a dix ans, aurait vivement pas-sionné l'opinion. La seule autorité qui, placée plus haut que les partis, puisse trancher souverainement la question, est la Cour Suprême. Or la Cour Suprême s'est prononcée : elle a donné d'abord raison à la Caroline du Sud, dont la loi de regis-tration avait été contestée. Plus tard elle a confirmé par un arrêt les clauses de la Constitution du Mississipi, qui restreignaient les droits électoraux des noirs. Les pronostics peu rassurants que j'avais tirés relativement à la domination éventuelle des hommes de couleur dans certains États du Sud ne sont donc plus à redouter.

CHAPITRE III

LA NATION ET LA PATRIE

I

Dans la plupart des pays de l'Europe, la nation, la patrie, l'État sont quelque chose de très ancien, de presque immémorial, qui s'éloigne et semble grandir dans une sorte de brume mystique. Aux États-Unis, ces mêmes objets sont tout entiers dans la lumière crue du présent; il manque derrière eux un horizon historique. Écoutez le retentissement de ce nom : la France, et prononcez ensuite celui des États-Unis. Le premier fait sonner des profondeurs : on dirait une voix longuement répercutée qui sort de l'antre. Le second rend un bruit sec et bref, un bruit de plein air, comme de deux silex entrechoqués à quelques pas de nous.

C'est que les États-Unis sont d'hier. Il ne faut pas remonter plus d'une génération pour rencon-

trer des hommes qui ont, pour la première fois,
rapproché ces deux mots. Que si l'on croit
retrouver la nation et l'État dans les plus anciennes
colonies, que sont leurs deux siècles et demi au plus,
dont le premier s'est passé à seulement vivre et à
croître lentement et obscurément, en comparaison
des quatorze siècles mémorables de la monarchie
française? Qu'est le demi-siècle en moyenne des
États plus récents, lesquels forment aujourd'hui
en surface plus des quatre cinquièmes de la Confédération? L'histoire n'a pas ici le reculé nécessaire. L'imagination des Américains est restée
étrangère au charme des choses anciennes, à la
religion des origines[1]. Ils vivent de présent et
encore plus d'avenir. Le mystère, s'il y en a un
qui les attire, n'est pas derrière eux, mais devant
eux. Le mot de leur poète Lowell : « L'esclave de
son propre passé n'est pas un homme », pourrait
servir d'épigraphe à leur caractère. On se rappelle
l'aventure significative de Tocqueville. Il demandait qu'on lui permît de prendre copie d'une
pièce ancienne dans les archives locales; on le
pressa d'accepter sans façon l'original. Qu'on ne
s'attende donc pas à trouver ici le sentiment de

---

1. « Ils ne se sentent pas, dit Jacquemont, les fils de la terre
qu'ils habitent. » Ajoutez que le quart environ des individus
appartiennent à l'Europe par leurs souvenirs d'enfance ou par
le passé de leurs auteurs immédiats; un retour de trente à
quarante ans en arrière les rapatrie en quelque sorte sur le
vieux continent.

solidarité héréditaire qu'engendre une vie riche en épreuves et en triomphes, prolongée à travers une suite de générations. Cette solidarité manque, et il est naturel qu'elle manque, puisque les générations ont été peu nombreuses et la plupart peu dignes de mémoire. Elles ont « vécu », à la façon de Sieyès pendant la Terreur; en d'autres termes, elles ont duré, sans faire de bruit et sans laisser d'empreinte. Qu'on se figure, d'un côté, dans la plaine, une maison de construction récente et datée, qui ne fait penser qu'à l'art et à la volonté de l'homme; de l'autre, quelque édifice antique, château ou cathédrale, si un avec son roc, si reculé au fond de sa perspective séculaire, qu'il paraît presque sur le même plan que les œuvres de la nature et, comme elles, s'imprègne d'une vie mystérieuse, comme elles, acquiert le prestige d'une création providentielle ou nécessaire. Voilà l'image du contraste qu'offrent à première vue les deux notions de patrie dans les deux sociétés politiques.

Il y a eu cependant une époque où l'idée de la patrie, nationale ou provinciale, aurait pu acquérir ce reculé, rencontrer cette mise au point historique, dont l'imagination a besoin pour en faire l'objet d'un culte. La période de la guerre de l'Indépendance est de celles où les années comptent décuple par l'énergie et l'éclat des passions, le tragique des événements, la grandeur des résultats.

Dans le souvenir et l'empreinte que laisse la vie supérieure de l'âme humaine, l'intensité des émotions et des efforts produit, en un sens, le même effet que leur durée. Le contraste entre la paix retrouvée du présent et les profondes agitations d'un passé tout proche engendre après coup l'illusion d'une distance considérable entre les deux époques. De tels fastes semblent ce qu'il y a de plus propre à étendre l'horizon derrière les esprits, à faire paraître anciens cette terre et ce peuple dont l'histoire récente, trop chargée d'événements, trop pleine de péripéties, semble ne pas pouvoir tenir dans un si court intervalle, et tend d'elle-même à s'espacer dans le temps, à multiplier les plans dans la perspective, à simuler une antiquité.

Ce n'est pas le moment d'expliquer comment, dans quelle mesure, sous quelles restrictions cet effet d'optique s'est produit en Amérique après la guerre de l'Indépendance, et pourquoi l'exaltation glorieuse de tout un peuple délivré, au lieu de s'enfler en patriotisme national, comme on devait s'y attendre, dérivé pendant cinquante ans en particularis provinciaux ombrageux et vivaces. Je ne veux considérer ici que l'état actuel et je me borne à cette simple remarque que, depuis 1803 et surtout depuis 1866, le développement précipité des États-Unis, qui finira par régénérer un type nouveau, un type utilitaire de patriotisme fédéral, a certainement commencé par dissiper et déprécier en partie le mémorable patrimoine historique de la nation naissante.

La lutte de 1776 pour l'indépendance, quelque tiédeur et quelque mauvais gré qu'y eussent apportés la moitié environ des treize anciennes colonies, avait laissé derrière elle une gloire dont les treize États ont pu tous se croire les cohéritiers. Si peu que ce soit, ils avaient été à la peine : c'était un titre pour être à l'honneur. Mais de quel front les vingt-cinq ou vingt-six autres États, acquis plus tard sur la France, l'Espagne, le Mexique, ou conquis sur le désert, peuplés en grande partie d'immigrants sans aïeux, auraient-ils figuré au partage? La grande République est comme une femme de haute naissance qui, après quelques fils nobles issus d'un premier mariage, en aurait eu d'autres bien plus nombreux d'une seconde union avec un roturier. Ils vivent tous sous le même toit; les derniers admirent et imitent leurs aînés, mais ceux-ci, d'autre part, se laissent gagner par l'entrain un peu vulgaire de leurs cadets et prennent quelque chose de leur ton et de leurs sentiments. Les derniers ont leur orgueil à eux et leur patriotisme, qu'ils ne datent point de 1776.

Voici, par exemple, les citoyens du Minnesota. Ils ne remontent guère en esprit au delà de la guerre de Sécession. Ils se font honneur (et tirent profit) d'avoir figuré dans les rangs de la grande armée de 1860. Les vétérans portent même des insignes commémoratifs, et il faut que la loi punisse les personnes qui s'en décorent frauduleusement. La législature vote un crédit de 60 000 fr. pour aider à la préparation et à la publication d'une histoire des troupes de l'État pendant la guerre civile et pendant la guerre indienne de 1862. Elle souscrit aussi des fonds pour l'érection des monuments destinés à rappeler les batailles livrées aux Sioux en 1862, à New-Ulm et à Camp-Release. Pauvre sujet à entasser des pierres de taille. On n'a pas mieux et l'on ne se rappelle pas davantage. 1860, voilà la limite de l'horizon historique pour les gens de l'Ouest. Leur idéalisme tourné vers l'avenir et mêlé d'utilitarisme marque mieux sa nuance particulière dans la jolie fête de l'Arbre instituée en Nevada en 1887 [1]. Tous les ans une proclamation du gouverneur invitera les habitants à planter des arbres, des arbrisseaux, des vignes, à faire des semis dans les forêts, à préparer de nouveaux ombrages pour les jardins publics et privés et pour les routes et chemins. Que nous voilà loin des sentiments d'un John Adams, s'écriant : « Mon premier attachement est pour le Massachusetts ; là est mon foyer ; là sont les tombeaux de mes ancêtres. »

Le patriotisme d'un peuple nouveau n'a pas, en

---

1. Voyez *Annuaire de législation comparée*, 1887, page 369.

effet, la même substance, les mêmes caractères,
les mêmes effets que le patriotisme d'un peuple
immémorial. Pour celui-ci, la patrie est comme
une nourrice ou une mère très âgée, dont il a
reçu le sang et le lait, dont la longue histoire,
les leçons et les exemples ont façonné son âme,
dont les idées et les sentiments forment encore le
fond de sa vie morale, qu'il aime et vénère sans
se demander si ces sentiments ne lui créent pas
des charges plutôt que des avantages. Pour
celui-là, la patrie est comme une jeune fille bien
dotée qu'il a prise pour femme, ou comme une
servante laborieuse qu'il aurait engagée sur la
place. Il voit un intérêt évident à les conserver,
après avoir eu le mérite de les bien choisir; c'est
lui qui les a formées, après s'être formé lui-même
sans elles. — On aperçoit aisément des deux
côtés la suite des conséquences. Dans une nation
quatorze fois séculaire comme la France, le patriotisme est un instinct de la même nature que le
culte des lares; il participe des caractères d'une
religion, dévotion et superstition comprises; il
est au niveau de la poésie, et celle-ci s'en inspire;
il est fait de reconnaissance, de respect et d'abnégation. Pratiquement, c'est un service et un
office qui s'étend jusqu'au devoir de sacrifier sa
vie pour son pays et qu'on définit volontiers par
cette formule extrême. — En Amérique, le patriotisme n'a rien de commun avec la poésie ni avec

la religion ; il a inspiré nombre de couplets de
circonstance[1], chansons de bravache et de mata-
more ; pas un de ces hymnes qui font vibrer les
profondeurs de l'âme ; cela seul est déjà significatif.
Aucun prestige d'imagination ne le soutient. Il n'a
rien de concentré : ce n'est pas la noble flamme
ou parfois le feu sombre où se consume le cœur
du chêne ; c'est le feu d'herbes et de branchages
où l'émigrant égaye ses yeux et fait bouillir son
pot. L'oubli de soi-même n'y entre pas essentiellement. Les mots « mourir pour la patrie » n'expriment rien dont l'Américain ait la conscience
habituelle. Il ne s'agit pas de mourir, mais de
vivre avec plénitude. La patrie est un cadre d'activité que l'homme s'est créé, qu'il se souvient
d'avoir créé ; il éprouve, à le regarder, le contentement de l'artiste, la complaisance de l'auteur pour
son œuvre. Son patriotisme ressemble si peu à
l'abnégation, qu'il est plutôt une exaltation et
même une exultation de l'égoïsme ; on pourrait
lui appliquer l'expression biblique « l'orgueil de

---

1. Par exemple, les couplets sur la prise de la frégate
anglaise la *Guerrière*, guerre de 1812, ou sur les victoires
navales du lac Érié et du lac Champlain, ou sur la bataille
de la Nouvelle-Orléans. Le chant qui a survécu et qu'on exécute
dans les solennités publiques, le seul qui puisse être appelé
national, le *Hail Columbia*, a été composé en 1798 par le porte-
parole d'un des deux grands partis, pour faire pièce à l'autre ;
il est ensuite devenu officiel, sans devenir populaire ; en cela,
il diffère essentiellement de la *Marseillaise* et du *God save
the King*.

la vie ». Il se confond avec le sentiment de supériorité et d'arrogance qui s'enfle dans l'homme
après des succès inouïs. Il se traduit par la jactance, par un amour-propre impatient de toute
critique, par le dédain à l'égard de ceux qui passent pour avoir moins bien réussi. Le défaut de
culture et d'information encourage ces prétentions
en cachant à la masse des Américains les causes
qui leur ont rendu la victoire facile et celles qui
leur préparent pour l'avenir plus d'une déconvenue.

Le temps qui s'écoule modifiera sans doute
par degrés cette forme du patriotisme américain.
Pour le vulgaire, l'infini procède de l'indéfini,
qui n'est que la lassitude de remonter dans la
chaîne des causes. Aussi chaque siècle qui passe
sur une œuvre introduit de l'infini dans le sentiment qu'elle excite, en reportant ses causes dans
un lointain où elles s'effacent, et en relevant ses
raisons d'être contingentes jusque dans un plan
qui se confond pour l'œil avec celui des faits
nécessaires. Où l'homme commence à ne plus
voir distinctement, il imagine, il rêve, il admire,
il croit. Je considère comme un symptôme frappant du changement d'optique des Américains, à
cet égard, les recherches et enquêtes instituées
dans les archives locales par la Johns Hopkins
University, avec le dessein d'y retrouver la plus
ancienne histoire municipale et provinciale de la

nation. On pourrait citer plus d'un fait ayant la même signification. L'érudition vit de bribes; elle est condamnée d'avance à une large déception. Mais l'analyse passe alors la main à l'imagination et celle-ci complète avec ampleur l'œuvre de mémoire. La curiosité de l'érudit contient et nourrit une piété discrète, une poésie sans voix, un patriotisme profond et pudique, et il ne faut qu'une occasion favorable pour que ces sentiments se dégagent, se ressaisissent eux-mêmes et usent de leurs propres moyens d'action sur les hommes. Le sens de l'histoire les implique, l'étude de l'histoire les met en mouvement.

Je ne prolonge pas ces réflexions; j'en retiens seulement ce point qui aura sa place dans nos spéculations ultérieures, à savoir que le patriotisme de l'Américain n'est nullement en antithèse avec l'individualisme; il n'en est, au contraire, qu'une forme et une manifestation d'ordre spécial. Le sentiment de ce qui est dû au pays n'a pas ici courbé l'homme individuel, ne l'a pas formé à l'obéissance et préparé en quelque sorte à subir la main de l'État. Le patriotisme procède ici d'un *accroissement d'être* de l'individu; il naît à chaque moment pour l'Américain de ses triomphes personnels; il accompagne et flatte cette personnalité; il grandit avec elle et ne s'en sépare point; il ne lui demande pas de sacrifices et n'érige pas auprès d'elle une autre idole.

Le portrait moral d'un peuple se fait et s'achève par des retouches successives. J'ai prononcé le mot égoïsme, je le reprends; car, interprété à la lettre, il excéderait ou trahirait ma pensée. Faut-il entendre, en effet, que l'Américain ne soit pas capable de délaisser ses intérêts particuliers et même de sacrifier sa vie, lorsque le salut commun l'exige? Non, assurément. Mais si l'on remonte jusqu'aux forces morales d'où procède cet oubli ou ce don apparent de soi-même, on s'aperçoit que ces actes d'abnégation ont, en Amérique, une psychologie très particulière; l'observation ne nous révèle rien de pareil dans notre propre pays. Un mot résume le contraste : ces actes ont pour mobile, non le prestige d'imagination qui forme la substance de notre patriotisme, mais un esprit public vigoureux, clairvoyant, tout entier dans le présent et dans les faits. De cet esprit, les Américains sont éminemment doués par la vertu de la race et de l'hérédité. Essaimés de la ruche anglo-saxonne, ils en ont retenu ce trait distinctif, qui est, d'ailleurs, commun à tous les peuples nés pour l'action.

La vigueur de l'esprit public se reconnaît à deux signes. Premièrement, les individus ont un fonds d'énergie que leurs affaires privées ne parviennent pas à épuiser; il leur reste des excédents qu'ils appliquent à une infinité d'œuvres d'intérêt social, et, quand il le faut, à la plus haute de toutes, l'intérêt de l'État. Secondement, ils ont conscience qu'en cela ils ne sont pas dupes; ils prévoient qu'il leur en reviendra quelque avantage éventuellement ou à la longue. Ce sont des tempéraments exubérants qui dépensent leur trop-plein; ce sont aussi des joueurs avisés qui mettent au jeu à coup sûr.

Ainsi l'esprit public est tout ensemble spontané et calculateur. Une comparaison marquera mieux encore la différence. Il y a tel peuple, le nôtre par exemple, qu'on verra porter tout à coup la vertu civique jusqu'à la sublimité, si quelque circonstance critique l'y appelle; en attendant, les individus, au cours de la vie ordinaire, s'isolent dans le soin de leurs intérêts privés. De même que, en religion, ils ne sortent de l'épicurisme naturel que par la folie de la croix, et qu'ils poussent alors jusqu'à l'ascétisme, en politique, ils passent sans transition de l'égoïsme qui lésine sur tout à un patriotisme qui ne compte plus et ne ménage rien. Les Américains ne cessent jamais de faire avec goût et entrain part dans leur activité et dans leur fortune à des intérêts collectifs dont ils saisissent d'instinct la solidarité finale avec leurs intérêts personnels. Le salut de l'État n'est qu'*un* de ces intérêts, le plus compréhensif, mais aussi le plus distant, et peut-être le moins senti. Les Américains n'attendent pas, pour se prodiguer, qu'il s'agisse, pour la patrie, d'être ou de ne pas être; ils n'ont pas besoin que des circonstances extraordinaires, guerres, conquêtes, dévastations leur adressent un appel spécial. Ils contribuent à l'avantage commun par acomptes et de cent manières; leur générosité est de tous les jours. Au fond, l'esprit public est bien de la même nature que ce patriotisme de tempérament qui déborde en une activité continuelle et multiforme; c'est aussi un patriotisme bourgeois, d'usage quotidien, encore voisin et conscient de ses raisons d'être utilitaires et n'en rougissant pas. Peut-être le fait d'avoir conçu ce sentiment sous ce type est-il un obstacle à la révélation d'un type plus imaginatif, plus mystique, plus héroïque.

II

L'élément transcendant, le centre de ralliement idéal que les perspectives de l'histoire ne fournissent pas à l'imagination de l'Américain, les perspectives de l'*au-delà* le fourniront-elles à sa conscience et à son cœur?

On sait quelle large part revient à la foi religieuse dans la formation des premiers noyaux de la société américaine, et de quelle profonde empreinte ce christianisme de réfugiés a frappé, non seulement la population issue d'eux en Nouvelle-Angleterre, mais encore les immigrants qu'elle a enca-

drés, façonnés, et, à la fin, menés à la conquête
des solitudes. Le Yankee a dans une certaine
mesure fait l'Amérique, la religion et l'Église ont
fait le Yankee.

C'est l'extraordinaire vigueur d'une croyance
austère, trempée par la persécution, c'est surtout
la forte discipline ecclésiastique des premiers
groupes congrégationnalistes qui ont sculpté ce
type moral aux vives et dures arêtes. Toute
croyance religieuse qui s'empare hautement du
gouvernement des âmes impose des devoirs privés
qui prennent aisément le caractère de devoirs
publics, une conception de l'ordre moral qui en
implique une de l'ordre social, une mission collective, une propagande au sein desquelles la conscience nationale se saisit. Elle domine et pénètre
en un mot toute la vie de l'État. Toute forte
discipline laisse un même pli aux intelligences et
aux âmes, une disposition à recevoir la même
impression des choses, un penchant à agir de
même dans les mêmes circonstances données.
Communauté de l'idéal, solidarité, homogénéité
sont donc les produits naturels d'une religion
solidement constituée en Église, et il est naturel
que le patriotisme en bénéficie, lorsque la société
politique et l'Église ne font qu'un. De là était
issue, à la fin du xviiie siècle, la puissante unité
morale et sociale de ce glorieux Massachusetts,
qui, seul avec la Virginie, a tenu la métropole

en échec, entraîné contre leur gré les autres provinces, recruté l'armée continentale et conquis, Washington aidant, l'indépendance des colonies américaines.

Mais pour que la religion concoure d'une manière durable à la consolidation de la conscience nationale, il ne faut pas moins que ce qu'avaient les *pilgrim fathers* lors de leur premier établissement, ce qui fut aussi donné à la Hollande après sa délivrance, à l'Angleterre après 1688 : le sentiment intime que la conservation de leur foi, l'indépendance du pays, la prépondérance politique de l'État étaient trois choses étroitement associées entre elles et qu'on ne pouvait se désintéresser de l'une sans mettre les autres en péril. Cette solidarité profonde ne tarda pas à perdre sa raison d'être dans la Nouvelle-Angleterre. A peine fixés sur ces rivages, les colons ne furent plus menacés ou même inquiétés sérieusement, ni dans leur liberté d'adorer Dieu à leur guise, ni dans le gouvernement intérieur de leurs colonies. Le patriotisme cessa donc de bonne heure d'être engagé avec la foi dans une union défensive et d'en recevoir un surcroît de force et d'organisation.

Dans les vexations que l'Anglais faisait subir aux dissidents, il y a toujours eu du loyalisme et quelque chose comme l'animosité du bon citoyen contre l'espion et le traître. Le vieux puritain du

Massachusetts ne persécutait que pour son plaisir
de bon *saint* et d'orthodoxe. Or, on ne persécute
pas longtemps pour le seul intérêt du ciel. Bientôt,
les dissidents furent tolérés; les Églises s'ou-
vrirent, l'étroite communauté confessionnelle
s'élargit, des éléments disparates furent admis
dans l'enceinte; le dogme s'assouplit et se prêta
aux caprices de la conscience individuelle. Où
une nation avait commencé à se prendre dans le
moule d'une Constitution théocratique, il ne resta
plus qu'une race façonnée par des habitudes qui
survivaient à leurs raisons d'être doctrinales.

Aujourd'hui, la Nouvelle-Angleterre, désertée
en partie par ses enfants, envahie par les Irlandais
et les Canadiens catholiques, ne pourrait probablement plus fournir un effort collectif dans un
cadre confessionnel ou religieux. Le Yankee
patriote de 1776, qui avait porté alors « le poids
de la conscience nationale », n'est pas éloigné de
ressembler aujourd'hui au Lombard du moyen
âge ou au Juif sans patrie, semé après la destruction du Temple dans toutes les parties du continent, plus ou moins détaché des croyances
étroites qui ont donné une consistance héréditaire
à son être moral; néanmoins toujours distinct et
à part, toujours reconnaissable au relief de son
type, à son sens pratique, à son énergie infati-
gable. Tel nous le retrouvons à l'Ouest, au Centre
et au Sud; il est partout comme le « sel de la

terre ». Nul progrès qui ne se fasse par ses
mains. Mais l'idée religieuse a cessé de fournir
un moteur puissant et une fin idéale à son activité.
Le dogme intolérant et la stricte discipline n'ont
pu le suivre dans ses migrations sans recevoir de
profondes atteintes. Les États-Unis sont trop
vastes, l'immigration trop mélangée, la liberté de
la pensée et du culte trop générale et trop parfaite
pour que les communautés religieuses essaimées
de la Nouvelle-Angleterre aient pu défendre leur
homogénéité et conserver cette vigoureuse unité
d'esprit qui en faisaient des sortes de cités selon
le type ancien. Ce qui, dans les énormes territoires
colonisés, a pu se maintenir des petites congrégations puritaines d'autrefois se trouve à présent
comme noyé dans la promiscuité immense et
mouvante de centaines de sectes, les unes im-
portées d'Europe, les autres créées sur place, où
chaque individu entre aussi légèrement qu'il en
sortira, par goût pour la personne du pasteur ou
pour une particularité du rituel, plutôt que par
une foi profonde dans la supériorité de la doctrine. La plupart des Églises ne sont plus guère
aujourd'hui les organisations cohérentes de jadis,
mais des associations assez lâches où passent
incessamment des éléments instables. L'individualisme y a prévalu comme ailleurs; il accommode à ses besoins la doctrine et le culte.

Ce que l'Église a perdu en consistance, la

croyance semble l'avoir perdu en élévation et en
force. L'Amérique est restée très unanimement,
très décidément chrétienne; mais le christianisme
est ici une atmosphère salubre plutôt qu'une
nourriture substantielle pour l'âme, une condition
favorable d'hygiène morale plutôt qu'un idéal
spirituel. Les États-Unis offrent cette particularité que tout ce qui, dans la religion, ne sert
pas de soutien à l'homme engagé dans l'action,
tout ce qui n'a qu'une valeur contemplative,
comme les points de dogme, ou une valeur
sociale, comme le rituel, a perdu ou tend à perdre
de plus en plus ses prises sur les âmes; il ne
reste du christianisme, en dernière analyse, qu'une
sorte de résidu, de marc à demi pressé et égoutté,
qui donne encore un vin âpre et réconfortant,
mais sans générosité ni bouquet. L'Américain a
neutralisé les questions où l'individu pressent
qu'une partie de son énergie pourrait être distraite
en spéculations métaphysiques, ou consommée
en controverses de sectes. Il y a là comme la
déclaration d'incompétence d'un quasi-positi-
visme, qui diffère du nôtre en ce qu'on fait commencer l'agnosticisme non pas là où s'arrête
discrètement la science, mais plus loin, au delà
du christianisme, qu'on laisse ainsi debout et
intact. A considérer l'ensemble, la paix religieuse
qui règne en Amérique tient à ce que foi chrétienne a subi une transformation analogue à celle

qui a fait succéder un jour la prose à la poésie. C'est de la prose lucide, simple, saine, allant au but, mais un peu plate, et cette comparaison suffit pour montrer qu'on n'a rien à attendre de ce côté pour idéaliser le patriotisme.

Plus propre à créer un idéal commun est la possession de l'isonomie civile et politique et d'une large liberté individuelle. Chez nous, la liberté et l'égalité, tardivement conquises sur le gouvernement et les castes, se croient toujours exposées à un retour offensif des adversaires dépossédés. Elles éveillent des souvenirs qui mettent l'individu en garde et en arrêt contre l'État. En Amérique, la liberté fait partie des fondements mêmes de l'État. Elle est née avec lui quand elle ne l'a pas en quelque mesure précédé ; en plus d'un cas, c'est elle qui l'a délibérément créé et doté. Elle n'est pas un « propre » de l'individu, recouvré après un long procès ; elle est comme un héritage indivis entre lui et la nation, un capital collectif autant que privé, dont l'individu a, par un accord implicite, gardé le dépôt et le maniement ; cet arrangement a été jugé le plus favorable pour faire fructifier cette partie du fonds commun. L'égalité, plus tardive, n'en est pas moins l'attribut naturel et comme l'efflorescence régulière d'une société toute formée d' « hommes nouveaux ». Liberté, égalité : ces deux grands biens excitent ici dans le cœur des

hommes, non une défiance rogue qui les isole
dans leur personnalité, mais un ravissement qui
les rend fiers de leur pays et de leurs institutions.

Cette conception si particulière se fortifie du
prestige qui entoure le nom et les garanties
classiques de la *Common Law*. Éprouvée et glo-
rifiée par toute l'histoire d'Angleterre, seul élément
traditionnel importé d'Europe dans ce monde
nouveau, la *Common Law* procure à la liberté
américaine un passé immémorial, un reculé historique qui manque à tout le reste des institutions
politiques ou civiles. Aux États-Unis, la liberté
a des ancêtres et des fastes; le pouvoir n'en a
pas. C'est l'inverse de ce qui se voit dans une
grande partie de l'Europe. Ajoutez que la *Common
Law* a été singulièrement élargie et démocratisée
sur le continent américain. Les croyances et le
culte libres, point d'Église privilégiée, la propriété
affranchie de toutes ses entraves de fond et de
forme, chaque homme maître de tester selon sa
volonté, le partage égal dans les successions *ab
intestat*, la femme émancipée et cependant protégée, etc., autant de spécimens des additions
faites à l'antique patrimoine légal du sujet britannique. Ajoutez enfin que les principales de
ces garanties ont été mises à part et en vue dans
la Constitution, au-dessus et hors des atteintes de
la loi, sous la garde de l'autorité judiciaire, qui

est constituée suprême dans les choses de sa compétence.

La *Common Law* se présente donc avec un prestige d'antiquité que la nouveauté de tous les autres éléments politiques relève encore par le contraste. En outre, à la solennité, à la précision expresse de nos déclarations des droits révolutionnaires, elle ajoute, grâce à la Cour suprême, une sécurité que celles-ci n'ont pas su se procurer. C'en est assez pour qu'il s'y attache — et pareillement à la liberté dont elle est l'affirmation — un orgueil légitime qui est un lien entre tous les participants de ce noble héritage.

A côté de la liberté légale, l'indépendance et l'égalité sociales des individus sont un second sujet d'orgueil. Mais il y a ici une contradiction à réduire. Tous les observateurs sont d'accord pour témoigner que l'opinion n'est nulle part plus intolérante et l'homme moins à l'aise qu'aux Etats-Unis dans ce que nous appelons la *société* ou le *monde*. Chacun y est bien moins libre qu'en France, par exemple, de penser ce qu'il lui plaît et de le dire. Remarquons seulement que la société, qui, chez nous, a le caractère, le crédit et l'autorité d'une élite, n'existe pas sous cette forme aux États-Unis. La société américaine, c'est, en quelque sorte, toute la nation, mettant le poids de ses grands nombres au service des idées et des préjugés de l'homme moyen. Aussi

est-ce l'esprit supérieur qu'elle gêne et qui se
plaint : elle le soumet à la suprématie de l'esprit
médiocre, conservateur par stérilité. Celui-ci
règne et se fait craindre.

En France, la société dispose d'une énorme
puissance en faveur ou au détriment des individus. Placée au sommet, elle les tire à elle. En
Amérique, cette foule, où toutes les têtes sont de
niveau, ne peut à peu près rien pour la fortune et
les intérêts substantiels des particuliers. L'immense majorité des Américains n'attend rien
d'elle et ne compte que sur soi. C'est qu'en effet
les conditions qui, en France, font du « monde »
un abrégé, une corporation représentative du
pays, très considérable et très en vue, cohérente
et stable, active et armée, qu'il importe à tout
homme de se concilier, sont ici absentes. Les
institutions et les mœurs font obstacle à ce qu'il
se produise rien de pareil. La loi n'établit pas de
différences de rang entre les hommes ; elle défend
de créer une noblesse héréditaire, centre d'aspiration et principe de permanence d'une société.
Il n'y a pas de cour, puisqu'il n'y a pas de
royauté. Le ministère religieux est une profession
privée. L'armée est trop petite pour fournir une
caste militaire. Le caractère électif de presque
toutes les fonctions, la brièveté des termes, la
rotation in office rendent impossible la formation d'une haute bureaucratie. Un troisième

principe de différenciation, la haute culture de
l'esprit, n'existe qu'à l'état d'exception. Ces
groupes organisés et divers par lesquels la
« société » française se trouve embrasser tous les
types supérieurs de l'activité nationale ne figurent
ici que par quelques spécimens dispersés. Reste
l'argent. Un Américain ne peut se distinguer des
autres que par la richesse, et acquérir la richesse
que par un effort continu et soutenu qui le tient
provisoirement en dehors de la vie sociale supérieure [1]. Ajoutons que cette richesse une fois créée
reste dans une large mesure chose personnelle et
viagère. L'épargne au profit des enfants, la transmission intégrale du patrimoine aux héritiers du
sang ne font pas règle au même degré que chez
nous. La fortune est plus ou moins à recommencer
à chaque génération. L'idée de fonder une famille
opulente et de l'attacher pour des siècles à un
certain endroit du territoire est à peu près étrangère à l'esprit américain. C'est pourquoi on peut
dire qu'il y a plutôt des individus riches aux
États-Unis qu'une classe riche bien assise et
accréditée, qui ait conscience de former tête de

---

1. Le millionnaire de New-York ne se repose pas, ne s'arrête
pas et ne quitte les affaires que pour mourir. On ne le voit
point chercher une résidence de campagne pour y jouir en
paix de lui-même et de sa famille, pour y goûter un loisir orné.
Il retient des chambres dans l'hôtel d'une ville de plaisir,
d'où il peut communiquer avec son bureau par un fil électrique et y revenir par un train rapide. Il parle toujours
affaires, rarement olitique, jamais littérature ou art.

nation, et qui exerce une juridiction acceptée sur les jugements et les actes de la majorité des citoyens[1]. Le despotisme du préjugé social *vient d'en bas*; il s'applique à un petit nombre d'articles qui ne changent guère; ces articles traduisent l'opinion du peuple, et le peuple tout entier n'est qu'une classe moyenne de commerçants et d'hommes d'affaires qui se forme ses idées d'après ses intérêts. L'homme distingué s'y soumet avec souffrance et en esclave; l'immense majorité des Américains n'en sent pas la contrainte.

Chez nous, c'est l'égoïsme des supériorités sociales, résultat d'une sélection prolongée, c'est le sentiment des raffinés et parfois des sceptiques qui s'impose au gros de la nation. Privilèges du nom et des lumières, avancement hiérarchique et lent, conventions mondaines, formalités sans nombre, impossibilités imaginaires, décorum exigeant, mille servitudes sociales arrêtent à chaque pas l'homme nouveau, dévorent son temps, ralentissent son élan vers le but. En Amérique, il ne

---

1. Il n'y a pas en Amérique de conflit ou d'antagonisme permanent entre les classes et les masses. La nation forme un tout continu où ne se distinguent et ne s'opposent que le parti qui a triomphé et le parti qui a eu le dessous, l'homme qui a mis de son côté la fortune et celui qu'elle a trahi. Les gens admirés et qui pourraient faire loi sont des parvenus qu'on admire *comme individus* pour leur énergie et leur savoir-faire et qu'on n'admirerait plus, s'ils se mettaient en troupeau et s'effaçaient dans le rang. Ils ne valent toute leur valeur et ne conservent leur crédit qu'isolés. Leur action deviendrait nulle le jour où elle essaierait de devenir collective.

connaît pas de tels obstacles. L'indépendance de
l'individu, l'impuissance de la société à le qualifier,
à l'aider ou à le contraindre, se manifestent clairement par la maxime courante que tout homme
en vaut un autre, quels que soient sa famille, son
éducation, ses antécédents et ses alentours. On
comprend sans peine que la majorité des Américains se réjouisse d'avoir rompu ces chaînes, et
s'enorgueillisse de posséder, plus complètement
que les autres peuples, la liberté et l'égalité véritables.

Mais c'est surtout en parcourant des yeux le
vaste champ ouvert à l'activité économique que
les Américains éprouvent un contentement, un
optimisme prompt à se tourner en attachement
pour leur patrie. L'individu, armé de toutes les
ressources de la civilisation, éprouve une sorte
d'épanouissement de son être à mesurer tout ce
qu'il peut à lui seul dans l'infini d'un monde où il
ne rencontre d'adversaires que les forces naturelles, bien vite domptées et pliées à ses fins. Cette
perspective suscite et exalte chez l'Américain la
joie de vivre, de vouloir et d'agir, le besoin d'être
son propre et seul maître, le point d'honneur de
ne rien devoir qu'à soi, le goût d'une lutte solitaire avec les choses. Ces sentiments sont comme
un signe de reconnaissance des hommes entre
eux; ils engendrent un orgueil des institutions et
du nom américain qui prépare les voies à une

sorte de conscience collective. Ajoutons que l'homme qui veut faire son chemin en France se sent dominé par mille circonstances, à la merci de maint hasard, étroitement dépendant de beaucoup d'autres hommes. Aux États-Unis, il se sent, en général, maître de sa destinée; il lui suffit de bien épier le moment où il aura sa chance; ce moment-là vient toujours; il se courbe sur sa tâche et non devant des personnages plus puissants, distributeurs des grâces; il n'obtient rien des autres individus, par condescendance ou faveur, mais seulement comme équivalent de ce qu'il offre. Chacun a le moyen de se faire ce qu'il veut être, et vaut par ce qu'il s'est fait. Il y a là une forme de félicité ignorée de nos sociétés encombrées, où la difficulté de sortir du rang et le désir de s'en faire tirer conseillent des compromis et des bassesses qui dépriment la personne humaine; cette félicité procède d'une exaltation de la personnalité après les victoires faciles que l'homme a remportées par ses seules forces. Il en jouit avec une ivresse orgueilleuse; il en sait gré à la patrie dont l'immensité géographique, les richesses naturelles, les institutions ont ensemble conspiré à étendre et niveler le champ pour un combat dont il a l'honneur et le butin.

III

Toutes ces réflexions circonscrivent nos vues et resserrent en quelque sorte nos prises sur le genre d'attachement, si difficile à saisir et à définir, que les Américains éprouvent pour leur pays. Un demi-siècle suffira peut-être pour le rapprocher notablement de notre patriotisme, en lui ouvrant un horizon mystique dans le passé et en modifiant les conditions économiques exceptionnelles d'où procèdent surtout les différences. Pour le présent, l'écart est considérable : un sentiment tout en effusion, nullement concentré, moins élevé qu'énergique, issu d'un égoïsme triomphant; une sorte de superbe qui, partant de l'individu et se déployant autour de lui, finit par s'étendre à tout le territoire où les hommes ont trouvé ce magnifique champ d'expansion et à la société politique qu'ils glorifient pour ne pas leur avoir créé d'obstacles. Il y a du *bonheur* dans le patriotisme américain. Être libre de choisir ses voies, apercevoir le succès devant soi, sans aucune barrière artificielle qui en défende les abords, y marcher avec la certitude de l'atteindre, sans autre condition qu'une force et une vitesse moyennes, sentir sa volonté plus puissante que la fortune, voilà de quoi procurer aux hommes une impression de joie continue qui les

pénètre et une conscience de supériorité qui les
unit. Mettez dans l'exclamation : *Civis americanus
sum!* la même fierté que dans le cri du Romain,
avec l'impression, non plus de ce que l'homme a
reçu de la patrie, de ce qu'il attend d'elle, de ce
qu'il se sent tenu de faire *pour elle* en retour, mais
de ce qu'il a tenté et accompli *pour lui-même* sous
cette grande *raison sociale*, de ce qu'il se sent prêt
à entreprendre encore, vous aurez la formule à peu
près exacte du civisme américain. Un tel sentiment ne peut guère trouver sa pleine satisfaction
dans un des États particuliers; ce sont des cadres
d'activité un peu trop restreints, quoique déjà
quelque orgueil s'y montre (il y a de l'orgueil partout, en Amérique). C'est l'État fédéral qui est
l'orbite naturel de cette gravitation morale supérieure. A défaut d'élévation, il n'y manque pas une
certaine grandeur. C'est le propre du patriotisme
de n'être pas tout lui-même, s'il n'est mêlé de
quelque chose qui le dépasse, qui le rattache à un
idéal humanitaire, à une mission providentielle.
Du *Gesta Dei per Francos* naissait, de siècle en
siècle, un *Gerenda Dei per Francos* qui a été l'âme
de notre patriotisme. Notre Révolution de 1789
s'est crue, pour commencer, la dépositaire d'une
vérité universelle à répandre, la libératrice du
genre humain, ayant procuration de l'Être suprême
à cette fin. Le patriotisme allemand nourrit son
arrogance et couvre son égoïsme par la conscience

savante et documentée d'un rôle civilisateur pour
lequel il arrache le flambeau des mains aux Wel-
ches affaiblis et corrompus. L'Américain se considère aujourd'hui comme ayant charge de faire
voir au monde le type d'une société nouvelle : une
grande démocratie sage, puissante et prospère.
Peu importe qu'il y ait une large part d'illusion
dans ce contentement de soi : l'idée d'une mission
y est comprise et cela suffit pour imprimer à cet
orgueil le caractère transcendant sans lequel il
n'y a pas de patriotisme.

CHAPITRE IV

L'ÉTAT ET LE GOUVERNEMENT

I

Partout l'individualisme est en discrédit, dans l'ordre politique comme dans l'ordre économique. Partout l'opinion publique encourage le gouvernement à se concevoir comme père ou tuteur, à se persuader qu'il a plus ou moins charge des corps et des âmes, et à s'assigner des devoirs qui justifient une activité et des pouvoirs nouveaux.

Cette disposition des esprits prêtera peut-être quelque intérêt à l'étude que j'entreprends ici. Il s'agit de dégager l'idée que les Américains se font de l'État. J'ai, en abordant cette question, la sécurité d'un accord général de vues avec les deux hommes qui possèdent, en ce qui touche l'organisation politique des États-Unis, la maîtrise

la plus incontestée, MM. James Bryce et Wood-
row Wilson. L'un des résultats de cette analyse
pourra être d'établir sur un point capital — la
nature et le rôle de l'État — une proposition qui
se vérifierait probablement sur beaucoup d'autres, et que le penseur politique, en quête d'enseignements et d'exemples à travers le monde,
doit avoir constamment présente. C'est que les
États européens et la grande République américaine appartiennent politiquement à deux espèces
ou familles naturelles distinctes, dont le développement ne s'est pas accompli dans les mêmes
conditions, n'a pas traversé les mêmes phases, et
ne présente aucun degré de correspondance, en
sorte que transplantations, greffes, boutures et
provins, d'un côté à l'autre de l'Atlantique, ont
beaucoup de chances de rester stériles. La Constitution des États-Unis est un exemplaire individuel et indivisible qui ne se prête pas plus à
des emprunts partiels qu'à une imitation en bloc.
Elle doit rester pour nous comme un cristal
naturel, dont la beauté et l'eurythmie, liées à la
forme d'ensemble, périssent dans chaque molécule
qu'on en détache.

Est-ce à dire qu'elle ne contienne aucun enseignement pour les peuples de notre continent?
Non, assurément. Nos hommes d'État ne doivent
pas se flatter d'y trouver des expédients pratiques
directement applicables à telle ou telle de nos

fins spéciales. Mais ils peuvent, de ce modèle con-
cret, tirer des leçons de politique abstraite.

L'industriel qui s'attache à reproduire exactement dans son usine les appareils de fabrication
employés avec succès dans un autre établissement, et qui en attend les mêmes résultats, s'expose à de cruels mécomptes. Il suffit souvent
d'une différence dans une seule des conditions
locales ou spéciales : superficie disponible, nature
des moteurs, qualité et prix du combustible,
cherté de la main-d'œuvre, température moyenne
de l'atmosphère, pour détruire l'effet de la plus
heureuse combinaison d'appareils. Le construc-
teur avisé ne copiera pas servilement l'ordonnance de ces appareils, il s'inspirera de la
méthode employée pour les adapter aux conditions ambiantes. Une série de rapports variables
entre le but, les circonstances et les moyens, voilà
ce qu'il cherchera à dégager et à retenir.

Le cas est analogue en ce qui concerne la
Constitution des États-Unis. Non seulement par
l'énormité des dimensions de l'État, mais par
l'extrême particularité des conditions géographiques, économiques, historiques et sociales d'où
l'organisation politique procède, elle n'a pour
nous de valeur et de sens qu'à titre d'expérience
théorique ; elle est suggestive plutôt que démons-
trative. Nous n'avons rien à y prendre, nous
avons beaucoup à y apprendre. Et la leçon

résulte, non de l'analyse des dispositions conte-
nues dans le texte, mais de l'étude des causes
profondes qui en font la nécessité ou la convenance, qui en assurent l'efficacité et la durée.
A cette hauteur, les institutions de la grande
République américaine jettent une vive lumière
sur la loi d'évolution des sociétés politiques, et,
si elles ne peuvent pas nous fournir toutes faites
et toutes prêtes des solutions à notre usage, elles
nous fournissent une méthode pour en inventer.

II

L'*État*, au sens où nous l'entendons ici, est
une puissante personne morale, constituée en
autorité sur un important groupe d'hommes,
pour leur salut et leur avantage communs. Cette
personne reçoit son investiture, soit d'une dési-
gnation divine et d'un conseil providentiel sup-
posés, soit de la volonté de tous, expresse ou
tacite, une fois pour toutes ou périodiquement
déclarée. Elle prend corps dans un *gouvernement*
qui a juridiction reconnue sur toutes les parties
d'un *territoire défini*, et l'obligation de lui obéir
s'étend à tous ceux qui, habitant ce territoire,
l'appellent leur *patrie* et ont conscience de former
ensemble une section distincte de l'humanité :
une *nation*. Ajoutons que l'État délègue, au besoin,

à des autorités locales ou spéciales, tout ou partie de ses pouvoirs, y compris le droit de contraindre et de punir, sanction nécessaire de ses commandements et marque distinctive de sa présence. On voit que les notions concrètes de territoire, de nation, de patrie, de gouvernement, précèdent et préparent l'idée de l'État qui est, pour ainsi dire, leur expression abstraite commune. Elles se développent lentement, en sorte que les notions de temps et d'hérédité entrent presque toujours avec elles dans la définition. A son tour, l'idée d'État, graduellement condensée sous le couvert des trois idées de nation, de patrie, de gouvernement, les soutient de sa solidité abstraite, comme le noyau durci soutient dans le fruit mûr les parties vivantes et molles qui ont enveloppé sa croissance.

Je n'ai pas l'intention de remonter ici jusqu'aux notions de territoire, de peuple et de patrie. Je l'ai fait précédemment. J'aborderai d'emblée la notion du gouvernement; c'est le dernier et le plus étroit des cercles concentriques que l'analyse resserre graduellement autour de l'idée d'État.

J'ai dit que l'État n'est en un sens que le gouvernement, conçu abstraitement comme le siège de la plus haute conscience et des volontés stables de la nation. Il vaut la peine de pénétrer dans cette région et de l'explorer; elle présente aux États-Unis une configuration originale et des accidents de terrain inattendus que les Américains eux-mêmes n'ont pas relevés et dont la carte est encore à faire. La notion maîtresse qui en occupe le centre, l'idée de l'État, est l'œuvre du temps et des circonstances. Notre premier soin doit être d'en retrouver la genèse. L'Amérique est ici en contraste déclaré avec l'Europe, et l'essence de ce contraste, c'est que le principal agent de l'unité nationale dans les pays de ce continent, la royauté, s'est trouvé absent et impuissant dans l'autre.

En France, c'est la royauté qui a fait la nation, c'est la nation qui a fait ou façonné l'individu[1]. Au plus loin que nous regardions paraît la figure du roi. Envahisseur et conquérant, il est subrogé dès l'origine à la prérogative de l'empereur dans les Gaules. Plus tard, l'assiette territoriale et

---

[1]. A la mort de Henri IV, dit M. Hanotaux, il n'y avait pas encore, à proprement parler, de nation française, mais il y avait un royaume de France (*Hist. du Card. de Richelieu*, 263).

On peut voir, dans un travail de M. Lavisse (*Revue des Deux Mondes* du 1ᵉʳ octobre 1890), par quels dons de justesse générale et de précision microscopique dans les vues, de volonté brutale et lourde pour accomplir, de suite et de ténacité monotone dans le conseil, d'application soutenue, de sévérité pour autrui après avoir commencé par soi-même, le second des rois de Prusse a fait une nation et un État de ses provinces éparses. Ses successeurs ont continué son œuvre. C'est ici comme le type extrême du genre. En France, le monarque et ses légistes agissent efficacement, mais n'agissent pas seuls ; on croit sentir la force des choses qui les seconde ; on lit d'avance une grande destinée nationale écrite sur la carte. De l'autre côté du Rhin, ce sont les Hohenzollern qui font tout. La Prusse est en quelque sorte un objet d'art industriel, de *fabrication royale*.

l'exercice direct du pouvoir lui échappent peu à
peu par le malheur des temps, sans que le principe romain de la souveraineté soit entièrement
aboli et que la continuité de la tradition impériale
soit rompue. Elle persiste à travers tout le moyen
âge, comme une veine minérale enfouie sous les
décombres et les ronces et qui affleure çà et là. Le
jour venu, les juristes n'auront pas grand effort
à faire pour l'exhumer, la dégager, et elle revê-
tira d'elle-même la majesté d'un droit séculaire.
Cependant le roi, par conquête, achat, échange,
héritage, mariage, a recomposé le territoire province à province. Chacune s'est trouvée, à son
tour, faible et dénuée, en face de ce pouvoir
grandissant, et a fini par se fondre sous sa main
dans une unité plus étendue. Sur ce territoire, le
peuple se condense par la convergence de toutes
les aspirations vers le trône, fontaine de justice ;
la patrie se dégage par la communauté d'une glorieuse histoire dont le prince est le coryphée.
L'individu chétif n'a pas eu de part consciente
dans ce prodigieux travail ; il l'a subi, il en a été
enveloppé de la même façon que l'insecte aujour-
d'hui fossile a été pris dans la masse lentement
refroidie et rétractée d'une couche géologique.
Adhérences énergiques, profonde solidarité,
presque tout lui est venu de plus haut que lui,
s'est appesanti sur lui, l'a façonné. Ces pressions
extérieures ont formé les plus riches veines de

sa vie impersonnelle, déterminé les plus nobles plis de sa nature morale.

En Amérique, le roi n'a pas créé le territoire, pas davantage la nation, et celle-ci, sauf une exception, n'a pas façonné le citoyen par la pression du gouvernement et de la loi. La royauté n'est d'abord intervenue que pour concéder une charte à une compagnie privilégiée, un fief à un favori, à peu près dans les conditions où les puissances se partagent aujourd'hui l'Hinterland de l'Afrique équatoriale. Elle leur donnait à prendre ce qu'elle ne possédait pas. Les concessions n'étaient au fond que des titres nus octroyés à quelques individus qui, sans quitter l'Angleterre, tiraient de leur monopole le plus de profit possible pour eux-mêmes. Les garanties inscrites dans la charte ne visaient généralement que les concessionnaires. Des colons, il n'était pas question, ou seulement pour mémoire. Ce sont ces *tiers* surérogatoires, oubliés au contrat, qui, sans aide, sans direction, sans titre ont arraché le sol aux Indiens, l'ont conquis sur l'inconnu, sur la friche, ont fait entrer dans l'οἰκουμένη, dans l'enceinte de la terre habitée, la forêt et la prairie illimitée, jusque-là *res nullius*. Ils ont conscience d'avoir fait et enclos le territoire national.

Le roi n'a pas davantage fait la nation. L'histoire de l'Amérique anglaise n'a point à enregis-

trer de grands efforts collectifs, accomplis sous
l'impulsion et selon les vues d'un pouvoir national,
qui prête son nom à la gloire commune, et qu'elle
couronne d'un prestige. Les plus hautes sources
de la vie publique ne viennent pas du centre et
n'invitent pas l'imagination à y remonter. Tout
ce qu'il y a d'énergique et de mémorable appartient ici à la vie individuelle et à l'esprit d'aventure, dont le premier effet est de disperser, d'isoler,
nullement de resserrer, d'agréger et de confondre.
Ce sont des pointes en avant d'un homme ou
d'un groupe chétif qui se séparent de la masse,
des dangers obscurément bravés, de longues
épreuves sans témoin pour les redire, une impression d'abandon, le sentiment qu'on n'a d'aide à
attendre que de soi-même, un labeur inouï, et à
la fin la création en pays perdu d'un petit corps
politique, isolé, autonome, une πόλις, république
et démocratie tout ensemble (comment pourrait-ce
être autre chose?) qui seulement alors regarde en
arrière, songe à se rapprocher des autres corps
politiques semblables, fondés dans la même
région, et se met dans l'*ombre du nom* d'une
monarchie lointaine.

L'autorité centrale n'a point de part dans ces
audacieuses entreprises qu'elle ne connaît qu'ache-
vées. Ce n'est ni la royauté, aperçue de loin dans
son palais de Saint-James, ni les pouvoirs colo-
niaux, comme elle sans force, sans instruments

et sans vues d'ensemble, qu'on trouve ici au point
de départ comme premiers agents de la formation
sociale. A regarder au delà des chartes et des
droits écrits, la société commence ici par l'individu, et par un individu complet, conscient,
autonome, comme si l'hypothèse du contrat social
était pour une fois réalisée. Cela se voit surtout
dans la Nouvelle-Angleterre, la seule province
avec la Virginie qui, à la fin du xviiie siècle, ait
été le siège d'une véritable conscience politique,
et qui présente alors quelques-uns des caractères
d'un État. Des hommes égaux et libres se sont
d'abord groupés en *townships*, des *townships*
égaux et libres ont volontairement organisé l'État
colonial pour leur sûreté et leur commodité. A la
fin, des États égaux et libres ont volontairement,
et dans un intérêt non moins positif, organisé
l'État fédéral. Ils auraient pu ne pas le constituer;
ils se souviennent de l'avoir constitué. Ils l'ont
doté à leur convenance et d'une main avare.
Ainsi, en Europe, c'est l'État qui a fait ou mesuré
la part de l'individu; raison suffisante pour que
l'État se soit cru plus d'une fois autorisé à rema-
nier le partage. En Amérique, c'est l'individu qui
a fait et mesuré la part de l'État. Dans certains
États particuliers, il a pu la faire nominalement
assez grande, excessive même à certains égards,
dépouiller parfois, pour la grossir, les autorités
locales, ses aînées. Il n'en a pas moins été, même

à son détriment, le souverain répartiteur; il n'a jamais perdu la conscience ni quitté l'attitude de ce rôle prépondérant.

III

Je voudrais justifier par quelques faits cette conception des origines de l'État en Amérique. Que l'individu en soit le premier auteur conscient et libre, cela se voit clairement dans la Nouvelle-Angleterre et se laisse plus ou moins deviner ailleurs. Qu'y a-t-il de plus significatif que le *Covenant* signé entre les pèlerins encore à bord du *May Flower*, pour l'organisation d'un « corps politique » (c'est leur expression même), avec la « gloire de Dieu » et le « développement du christianisme » comme fin suprême, le « bien commun » comme but plus immédiat, des « lois et des ordonnances » comme moyen, l' « obéissance et la soumission » comme le devoir et l'engagement de chacun. La notion de l'État est là au complet. Rien ne montre mieux que les Anglo-Saxons sont essentiellement des ζῶα πολιτικά qui conçoivent l'État et engendrent le *self government* « partout où ils sont plusieurs réunis [1] ». Et cette proposition n'est nullement

1. La même aptitude à créer un gouvernement, à en comprendre les conditions et à en subir la contrainte se rencontre

contredite par le fait que les *pilgrim fathers*, qui
ont constitué avec cette maîtrise une société politique, y avaient été préparés par l'habitude de
vivre et de se gouverner en congrégations religieuses indépendantes. Car le congrégationna-
lisme peut être réputé lui-même, en partie, l'effet
d'une aptitude et d'une vocation éminente de la
race au *self government*. — Un peu plus tard,
c'est avec le même sérieux que les vingt-deux
compagnons de Roger Williams prononceront le
même mot de « corps politique », se déclareront
loyaux sujets du roi Charles, soumis à ses lois, à
la Constitution britannique et aux coutumes du
royaume « en tant que conformes à la justice »,
et conviendront d'élire à la majorité un magistrat
et des juges pour les gouverner et les juger, aussi
« selon la justice ». Pour ces hommes, l'État n'a
pas besoin de grandes dimensions pour justifier
son nom; il est partout où les individus voient
distinctement leur intérêt commun et contractent

aujourd'hui chez les pionniers de l'Ouest, dans les camps de
mineurs, sous les huttes des bûcherons et des débardeurs.
Ils n'attendent pas que des fonctionnaires leur soient envoyés
d'une capitale, pour constituer des assemblées régulières, un
pouvoir, une justice. Franz Lieber a signalé le fait que sur
un paquebot, des Américains, sans autre but que l'agrément
de la société, s'organisent comme un parlement, avec un
bureau et des *standing orders*. Les formes du gouvernement
parlementaire sont comme imprimées dans leur substance
cérébrale; elles ressortent à tout propos et même hors de
propos, comme l'écriture de dessous un palimpseste.

entre eux librement et de bonne foi pour s'en assurer la possession.

Voilà comment et par quelle convention effective et volontaire le *township* de la Nouvelle-Angleterre s'est constitué en organisme politique complet. Plus tard, les *townships* se sont rapprochés; ils ont senti la nécessité d'une coopération contre les Indiens, et aussi d'une entente pour la défense et la jouissance des droits et privilèges déclarés communs par une charte à tous les habitants futurs d'un segment géographique déterminé. En Nouvelle-Angleterre, ils ont positivement créé la « colonie », le futur *Commonwealth*.

Pour Rhode-Island, il me suffira de deux preuves. Aux termes de la charte de 1647, premier pacte signé entre les quatre *towns* indépendants, l'assemblée n'était saisie des projets de lois qu'après que chaque *town* pour son compte les avait votés. Le gouvernement colonial n'avait donc qu'un pouvoir de ratification et de revision, comme le Conseil des Anciens de notre Constitution de l'an III; l'initiative continuait d'appartenir aux localités. Un second trait significatif est qu'à plusieurs reprises le pacte se desserre ou se dénoue, et alors on retombe sur des confédérations partielles des *towns* deux à deux, comme en 1651, ou bien, comme en 1686, l'assemblée se dissout après avoir rendu à chaque *town* le soin de se gouverner lui-même isolément. L'union est si peu soutenue par le sentiment public qu'elle semble toujours près de fléchir.

En Connecticut, on sait que la colonie fut formée d'abord par la réunion des bourgs de Hartford, de Wetherfield et de Windsor, puis par la fusion de ce premier groupe avec New-Haven. En Massachusetts[1], il est remarquable que longtemps après l'union, il n'y ait pas eu d'autre organisation politique au-dessous de l'État que les *townships*. Point de district plus étendu qui en réunisse plusieurs, point de villes incorporées jusqu'en 1821. Le *township* est la cellule, l'élément organique de ce tissu social uniforme. Jusqu'en 1857, dans le même État, et encore aujourd'hui en Connecticut, les *towns* demeurent la base de la représentation parlementaire.

Dans les États du Sud, ce n'est pas le *township*, mais la plantation et la caste qui sont les éléments

---

1. Lorsque Samuel Adams entreprend de soulever le Massachusetts contre la domination britannique, il commence par établir un comité de correspondance entre les *towns*; il leur dénonce les griefs de la communauté, les provoque à manifester leurs sentiments. On sent qu'il veut créer l'unité morale de l'État par le concert de tous ces petits centres autonomes. Ce n'est que plusieurs mois après, quand il juge l'unité faite, qu'il se met en communication avec les autres colonies.

En Massachusetts, le comté de Berkshire reste indépendant de fait jusqu'en 1780, et la convention locale ne fait pas de façon pour déclarer à la « General Court » que si détestables que soient les suites, ils n'auront pas de peine à trouver d'autres États qui seront heureux de les recevoir.

organiques. La caste, formée d'éléments analogues
à la *gentry* anglaise, dont elle est pour une grande
part issue, trouve son cadre dans l'État (le *Commonwealth*), et celui-ci acquiert par là de bonne
heure une cohésion qui sera plus lente à se produire dans les colonies du Nord. Les plantations
sont établies sur le bord des grands fleuves;
presque toutes ont des quais immenses où les
vaisseaux viennent à même chercher leur fret
qu'ils transportent en Europe. Chacun de ces
latifundia, avec son unique habitation centrale,
où un seul *paterfamilias* vit au milieu de ses
esclaves et de ses clients, forme un tout à lui seul.
Les plantations se groupent pour quelques objets
communs, et l'administration de ces intérêts a
son siège dans le comté qui, sans avoir jamais
l'activité du *township*, fait néanmoins quelque
figure en face du gouvernement de l'État.

Les planteurs les plus considérables gèrent les
affaires sous le titre de « *justice of peace* ».
Lorsque tombent, avec la souveraineté britannique, les chartes octroyées par elle aux différentes colonies, il y a un moment d'incertitude.
On ne sait à qui revient et par qui s'exercera le
pouvoir politique. « Le peuple, dit M. Albert
Small, n'eut pas d'abord d'idée bien définie et
d'opinion unanime sur les sphères respectives des
autorités des *towns*, des comtés et des colonies. »
Cela se vit bien dans la nomination des délégués

au Congrès de 1774. Tandis que le New-Hampshire et les autres États de l'Est procèdent comme
des confédérations de *towns*, ce sont les comtés
qui, dans les États de New-Jersey, de Maryland, de Virginie, élisent séparément des commissions et celles-ci les députés. Dans l'État de
New-York, à côté des délégués proposés par la
ville de New-York et ratifiés généralement par
les campagnes, le comté de Suffolk nomme un
représentant distinct; le comté d'Orange un peu
plus tard élit son député, qui se présente au
Congrès et produit le certificat de son élection
par ledit comté. La Géorgie, fort tiède au commencement de la guerre, ne se fait pas représenter
au Congrès jusqu'au 15 juillet 1775. Mais cela
n'empêche pas la paroisse[1] Saint-John d'envoyer
un délégué qui est admis au Congrès. Ce qui
prouve bien que le comté a conservé une conscience politique distincte, reste de l'époque où il
était effectivement un petit État, c'est qu'il est tout
préparé à le redevenir, lorsque les circonstances
le pressent : c'est ainsi qu'en 1775, le comité du
comté de Mecklembourg, dans la Caroline du
Nord, considérant que la Constitution des différentes provinces se trouve suspendue et que le
Congrès provincial de chacune est, selon la recommandation du grand Congrès continental,

---

1. La paroisse, dans le Sud, est l'analogue du comté.

investi de tout le pouvoir exécutif et législatif;
considérant, d'autre part, que toutes les lois
antérieures ne sont plus en vigueur, et que le
Congrès provincial n'en a pas élaboré d'autres,
juge nécessaire à la conservation du bon ordre
d'édicter des prescriptions et des règlements
pour le gouvernement intérieur de ce comté, en
attendant que le Congrès provincial y pourvoie[1].

Une déclaration du juge Brown, de New-York,
(dans le procès *People versus Draper*) résume tout
ce qui précède : « A l'époque où fut faite la présente Constitution, dit-il, le territoire entier de
l'État était divisé et distribué en circonscriptions
représentant des personnes civiles : comtés, villes
et *townships*. Ces circonscriptions sont aussi anciennes que le gouvernement. L'État n'a pas
existé un jour sans elles. Toutes les pensées et
toutes les notions que nous avons sur le gouvernement civil sont associées avec les comtés, les
villes et les *townships*. Ce sont des éléments permanents dans la charpente du gouvernement; ce

---

1. Dans la première Constitution du Maryland, les comtés
étaient *représentés également* dans la Chambre basse, indépendamment de leur étendue et du chiffre de leur population; le
Sénat était nommé par un collège d'électeurs du second degré
fourni *à raison de deux par comté*. Cela rappelle ou plutôt
annonce le système des élections sénatoriales et présidentielles
que consacrera la Constitution fédérale de 1787. Les comtés
jouent ici dans la colonie le même rôle que les États joueront
dans l'Union. L'égalité entre eux est même plus parfaite et
semble procéder plus directement de l'idée d'autonomie et de
souveraineté.

sont des institutions d'État. L'État, dans son ensemble, est et a toujours été une agrégation de ces corps locaux[1]. »

IV

L'Etat a, en France, une autre source de prestige. Le gouvernement a été pendant des siècles, au dehors, le défenseur des biens et des libertés de tous contre les agressions de l'étranger; au dedans, le destructeur des monstres, le redresseur des torts. Il pourrait justement réunir et croiser sur son écusson la massue d'Hercule et l'épée de Miltiade. Si nous regardons à sept ou huit siècles en arrière dans notre histoire, nous voyons chaque homme à la merci d'une razzia qui le massacre ou l'emporte, d'une invasion qui le dépouille ou l'asservit. La royauté rallie contre ce risque perpétuel toutes les forces dispersées; elle en fait une masse profonde et une ligne continue qui résistent à l'envahisseur. Au dedans, quelques hommes puissants vexent et rançonnent tous les autres. Ceux-ci apparaissent courbés, craintifs, n'osant plus espérer, respirant à peine. La royauté les prend sous sa protection; elle corrige et punit les

---

1. « *Our whole system*, dit Judson S. Landon (*The Constit. History of the U. S.*), *is an expansion of local self-government.* »

abus de force les plus criants. Elle crée un ordre
tolérable et maintient une paix intermittente. A
tous ces titres, elle fixe les regards et elle obtient
aisément à son profit quelques sacrifices ; l'opprimé
qui les consent, les juge sans doute moins insupportables que les maux qu'il écarte à ce prix. Un
penchant héréditaire se forme, qui porte incon-
sciemment l'homme à se tourner vers le roi, à lui
céder, à le considérer comme l'agent de tout bien
général dans une société organisée.

Rien de pareil en Amérique. Même à l'origine,
l'immigrant, sur ce territoire qui nourrira à la fin
du xix° siècle cent millions d'hommes, ne rencontre que quelques centaines de mille de Peaux-
Rouges (1 million d'après les évaluations les plus
forcées) disséminés et mal armés ; les colons sujets
de la Grande-Bretagne ne tarderont pas à être plus
nombreux que cette poignée d'indigènes. Ceux-ci
ne seront plus alors qu'un troupeau facile à
chasser successivement des terres que l'on con-
voite. S'ils font du mal aux colons, s'ils restent un
danger jusqu'au milieu du xviii° siècle, c'est qu'on
les exaspère par la violence et la mauvaise foi. Ils
sont surtout menaçants sur la frontière canadienne,
où les Français les recueillent après leurs incur-
sions. Ce danger cessera de compter après la paix
de Paris. Quant aux colonies voisines, peuplées
par d'autres races européennes, aucune n'est de
force et n'a d'intérêt à troubler les colons anglais

dans leur possession. Exploitées brutalement ou négligées par leurs métropoles, elles ont assez à faire de lutter contre les forces destructives de la nature vierge et de se conserver. Ainsi point de despotisme militaire en vue d'une conquête difficile et disputée ou d'une défense vigilante et suivie; point de féodalité militaire née d'un besoin local de protection, tournée en abus avec le temps, et préparant un rôle au futur libérateur qui, après l'avoir détruite, offrira l'impartialité d'un césarisme lointain aux populations soulagées. Tous les émigrants sont égaux et libres ou le redeviennent en arrivant dans ce monde nouveau. C'est que nul n'a l'occasion de faire marché de la supériorité de sa force dans une lutte de tous pour la vie. Le personnage de chef de bande contre l'autochtone, comme celui de chef national contre l'étranger, sont ici surérogatoires. La société a pris d'emblée la forme industrielle, sans passer par la forme militaire.

D'autre part, la féodalité foncière n'a pas plus que la féodalité personnelle rencontré les conditions nécessaires pour un établissement durable; l'état économique du pays ne s'y prêtait pas. A la vérité, il y eut au commencement de véritables esclaves blancs. C'étaient des « vilains ou des serfs », expédiés d'Europe où ils n'avaient pas eu l'habitude d'une condition beaucoup meilleure, des convicts qu'on traitait comme des hommes ayant à purger une condamnation, des gens sans aveu razziés dans les rues suspectes des grandes villes, enfin des engagés à long terme que leur contrat de louage faisait tomber, à leur arrivée, sous les rigueurs d'une loi qu'ils n'avaient pas connue. Ces éléments abondants et déjà façonnés d'une classe servile n'en ont pourtant pas formé une. L'errante liberté du monde économique ambiant les a presque tout de suite repris à l'esclavage légal qui tentait d'abord de s'appesantir sur eux. La terre s'offrait sans maître à l'infini, et l'homme qu'un autre homme aurait voulu attacher à la glèbe, en lui vendant à ce prix l'usage du sol, n'avait que quelques lieues à faire pour se retrouver son maître dans un domaine à lui. Seuls les nègres, race inférieure et molle, bétail docile et craintif, ont pu se laisser enchaîner au sol, et leur affluence dans la servitude a contribué à restaurer le blanc de petite condition dans l'état d'indépendance que toutes les autres circonstances lui rendaient avantageux et facile.

L'office de protecteur de la masse des citoyens contre le monopole et les abus de pouvoir d'une caste de propriétaires, qui détient le principal instrument du travail, est donc resté vacant faute d'objet. La caste existait en plus d'un endroit et n'eût sans doute demandé qu'à mal faire; mais le principal instrument du travail, était en quantité illimitée : le monopole devenait donc illusoire, et

la grande propriété ne pouvait pas s'en servir pour
assurer ses prises sur les individus. Les rares pri-
vilégiés investis en vertu de chartes royales firent
d'eux-mêmes remise de leurs droits, que bientôt
ils n'exerçaient plus, si tant est qu'ils les eussent
jamais exercés. Par suite, la royauté et, après elle,
la nation n'ont pas eu la peine et le mérite de
détruire les privilèges d'une féodalité foncière.
C'est autant de moins au crédit de l'État[1].

En Europe, l'Angleterre exceptée, le mot liberté,
pendant des siècles, n'a guère été employé qu'au
pluriel, pour désigner tels ou tels privilèges parti-

1. On sait qu'aux termes de la plupart des chartes royales,
les concessions faites à des compagnies ou à des propriétaires
étaient en franche et libre tenure, forme qui avait les mêmes
effets pratiques que la pleine propriété. Toutefois, certains
concessionnaires étaient investis du droit de créer eux-mêmes,
à leur convenance, des fiefs militaires et des manoirs, c'est-
à-dire d'établir une hiérarchie féodale des fonds de terre et
des personnes. Ce droit paraît d'ailleurs n'avoir existé que
dans quatre ou cinq colonies : les Carolines, le Maine, le Maryland, la Pensylvanie et New-York; et, là où il existait, il ne
fut généralement pas exercé. Le caractère allodial prévalut
partout et absolument sur le caractère féodal dans le régime
de la propriété foncière. Rien de pareil à des droits féodaux
ne subsistait plus, sauf à New-York, à l'époque de la Révolution. Quand les judicieux auteurs de l'ordonnance de 1787
furent appelés à déterminer la condition juridique de la propriété dans l'Ouest encore désert, il ne leur vint pas à l'esprit
de recommander un autre système que celui de la propriété
entièrement libre, disponible et transmissible à volonté, sans
formalités gênantes. La force des choses rédigea en quelque
sorte par leurs mains la section II de l'ordonnance; et c'est
aussi la force des choses qui, par ce précédent bien vite
accrédité, provoqua et encouragea, dans les quelques États
encore arriérés, la réforme libérale des lois foncières.

culiers à un individu ou spéciaux à un corps. C'est l'État qui a été graduellement l'inventeur et le donateur de *la liberté*, au singulier, d'un droit commun, le même pour tous. En Amérique, le droit commun apporté d'Angleterre était en vigueur dès les commencements de la colonisation, et, ce qui est bien plus, il se rencontrait avec une liberté et une égalité de fait presque absolues résultant des conditions générales de la vie sur un territoire vide et à prendre. Liberté, égalité existaient dans la société par la force des choses avant d'y exister par le commandement de l'État. La loi n'a pas ici créé l'égalité par nivellement, fondé la liberté sur les ruines des privilèges; elle les a trouvées paisiblement établies dans les mœurs, et son silence aura suffi pour les consacrer. Ici encore, nous trouvons l'État dispensé d'agir et de parler, et privé d'un des titres éclatants qui lui ont acquis en Europe la reconnaissance des hommes.

V

En outre, la notion de l'État souverain et de la mission générale de bien public qui est la raison suffisante de sa souveraineté a eu plus de peine qu'ailleurs à se dégager, faute d'un cadre bien déterminé et d'un centre visible fournissant une assiette solide et une forme simple à cette concep-

tion maîtresse. Les notions composantes ou bien
manquent, — c'est le cas de l'idée de nationalité,
— ou bien s'entrechoquent et se déforment au lieu
de se masser et de se fondre, — c'est le cas des
idées qu'on se fait de la souveraineté.

Considérons d'abord l'idée de nationalité. Sauf
en Massachusetts, où la population est homogène,
en Virginie, où elle est fortement encadrée, les
colons ne sont qu'un mélange disparate et sans
cohésion de gens de toutes les races et de toutes
les religions. Anglais de nom, ils ont une peine
extrême à imaginer qu'ils puissent être autre chose,
un peuple distinct à eux seuls; et cependant les
Anglais de la métropole les traitent tantôt comme
des étrangers qu'on ne daigne pas connaître[1],
tantôt comme des sujets qu'on a le droit de taxer
à sa convenance. Ils ne savent ni se rattacher plus
étroitement à la Grande-Bretagne pour se procurer le pied d'égalité[2], ni s'en détacher afin de

---

1. Le secrétaire d'État britannique à qui était confiée l'administration des colonies adressait sa correspondance au gouverneur de l'*Île de Nouvelle-Angleterre*. Walpole et Newcastle
avaient le propos délibéré de ne pas s'occuper de l'Amérique.
Parlant de Grenville, l'auteur des premières taxes imposées
aux colonies, on trouva plaisant de dire que, s'il fut cause de
la séparation, c'est qu'il s'avisa de lire les dépêches d'Amérique, — ce que ses prédécesseurs ne faisaient pas. — Le *Stamp
Act* fut voté dans une Chambre presque déserte et passa
inaperçu du public.

2. La proposition de leur donner un certain nombre de
représentants dans le Parlement britannique, admise par
Grenville, recommandée par Franklin et Adam Smith, ne

s'appartenir : cela est sensible dans les hésitations infinies qui ont précédé la déclaration d'indépendance.

Les affirmations catégoriques de Franklin, les témoignages de John Adams et de Washington, pour n'en citer que trois, mais ceux-là décisifs, prouvent qu'il n'y avait dans les colonies aucun désir de se rendre autonomes. En 1774, les instructions du New-Hampshire, de la Pensylvanie, de la Virginie et de la Caroline du Sud parlaient de leur fidélité au roi, et le Congrès provincial de New-York, en félicitant Washington de sa nomination au poste de généralissime, représentait un arrangement avec la mère patrie comme le plus cher désir de tout cœur américain. Au reste, jusqu'en mai 1775, New-York conserva l'espoir de renouer et, se séparant en cela des autres colonies, fit alors une dernière tentative. En mai 1776, l'esprit public en Virginie répugnait encore à toute idée d'indépendance. Cette même idée n'était pas moins impopulaire en Pensylvanie, dans les États moyens et du Sud, et surtout en Géorgie, que le *Stamp Act* lui-même. L'un des délégués de cette dernière colonie au Congrès de 1775 déclarait que l'homme qui proposerait la séparation dans sa province aurait chance d'être mis en pièces. En

rencontra jamais aucune faveur en Amérique. Bernard, le gouverneur du Massachusetts, reconnaît qu'elle était impopulaire.

réalité, il n'y avait de décidée à prendre ce parti extrême que la Nouvelle-Angleterre. Elle entraîna la Virginie, et celle-ci les autres.

Pas plus de l'État souverain que de la nationalité, l'esprit américain ne pouvait se former une image distincte. Comment l'eût-il dégagée lorsque le pouvoir nominalement suprême résidait de l'autre côté de l'Atlantique et ne se manifestait qu'à de longs intervalles, rarement par une action positive, presque toujours *pour empêcher*. Une royauté absente ne saurait inspirer ce loyalisme du sujet envers le prince qui a été l'école historique de la soumission du citoyen à l'État. Quant au pouvoir présent sur les lieux, compétent, actif, — les assemblées électives de chaque État, — il n'exerce le plus souvent qu'une autorité de fait, née de la force des choses, non consacrée par les chartes, par conséquent précaire, limitée par le pouvoir de législation et de revision d'un Parlement lointain, mal servie par un exécutif qu'en général elle ne choisit pas, qu'elle ne peut que gêner en lui marchandant son salaire, n'ayant d'autre arme que le refus des crédits indispensables. Des deux côtés, la puissance ne se manifeste guère que par l'obstruction.

Ainsi on ne trouve ici que des fragments ou des rudiments de souveraineté. C'est pourquoi la première fois que chez les colons s'éveille une conscience politique distincte, pendant la période qui

commence avec le *Stamp Act*, ce ne sont pas les
notions abstraites de nationalité et d'Etat souverain qui leur apparaissent, mais la notion concrète
de liberté individuelle contenue dans le vieux principe anglais : que nul ne peut être obligé de payer
un impôt qu'il n'a pas consenti lui-même ou par
des représentants; ce sont des distinctions juridiques comme celles qui séparent le droit de législation et le droit de taxation, les droits de taxation
interne et externe, le devoir de soumission au roi
et la subordination au Parlement. Ils s'y attar-
dent et s'y perdent. C'est par le cours impétueux
des événements qu'ils ont été entraînés à constituer un État et une souveraineté fédérale sans les
avoir souhaités, sans en bien sentir la nature
intime, presque à contre-cœur, en s'étonnant et
s'inquiétant de leur œuvre.

VI

La royauté chez plusieurs peuples du continent,
notamment en France, avait en outre un prestige
religieux dont il est resté ou plutôt passé quelque
chose à l'État. Il est seulement advenu que ce
prestige s'est graduellement laïcisé, s'est tourné
en une présomption de toute-puissance et de
sagesse infuse, et cette présomption s'est naturellement traduite par un perpétuel recours des

sujets à l'autorité tutélaire du prince ou du gouvernement. Placée au sein de l'organisation catholique du moyen âge, alliée et tout ensemble rivale de la papauté, qui avait pris place dans le système des puissances temporelles, la royauté a revêtu de son côté un caractère sacerdotal. En France, elle a eu en propre un sacrement, l'onction de Reims, une sorte d' « ordination », c'est le mot qu'on rencontre aussi en Angleterre dans le texte des chroniques. Dans les deux pays, elle a eu son miracle, la guérison des écrouelles, qui n'est tombée hors d'usage que vers le xviii° siècle. De là suivait naturellement l'idée d'un droit divin, d'une mission d'en haut, de la science suggérée et de l'inspiration perpétuelle qu'implique ce ministère sacré. Des rois comme Richard II, comme Louis XIV, croyaient à tout cela sincèrement, eux qui étaient dans le secret de leur propre infirmité; combien cette même foi n'était-elle pas plus facile pour leurs peuples! La Réforme ne dissipa point l'illusion et augmenta au contraire le prestige, dans les pays où le schisme fit la royauté héritière de la cour de Rome, dépositaire du pouvoir spirituel, et créa une façon de papauté à domicile. La désobéissance au roi ne prit nulle part plus décidément qu'en Angleterre le caractère d'un sacrilège; Jacques II est effrayant à entendre sur ce sujet. Cela fut même la cause des excès qui perdirent à la longue la dynastie des Stuarts, provoquèrent une réaction, sécularisèrent le trône et profitèrent finalement à la liberté. En somme jusqu'au XVIIIᵉ siècle, les deux pouvoirs spirituel et temporel n'ont jamais cessé d'être plus ou moins mélangés en la personne du prince, et il en est demeuré que les devoirs assumés par la royauté à ce double titre, devoirs indéfinis comme son mandat mystique, ont semblé revenir naturellement à l'État, lorsque l'Etat s'est dégagé de ses personnifications concrètes. On aurait peut-être eu moins de penchant à lui confier certains offices d'éducation et de censure morale dévolus naguère à l'Église; on aurait peut-être été plus en garde contre l'idée qu'ils lui incombaient de plein droit, si les antécédents n'avaient pas donné le pli aux imaginations dans ce sens.

Rien de pareil dans les colonies de l'Amérique du Nord. La royauté, de si loin, apparaissait comme un dieu de Lucrèce. Son action intermittente et molle n'accoutumait pas les hommes à regarder vers elle. Sur place, les assemblées provinciales élues par les citoyens et parmi eux, avaient, non pas une mission d'en haut, naturellement indéfinie, mais un mandat d'en bas, naturellement limité. Les Américains n'ont jamais eu l'occasion de prêter au gouvernement un titre supra-terrestre à l'obéissance des hommes. Les saints qui, pendant un demi-siècle, en Massachusetts et en Connecticut, entreprirent de régler tous les actes humains par des lois intolérantes, n'avaient pas

personnellement d'investiture mystique ; ils étaient
les représentants et les agents de l'opinion commune, dans une société politique homogène qui
se confondait alors avec une confrérie religieuse.
Ce n'était pas la désobéissance aux lois qui était
une impiété et un sacrilège ; c'est l'impiété et le
sacrilège qui étaient une désobéissance aux lois.
Quand l'immigration eut introduit des éléments
disparates dans cette société, le système tomba de
lui-même, sans qu'on entendît le bruit que fait la
chute d'un droit divin. En somme, même là, dans
ces groupes qui vivaient les yeux tournés vers le
ciel, le gouvernement n'a jamais été qu'une agence
humaine à procuration spéciale. L'histoire politique n'avait pas, comme en France, laissé dans les
imaginations et dans les mœurs l'idée et l'habitude d'une autorité investie par la sagesse divine
et de moitié avec la Providence en des desseins
qui embrassent tous les intérêts supérieurs d'une
société. Quelque chose de ce haut crédit est
demeuré chez nous à l'État, qui n'a pas manqué
d'en profiter. Ce précieux héritage lui a fait défaut
aux États-Unis.

VII

Nous n'avons considéré jusqu'ici que la genèse
de la notion de l'État, et déjà dans tout le cours

de cette formation, l'Amérique s'est montrée pro-
cédant à l'inverse de l'Europe. D'un côté, l'État
historique, mystique, fatal, en qui s'est concen-
trée et saisie une puissante conscience nationale,
par-dessus les têtes courbées des individus. De
l'autre, presque point de patrie, à peine une
nation, un État sans passé et sans prestige, combinaison purement expédiente, œuvre volontaire
et réfléchie d'hommes égaux et libres. — D'un
côté, l'État soldat, justicier, créateur laborieux de
l'ordre, tardif ouvrier et dispensateur circonspect
du droit commun; de l'autre, un État désœuvré
pour ainsi dire, exempté, par la force ou la facilité des choses, de toutes ces tâches, devancé et
suppléé dans ses lois par les mœurs, précédé dans
le monde des faits par la liberté et l'égalité et
acceptant sans effort ce qu'on pourrait appeler
leur droit d'aînesse. — D'un côté, enfin, l'État
selon le type antique, seule personnalité morale et
juridique complète, doué, en principe, de toutes
capacités, investi d'un mandat indéfini de bien
public, dotant peu à peu l'individu par des des-
saisissements volontaires et successifs. De l'autre,
l'individu, seule personnalité morale et juridique
complète, se donnant dans l'État un procureur
spécial et le dotant par commissions expresses et
délégations limitées. Voilà — avec les traits un
peu trop simplifiés et, en ce sens seulement, un
peu forcés, que comporte ce genre de paral-

lèles — le contraste que présentent l'ancien et
le nouveau monde.

L'opposition entre l'Europe et l'Amérique se
prolonge et s'accuse davantage, si nous cherchons
comparativement, dans les institutions politiques
des deux continents, l'organisation que l'État et
ses dépendances ont reçue, les cadres où leur activité se déploie et l'usage qu'ils font de leur pouvoir. Il va de soi que cette organisation se règle
d'elle-même sur la nature et l'étendue de la tàche
assignée à l'État. Or, à ne regarder que les têtes
de chapitre, cette tàche est substantiellement la
même en Amérique et en Europe. Tous nos grands
services et mandats publics, — j'entends par là les
services qui s'alimentent par l'impôt et les mandats qui s'exécutent par l'agence d'autorités publiques, tant locales et provinciales que fédérales :
diplomatie, guerre, armée, marine, justice, police,
éducation, assistance des pauvres, voirie, législation civile, criminelle, administrative, se retrouvent aux États-Unis avec le même caractère. Les
différences dans l'organisation politique n'en sont
pas moins capitales. Elles procèdent principale-
ment de deux causes.

J'ai montré qu'à l'époque où la grande République américaine s'est constituée, elle n'avait
devant elle, sur son continent, que quelques peuplades indigènes en retraite ou en déclin, quelques
colonies espagnoles très mal administrées, et deux

colonies françaises : la Louisiane, qui en 1803 n'avait encore que 40 000 habitants, et le Canada, qui, récemment conquis par l'Angleterre, ne demandait qu'à rester en paix avec ses voisins. D'autre part, plus d'un millier de lieues, tout un *pontus dissociabilis*, la séparait des nations puissantes et armées de l'ancien monde. Elle était donc dispensée de se tenir en état de défense, d'être constamment prête et comme debout pour repousser de continuelles agressions ; l'agresseur n'était pas de force ou se trouvait hors de portée. Au lieu de cette vision de champs ravagés, d'impositions extraordinaires et de réquisitions, d'exécutions brutales et de domination insolente, au lieu de ce cauchemar de sang et de fumée qui a formé pendant des siècles le second plan permanent de notre horizon, c'est sur un fond clair et sur une longue perspective de paix que s'est constamment dessinée l'activité féconde des hommes. Mesurez l'effet de cette sécurité facile et gratuite, comparée à l'état de défiance anxieuse qui, même aujourd'hui, dans notre Europe civilisée et policée, annule ou se subordonne tous les autres intérêts, suscite et grossit indéfiniment, à l'envi l'un de l'autre, de grands établissements militaires menaçants, dont chaque progrès contribue à rendre les appréhensions plus vives et exigeantes. Comment les institutions politiques ne se ressentiraient-elles pas profondément d'une différence si considérable?

Tandis qu'en Amérique le souci de la défense
nationale reculait, pour ainsi dire, jusque dans le
plan des intérêts secondaires, un autre intérêt
prenait la tête. L'Américain voyait s'étendre
devant lui un immense territoire vacant, d'une
richesse incomparable. Occuper ce territoire, le
défricher, le mettre en valeur, c'était ici le plus
pressant des appels, l'œuvre presque unique,
ennoblie par sa grandeur même. L'homme ne
pouvait manquer de la concevoir comme une sorte
de souverain bien social et d'en tirer, pour l'État
comme pour l'individu, la règle suprême des
devoirs — le mot ne dépasse pas ma pensée. —
Les États-Unis ont été et sont encore par excellence une société économique ; ils ne sont une société
politique qu'à titre secondaire et consécutif. Les
considérations économiques forment le nœud et
fournissent la clef de toutes les institutions ; mœurs,
préjugés, idées régnantes en procèdent, et ne per-
dons pas de vue que ces considérations elles-
mêmes empruntent un caractère exceptionnel à
l'étendue indéfinie du sol non approprié, à cette
masse inépuisable de biens qui semblent attendre
un maître. L'idée — ou au moins la sensation
— d'un fonds de répartition limité est étrangère à
l'esprit américain.

Ce second caractère avait notamment pour effet
de faire paraître superflues ou fâcheuses les inter-
ventions de l'État qui nous sont familières : con-

trôle en vue de prévenir le gaspillage des richesses
naturelles, réglementation à fin d'une juste distribution des produits, organisation d'une protection
partout efficace de l'individu dans sa personne et
dans ses biens. L'économie, un lotissement équi-
table cessent d'être des intérêts majeurs quand la
masse à exploiter ou à partager est pratiquement
infinie. Par la même raison, chaque homme avait
moins à craindre qu'en Europe de la violence des
autres ; pour chacun, l'emploi le plus fructueux
de son activité était de l'appliquer aux choses non
appropriées, plutôt que de disputer aux personnes
des biens acquis. L'individu ne sentait donc pas
aussi vivement qu'en Europe le besoin d'une protection organisée, d'une police. Il en voyait surtout ce qui pouvait être tourné en oppression et
en entraves. S'il se trouvait menacé et en péril,
c'était d'ailleurs sur des points très espacés et souvent les plus excentriques d'une immense surface,
où l'État n'aurait pu entreprendre de le suivre ni
réussi à le sauvegarder efficacement. Il y prenait
l'habitude de se protéger lui-même.

Ajoutons deux autres traits pour nous représenter dans sa riche complexité l'opération de ces
deux causes. Une société créée de rien par des
hommes nouveaux, — nullement militaire, — à
peine « politique », — essentiellement « économique », — ne possédait pas et ne pouvait pas élaborer les éléments d'une monarchie et d'une aris-

tocratie. Elle devait prendre naturellement et sans
effort la forme d'une démocratie égalitaire. Mais
ici l'égalité, don gratuit des circonstances, était
parfaitement en sûreté sous la protection de la
force des choses qui l'avait établie; elle n'était
pas le prix d'une longue guerre, après laquelle on
crût avoir besoin de hauts retranchements et de
nombreux ouvrages pour se garantir contre un
retour offensif du passé; condition fâcheuse qui fait
qu'en France, par exemple, pour se prémunir
contre des inégalités artificielles abhorrées, ou
simplement par l'entraînement de la réaction qui
les avait emportées, on a établi une multitude
d'égalités non moins artificielles, dont la loi et
l'État ont été constitués les gardiens. Ici, l'État
et la loi n'avaient rien de pareil à garder : la société
américaine n'a généralement entendu par égalité
que *l'absence des inégalités légales*, laquelle s'obtient par la retraite ou simple inaction du pouvoir. Pénétrée jusque dans ses instincts des conditions de l'activité économique et n'en concevant
guère d'autre, elle a laissé le champ libre à la
lutte pour la vie, aux *inégalités naturelles* que
cette lutte tend à aggraver; elle ne s'est pas
donné pour tâche de les atténuer ni de les prévenir; et ainsi son gouvernement a été privé d'un
des sujets les plus amples où se dépensent actuellement l'effort et l'industrie des gouvernements
européens.

Cette société — c'est le second trait — a fait toute son éducation dans la poursuite de la richesse, et elle a pris de là son caractère, ses habitudes d'esprit et les mobiles généraux de ses actes. Aussi, bien qu'elle soit, dans toute la force du terme, une démocratie, et qu'elle ait poussé à outrance certains principes ou certaines pratiques démocratiques, comme l'élection à tous les emplois, même judiciaires, la brièveté des termes de service des fonctionnaires, la *rotation in office*, etc., cela ne s'est point fait par les motifs et dans l'esprit qui ont inspiré en Europe certaines mesures du même genre. Les démocraties européennes sont, avant tout, des niveleuses. Elles ont engendré une disposition envieuse et méticuleuse dont s'imprègne leur radicalisme. La démocratie américaine est issue d'une société d'aventuriers et d'hommes d'affaires, c'est-à-dire de spéculateurs et de joueurs, et le tempérament qui répond à cette origine est celui qui s'est déployé dans la vie politique. Ce qui la pénètre, la colore et lui donne sa physionomie, c'est un sport effréné, large, bruyant, grossier, optimiste, sans animosité ni rancune, de très mauvais ton et de très belle humeur. Chaque partie gagnée, dans ce sport, procure certains avantages positifs qu'on ne dédaigne pas; mais on cède avant tout, en s'y livrant, à une passion du genre de celles qui se rencontrent à la Bourse ou autour d'une

boutique de bookmaker. Si les constitutions et
les lois ont partout et constamment tendu à rendre
élective quelque fonction que ce soit et à raccourcir
les termes des mandats, c'est sans doute pour se
conformer au principe de la souveraineté populaire,
mais c'est tout autant pour multiplier les parties
qu'engagent entre eux les groupes politiques,
renouveler perpétuellement les enjeux et raviver
les émotions de la lutte. La passion du tapis vert
est ici l'un des moteurs principaux.

Ajoutez que ces élections échelonnées, frac-
tionnées, localisées, application extrême, ce
semble, et à outrance du principe démocratique,
étaient au fond un préservatif contre les dangers
que font courir à la démocratie américaine les
deux grands partis fortement organisés qui la
mènent. Qu'on se représente le gouverneur d'un
Etat, l'élu d'un des deux partis en place pour
quatre ans, et qu'on le suppose maître de nommer
à toutes les fonctions administratives et judiciaires. Le parti en minorité serait partout et
pour longtemps opprimé. La généralisation du
procédé électif, appliquée à tous les emplois
publics, facilite les compensations, rend possibles
çà et là quelques choix non infectés de politique;
la fréquence des élections laisse ouverte la perspective d'un retour de fortune, l'espérance pour
chacun de ne pas trop attendre son jour, et
modère les vainqueurs dans l'exercice d'un pou-

voir qu'ils sentent précaire. La démocratie américaine manque de contre-poids; l'histoire ne lui en a point fourni; elle a des chances particulières d'aboutir à un despotisme populaire d'une énorme masse et tout d'une pièce. Contre ce péril, il a paru que les précautions les plus efficaces étaient la multiplication des mandats électifs, la localisation des investitures et la rapide alternance au pouvoir. Un esprit étranger à ces considérations ne comprendrait pas pourquoi un système détestable en soi, celui de l'élection des juges, s'est généralisé en Amérique et ne se prête que lentement à des atténuations. C'était sans doute, dans les circonstances données, « le moindre mal ».

Il y a donc là un calcul politique instinctif qui agit dans le même sens que le goût du sport et les habitudes du joueur. On mesure aisément la vigueur et l'élasticité du ressort qui prend son point d'appui sur des dispositions morales et des circonstances si exceptionnelles, et l'on voit sans peine pourquoi, d'une seule détente, les institutions ont été portées jusqu'au type extrême du radicalisme démocratique, sans que l'Américain soit en son fond un radical. Le mouvement centrifuge que ce ressort imprime ne rencontrait pas aux États-Unis les deux forces centripètes, en quelque sorte, que nous venons de montrer à l'œuvre en Europe, et par où s'expliquent la consistance et le poids qu'y ont acquis les pouvoirs publics : préoccupation de la sécurité nationale et préoccupation du bon ordre intérieur.

Résumons-nous : on a vu que l'égalité est ici donnée et non conquise, qu'elle est le sujet d'une possession paisible, non d'une occupation contestée, qu'elle est un fait naturel et non un principe de justice sociale. Le gouvernement n'était donc pas requis de la protéger et il ne pouvait pas tirer de cette mise en demeure les raisons d'ingérence qu'il y trouve en Europe. L'esprit de jeu et de sport qui met sa marque sur toute l'activité politique américaine a eu des effets encore plus positifs; il a agi comme un véritable dissolvant du gouvernement et de l'État; il a, pour se donner pleine carrière, désorganisé le système, détendu les ressorts et rétréci le champ de la puissance publique.

VIII

Je n'aurai pas de peine à montrer comment, sous l'action continue de toutes ces causes ensemble, d'abord l'organisation politique, — ce qu'on pourrait appeler la structure du gouvernement et l'agencement de ses parties intégrantes, — ensuite l'œuvre dévolue à l'État et ses rapports avec l'individu, ont été conçus autrement qu'en Europe. Je commencerai par le premier point.

Une étude, même très sommaire, de la constitution politique laisse l'impression, non pas d'une
forte articulation de parties solides, mais au
contraire d'une faiblesse dans les sutures, d'une
sorte d'état cartilagineux — qu'on me passe le
mot — qui produit la rémission et la faiblesse.

Attachons-nous d'abord au gouvernement fédéral. Un premier trait caractéristique est en
contradiction apparente avec la proposition qui
vient d'être énoncée. Aucun des fonctionnaires
fédéraux n'est électif; tous sont nommés par
l'autorité supérieure, ne dépendent que d'elle et
ne regardent en principe que vers elle pour leur
avancement. Mais cela s'explique sans qu'on ait
lieu de supposer que les constituants aient voulu
organiser fortement et articuler solidement le
système du gouvernement fédéral. Ils avaient —
cela est constant — la préoccupation exactement
inverse. S'ils ont laissé au pouvoir central le choix
de ses agents, c'est que de là dépendait, non pas
qu'il fût fort, mais qu'il *existât* en tant que
pouvoir distinct. Des agents élus n'auraient pu
l'être que localement; des agents élus localement
auraient été dans la main des districts d'élection
et aussi des Etats particuliers, corporations anciennes, quelques-unes glorieuses, qui avaient
bien plus de cohésion, de conscience d'elles-
mêmes et de prestige que n'en pouvait avoir la
corporation fédérale née d'hier. Ils n'auraient

obéi à l'autorité contrale qu'après avoir pris
l'agrément des gouvernements provinciaux. On
serait ainsi retombé sous le régime anarchique
des « Articles de confédération ». Force était
donc de laisser au gouvernement fédéral le libre
choix de ses agents. Cette combinaison adoptée,
non pour son excellence théorique, mais à cause
de l'impossibilité logique et pratique de toute
solution différente, n'en a pas moins contribué à
augmenter graduellement la puissance et le crédit
de l'autorité nationale.

Essayons maintenant de nous représenter cette
autorité en action. Il faut d'abord considérer de
près le nombre, l'origine, le domaine et le degré
d'activité des différents départements ministériels.
Il n'y a que quatre ministères qui soient aussi
anciens que l'Union : le *State Department*, c'est-à-
dire le ministère des Affaires étrangères ; le Trésor,
dont la Poste se détachera en 1829 ; la Guerre, qui
dès 1798 se dédoublera en Guerre et Marine ; enfin
la Justice. L'Intérieur paraît en 1849 pour réunir
et consolider un certain nombre de services déjà
existants. L'Agriculture date seulement de 1889.
et le département du Travail est aussi de création
toute récente. De ces départements, les deux
derniers sont uniquement des offices d'information qui s'appliquent à centraliser et à publier
des renseignements utiles qu'ils recueillent par
leurs agents ou que les *boards* locaux leur four-

nissent de plein gré : ils ne disposent d'aucun pouvoir de commander et de contraindre[1]. Dans le département de l'Intérieur, rien qui ressemble à cette direction de l'administration départementale et communale, qui est l'âme de ce ministère en France. Point de police, point d'assistance publique, point de prisons : tout cela est l'affaire des États particuliers. Le principal service du département de l'Intérieur, la surintendance de l'Éducation, a le même caractère que les départements de l'Agriculture et du Travail; elle recueille des témoignages et des chiffres, rédige des tableaux statistiques; c'est un organe de publicité, de communication entre les départements d'Instruction publique des différents États : elle n'a autorité pour leur rien prescrire. Les autres services de l'Intérieur sont : l'office du *recensement décennal*, simple bureau de démographie; l'office pour la conservation des documents publics, l'office pour les brevets d'invention, l'office pour les chemins de fer, où l'on contrôle simplement les comptes des lignes subventionnées. La publication et la promulgation des lois relèvent d'un autre ministère, le *State Department*[2]. Jus—

---

1. Une loi récente (3 mars 1891) a cependant conféré au secrétaire d'État de l'Agriculture un droit d'inspection sur le bétail et les viandes exportées, soit à l'étranger, soit d'un État dans l'autre; le contrôle s'étend aux abattoirs ou saleries *qui ont déclaré travailler pour l'extérieur*, les autres établissements lui échappent.

2. *Un. St., revis. stat.*, 204.

qu'ici nous n'avons rencontré aucun pouvoir administratif. Quelque chose commence à en paraître dans les bureaux des affaires indiennes, des terres publiques et des pensions, bien que, là encore, le ministère ait plutôt à exécuter les dispositions d'une législation minutieuse qu'à prendre librement des décisions selon sa sagesse.

On remarquera l'absence d'un département du Commerce et d'un département des Travaux publics. Du second, on s'explique aisément qu'il n'ait pu être question. L'incompétence fédérale en cette matière fut considérée comme absolue jusqu'à Madison. Un peu plus tard, le Congrès se risqua à octroyer quelques subventions, notamment pour les chemins de fer, mais discrètement et par l'entremise des États. C'est en 1862 seulement que les libéralités ont été accordées directement aux compagnies bénéficiaires. Jusqu'à ces derniers temps, d'ailleurs, le pouvoir fédéral intervenait comme un banquier ou un commanditaire qui fait ses conditions, nullement en vertu d'un pouvoir administratif ou de police. La première intervention portant ce dernier caractère date de la création de l'*Interstate Commerce Commission* (1887), qui exerce une surveillance sur les compagnies et sur leurs rapports avec le public, et tranche arbitralement, sauf recours à la justice ordinaire, les questions que ces rapports soulèvent.

Remarquons également l'absence d'un département des Cultes. L'État fédéral est tenu à distance de la plus grande des forces morales et sociales d'ici-bas. Quelques-unes des colonies avaient des préférences pour une religion déterminée; elles voulaient être libres dans leur intolérance qui d'ailleurs s'adoucit bientôt; la plupart des autres, recrutées incessamment par des membres de toutes les communions religieuses connues, eussent été mal avisées de permettre que l'autorité nationale gênât ou rebutât, dans l'intérêt d'une seule croyance, la masse disparate des arrivants qui venaient grossir le personnel d'exploitation. Le parti le plus sûr était que le gouvernement fédéral n'eût le droit ni de prohiber, ni d'entraver, ni de favoriser ou de doter aucun culte.

Restent les quatre départements originels. L'attorney général, qu'on pourrait croire préposé à la justice, n'est nullement la tête d'une administration et le chef du personnel judiciaire. Les nécessités politiques décident des nominations indépendamment de lui. Son principal office est de donner son avis au président dans les questions juridiques importantes et de mettre en branle l'action publique, ou de représenter les Etats-Unis dans les procès où ils sont partie. Le Trésor a les attributions ordinaires d'un ministre des Finances, avec cette particularité que, puisant la totalité de

ses ressources dans l'impôt indirect, et la plus
grosse partie dans les droits de douane, il n'a pas
l'occasion d'employer, autant qu'en Europe, les
procédés indiscrets et inquisitoriaux qui accom-
pagnent plus ou moins la perception des impôts
directs. L'immense majorité des citoyens américains n'a que très rarement affaire à lui et à ses
agents. Le *State Department*, le plus et — à vrai
dire — le seul considérable des quatre, est loin
de déployer l'activité et d'encourir les hautes
responsabilités des départements européens similaires[1]. Les rapports internationaux sont relativement pauvres et de petite conséquence. Les
États-Unis sont rarement sur le chemin des
grandes puissances et n'ont point d'occasions
fréquentes de conflit avec elles. La diplomatie n'a
presque point d'affaires et peu d'affaires graves.
Elle en a si peu qu'elle s'en crée parfois de toutes
pièces dans un intérêt électoral et qu'elle y fait
ostentation d'arrogance et de sans-gêne, sachant
que sanctions et représailles ne sont guère à
craindre. On se rappelle la conduite du gouvernement américain à l'égard de lord Sackville et à
l'occasion du traité conclu par M. Chamberlain.
La possibilité d'une complication diplomatique

---

1. Il ne faut pas juger sur ce que nous avons vu faire à
M. Blaine. Un ministre des affaires étrangères capable et
entreprenant peut, même aux États-Unis, se proposer un but
et s'agiter pour l'atteindre. Cela dépend de lui. Mais ces soins
ne s'imposent pas à l'homme d'État; c'est lui qui se les donne.

n'avait pas même été mentionnée dans le débat
sur le bill Mac Kinley et sur le statut qui confé-
rait au Président un pouvoir discrétionnaire de
représailles [1]. Par la même raison, pas d'établissement militaire. Les armées de terre et de mer sont
réduites à de simples cadres. Les deux services,

[1]. Les dix dernières années ont vu se produire un changement considérable dans la politique des États-Unis : l'impérialisme est né brusquement à l'occasion de la guerre d'Espagne.
Les actions d'éclat accomplies presque coup sur coup par les
flottes et les armées américaines ont exalté ce sentiment, l'ont
rendu national et populaire. On en était encore, en 1890 et
même quelques années plus tard, à la doctrine de Monroë. L'affaire de Venezuela nous avait montré les États-Unis plus atten-
tifs que jamais à surveiller l'intervention des puissances européennes en Amérique et à poser comme une règle leur droit
d'arbitrage dans toutes les questions intéressant les républiques
du Nouveau Monde. Le conflit qui a pris fin avec la paix de
Paris nous a fait voir la puissance américaine dans un nouveau personnage. Elle ne se conçoit plus comme une puissance
isolée dans son continent, désintéressée des affaires qui occupent le reste du monde. Elle a la prétention d'y être mêlée,
d'y avoir son mot à dire, comme elle en a donné la preuve
récemment dans ses réclamations arrogantes adressées à la
Turquie. Une nation de 76 millions d'hommes, qui fournit à
elle seule au monde entier une grande partie de son blé, de
son charbon et de son fer, se pénètre peu à peu du sentiment
arrogant de sa supériorité, prouvée par le recensement de sa
population et les statistiques de son commerce. Sa force lui
crée un droit, son droit lui crée une prétention et presque un
devoir d'intervenir dans toutes les questions qui se dénouaient
autrefois par l'accord des puissances européennes. L'attente du
monde entier qui naturellement se demande avec inquiétude :
que vont penser les États-Unis ? serait trompée s'ils s'abstenaient
de faire connaître leur opinion et d'exprimer leur volonté. Ils
n'ont pas seulement un droit et un devoir : ils ont des raisons positives de prévoir des complications diplomatiques;
ils possèdent en effet à titre définitif des colonies situées hors
du continent américain, entourées d'îles anglaises, françaises,

qui épuisent chez nous le tiers au moins du
budget général, n'en forment ici qu'un mince
chapitre. Voilà encore une *deminutio capitis*. Ce
n'est que tout récemment qu'on s'est avisé que
New-York et Baltimore sont à six ou huit jours
des arsenaux anglais et à la merci d'un bombar-
dement. On a commandé quelques vaisseaux et
parlé de fortifier les côtes.

Une tâche si réduite en volume et en importance, un office où ce qu'il y a de grand et
d'émouvant dans la vie publique tient si peu de
place, ne sont pas de nature à intéresser les

allemandes et peuplées presque en totalité par une race étrangère. Avant 1898, une guerre avec les États-Unis aurait eu peu
de chances d'éclater parce qu'elle n'aurait pas eu de sanction
évidente et facile. Après 1898 la possibilité de céder ces possessions comme la tentation d'en acquérir de nouvelles sont
une raison de plus pour que le conflit éclate, car on pourra,
de part et d'autre, espérer des dédommagements d'un si grand
effort. De tous ces faits, les États-Unis ont une conscience à
demi obscure qui commence à se manifester par l'augmentation de l'armée et de la marine et par le soin qu'ils semblent
vouloir prendre de s'assurer, sur les deux Océans dont ils
sont riverains, des stations de charbon. Il n'est pas douteux
que leur diplomatie ne se ressente avec le temps de ces changements qui ont donné à leur politique de nouveaux mobiles
et des fins qu'hier encore on ne lui connaissait pas. Il est
probable qu'elle se laissera gagner aux habitudes et au langage
des chancelleries européennes, qu'elle se fera une règle de
regarder autour d'elle avant de parler ou d'agir, qu'elle aura
désormais plus de sagesse et moins d'outrecuidance. Il est
probable aussi qu'elle rencontrera dans la stricte séparation
des pouvoirs des difficultés particulières qui lui rendront
impossibles certaines solutions faciles aux États Européens,
et qu'elle sentira par conséquent la nécessité de changer plus
ou moins la Constitution de l'État.

ambitions qui visent haut ni à tenter les hommes les plus capables[1]. Ils ont mieux à faire. Les entreprises privées leur ouvrent des sources d'intérêt et des voies d'enrichissement qui les attirent hors de la politique. Ce qu'ils ont délaissé, des intrigants, nullités remuantes et peu scrupuleuses, le recueillent et s'en font un moyen de fortune aux dépens du public : ce sont les politiciens. Tel un théâtre où le départ des premiers sujets, avantageusement engagés ailleurs, livre la scène aux doublures. Une partie de la déconsidération qui frappe les politiciens se communique à l'État et discrédite son intervention, laquelle, par leur faute, se présente trop souvent comme une occasion de rapine ou de gaspillage. A ce propos, on peut s'étonner du degré de tolérance de la société américaine pour des fraudes scandaleuses, des vols connus, pour les concussions avouées des hommes publics. Nous ne supporterions pas un seul jour de pareils abus. L'Américain s'y résigne des années durant, comme on l'a vu à New-York sous l'administration de Tweed.

---

1. Rien n'a plus frappé M. Bryce que le peu de place que tient la politique dans les préoccupations des Américains de la classe riche. Pendant un tour de quatre mois, en 1881, il eut occasion de fréquenter des hommes de toutes les conditions et de toutes les parties du pays; or, même dans les villes de l'Est, il ne lui arriva jamais d'entendre des Américains discuter des questions politiques, excepté quand un Européen avait mis le sujet sur le tapis (III, p. 57).

L'explication est toute simple. Comme honnête
et actif est autrement et fructueusement occupé ;
il ne peut prélever aucune partie de son temps,
même pour un travail de contrôle : son temps
vaut, et au delà, l'économie que ce contrôle lui
ferait faire. Tel un négociant célibataire, qui
maintient l'ordre le plus parfait dans ses bureaux
et sa comptabilité, prend son parti de beaucoup
de coulage et de gaspillage dans sa maison, afin
de n'être distrait à aucun degré de ses spéculations,
qui lui rapportent plus que l'équivalent de ses
pertes domestiques. Les innombrables probabilités
de lucre qui s'offrent de toutes parts en Amérique
à l'activité humaine, et le prodigieux entraînement qui précipite les meilleurs éléments de la
société dans les voies économiques, voilà la cause
maîtresse de la coûteuse et détestable administration qui nous surprend, voilà la clef de ce paradoxe : des hommes d'argent, très *positifs*, se
laissant voler sur une grande échelle. S'ils se
laissent voler, c'est précisément parce qu'ils sont
positifs et qu'ils calculent au juste les inconvénients et les avantages en présence. La balance
changera, et un personnel plus recommandable
sera restitué à la politique, à mesure que les sujets
d'activité fructueuse et les chances de gain facile
diminueront de nombre. Quant à nos vieilles
sociétés, moins riches que celle-ci en capitaux
libres qui invitent la main de l'homme et récom-

pensent largement ses efforts, elles n'ont aucune
raison de n'avoir pas l'œil sur leurs dépenses de
maison, et c'est pourquoi elles cherchent et
trouvent en général de meilleurs intendants.

IX

Ainsi, à ne considérer que la tâche et la qualité
du personnel politique, l'État fédéral joue en Amérique un assez pauvre personnage. Il fera moins
de figure encore si nous essayons de nous représenter la manière dont les pouvoirs ont été organisés par la Constitution.

On vient de montrer que, dans la plupart des
pays d'Europe, il y avait un intérêt vital à faciliter
la mobilisation rapide et le maniement vigoureux
des forces nationales. Or cela suppose un système
fortement articulé et judicieusement échelonné
d'autorités et d'agences, avec pouvoirs de direction
et de contrainte de la plus haute sur les autres,
en sorte que, par des rouages indéfiniment rami-
fiés, l'impulsion donnée du centre se communique
aux individus et soulève, s'il en est besoin, toute
la masse du peuple. Voilà bien la substance de la
Constitution de l'an VIII, qui est restée la base de
notre organisation. D'autre part, cette impulsion
donnée du centre doit être unique pour être forte.
C'est pour cette raison qu'au début des temps

modernes, la plupart des nations de l'Europe ont
tendu à se constituer en monarchies compactes et
absolues. Celles qui n'ont pas pris cette forme ont
péri ou cruellement souffert : témoin la Pologne
partagée, l'Italie asservie, l'Allemagne devenue
un champ de bataille foulé par toutes les armées du
continent.

Lorsque la conscience nationale est devenue
plus consistante, la monarchie absolue n'a plus
suffi pour assurer l'accord désormais nécessaire,
l'union en une seule volonté, de la royauté héréditaire et de l'esprit public. Le régime représentatif
a été organisé ou adapté pour la remplacer à cette
fin. Le but, aujourd'hui atteint, vers lequel l'institution a constamment tendu, est de combiner
l'unité, la liberté et la vigueur du pouvoir avec le
règne de l'opinion. La forme dernière la plus parfaite, le régime parlementaire anglais, nous présente un gouvernement extraordinairement concentré, le gouvernement de quelques hommes ou
d'un homme, chefs de la Chambre populaire et,
sous son nom, administrateurs et législateurs aussi
absolus que des rois, sujets toutefois à une mort
politique instantanée par manque d'air, pouvant
tout, tant que la nation est avec eux, et rien sans
elle. Le principal avantage de la pluralité des pouvoirs — un roi et deux Chambres — est moins
de tempérer l'action du plus fort que d'ouvrir à
propos des conflits dans les questions où il

importe de bien savoir ce que le peuple veut. Le peuple trouve là l'occasion de dire le dernier mot, et, en général, tout a été ménagé pour que ce dernier mot soit dit promptement et que l'unité de direction, interrompue par le conflit, soit rétablie sans retard. Cela s'obtient, soit par la retraite des ministres, après une mise en minorité, soit par la dissolution et de nouvelles élections où la volonté nationale s'exprime sans équivoque. En somme, la balance des pouvoirs, qu'on représente volontiers comme le trait spécifique du régime parlementaire, n'en est qu'un élément secondaire et un résultat transitoire. L'intensité du pouvoir, l'autorité, la fermeté et la sûreté de main du gouvernement, effets du crédit et de la confiance qu'il tire de son accord manifeste avec tout le peuple, voilà le but et le couronnement de l'institution.

De ce régime, les États-Unis présentent en quelque sorte le contre-pied. Abrités derrière l'Atlantique, seuls ou presque seuls sur leur moitié de continent, ils n'ont jamais considéré l'unité et l'intensité du pouvoir comme une condition essentielle de sécurité. D'un pouvoir fort, les Américains voient surtout le péril, le besoin qu'il ressentirait de se prouver à lui-même sa force et son utilité en réglant, empêchant, protégeant sans en être prié. Ils redoutent jusqu'à ses bonnes intentions, jusqu'à son goût de la correction et de l'ordre; ils en craignent l'incommodité pour l'individu, pour la libre et aventureuse activité d'un chacun, instrument de tout progrès sur ce territoire vierge. Aussi nulle part n'a-t-on pris plus de peine pour détruire l'unité et l'effet de masse du pouvoir. On l'a sectionné selon tous les plans possibles ; on l'a morcelé en fragments d'une cassure nette, qui ne gardent entre eux qu'un petit nombre de points de contact ; on a organisé délibérément l'incohérence et l'anarchie au sein de l'autorité.

X

Considérons d'abord le sectionnement vertical des pouvoirs, en commençant par les plus élevés Au niveau des autorités fédérales, la Constitution a nettement distingué le législatif, l'exécutif et le judiciaire, et pourvu chacun d'un organe à part. C'est aussi la règle ailleurs. Mais, sur notre continent, on a eu soin de réserver à un seul pouvoir l'ample dotation de prestige que confère le suffrage populaire direct. Si deux ou plusieurs pouvoirs recevaient sans entremise leur investiture de la nation, ils auraient le sentiment qu'ils se valent : aucun n'aurait de raison de céder à l'autre. Ils se contrecarreraient sans fin, à moins que le plus fort ou le plus habile, encouragé par le juste instinct des masses, qui finissent toujours par sentir qu'un gouvernement efficace est, en Europe, une nécessité vitale, n'usât de violence envers ses rivaux et ne restaurât l'unité à son profit, avec l'assentiment public. C'est ce qui s'est passé, en France, après 1848.

Aussi nulle part, sur le continent, le dépositaire suprême du pouvoir exécutif n'est élu par le peuple ; il est partout héréditaire, ou au choix d'un Congrès. Cela répond à sa position politique effectivement subordonnée, bien que la première en dignité apparente. Les membres de la Chambre haute sont le plus souvent héréditaires ou nommés à vie. Ils forment à eux seuls une classe à part. S'ils sont élus, c'est par des censitaires ou parmi des censitaires, en sorte qu'ils ne représentent du peuple qu'une seule classe ; ou bien ils sont choisis au second, troisième ou quatrième degré, et nul ne peut être sûr que le courant de l'esprit public, rompu et troublé par tant d'écluses, ait, après la dernière retenue, la même vitesse et la même direction qu'au départ. Ainsi la présomption est, en tout cas, contre eux, lorsqu'ils se trouvent en désaccord avec la Chambre directement élue. Quand, au degré inférieur, l'élection de la Chambre haute se fait au suffrage universel comme en France, la Constitution a, de propos délibéré, établi une proportion tant soit peu inexacte entre le nombre final des sénateurs à élire et celui des électeurs primaires. Tout, en un mot, sur le continent, a été réglé de manière à procurer ou à

conserver aux Chambres hautes le mérite négatif
de n'être pas une représentation directe et indubi-
table, pleine et adéquate, chaude et animée de la
nation. Elles incorporent un prestige immémorial,
une tradition respectée, ou bien des intérêts collé-
giaux et de classe qui, pour être de grand prix,
sont très loin de pouvoir balancer les désirs pres-
sants, les volontés arrogantes, les intérêts généraux incorporés ailleurs. Ou leur moteur manque
d'énergie, ou leur base manque d'étendue. Ce sont
comme des masses sans spontanéité et sans vitesse
acquise qui agissent surtout par inertie. Elles peuvent se mettre sur le chemin, se faire traîner,
alourdir en son allure le pouvoir prépondérant qui
reçoit l'impulsion toute vive de la volonté populaire. Elles ne peuvent pas l'arrêter net par une
impulsion en sens contraire, encore moins le faire
décliner dans un sens différent. Elles sont comparables au lest entassé à fond de cale : il ralentit la
barque sans changer la direction qu'impriment et
le gouvernail et la voile enflée par le vent.

La Constitution des États-Unis n'a pas établi
cette inégalité foncière entre les pouvoirs, par la
raison qu'on ne jugeait pas nécessaire d'assurer
le fléchissement final du fléau de la balance vers
l'un d'eux. Elle a consacré, au contraire, leur égalité, et ménagé entre eux un état durable d'équilibre. Le Président est élu par le peuple, sans
intervention du Congrès ou des législatures; il l'est

au second degré ; mais cette élection médiate est
devenue en fait une élection directe. Le Président
représente donc la nation ; il représente aussi la
majorité des États. C'est l'effet évident du vote en
bloc (*general ticket*) dans chaque État pour les
électeurs présidentiels. Des deux corps qui com-
posent le Congrès, un seul émane directement du
suffrage populaire. Mais l'autre, le Sénat, reçoit
une investiture qui est, en un sens, tout aussi
nationale ; le pays se reconnaît en lui autrement,
mais avec un sentiment aussi sûr et aussi plein que
dans la Chambre des représentants. Le Sénat ne
représente pas moins, en substance, que de hautes
parties contractantes, anciennes souverainetés distinctes associées pour la défense et le progrès communs ; il reçoit son mandat de législatures élues où
se sont ralliés et ont pris conscience les intérêts
généraux de chaque État. C'est plus qu'il ne faut
pour balancer le prestige du pur nombre. Les
citoyens de la majorité des États, d'abord des plus
petits et des moins peuplés, puis de ceux qui se
sentent en minorité éventuelle sur une question
vitale, le considèrent comme leur sauvegarde
contre le despotisme du reste. Il est animé, soutenu, accrédité de toute la force de leur esprit
public. Si son autorité n'est pas de même nature
que celle de la Chambre, elle a donc ce qu'il faut
pour être au moins équivalente.

Tirons brièvement les conséquences.

Le Sénat, et comme lui le Président, s'il sur-
vient un conflit entre eux ou avec la Chambre, sont
très loin de supposer qu'ils aient mission de résister
seulement pour la forme ou pour un temps; ils
ont conscience de leur pouvoir et de leur devoir
de résister à fond. Ils se savent qualifiés; ils se
sentent soutenus; ils ont le titre légal et la force
morale. A aucun des deux la Constitution n'in-
sinue, par le caractère même de leur origine, que
leur opposition doit être essentiellement une
démonstration, une main posée sur le bras, un
appel à la réflexion, et que cette démonstration
ne doit pas être prolongée, afin qu'après un laps
de temps raisonnable, l'unité et l'intensité du pouvoir se retrouvent dans leur plénitude et se mettent au service d'une solution réfléchie. Ils n'ont
pas de raison *constitutionnellement suggérée* de ne
pas rester indéfiniment en dissidence et en balance.

XI

Même contraste si, après l'organisation, nous
examinons le jeu et les rapports mutuels des pouvoirs[1]. En Angleterre, la Couronne ne conserve

1. J'écarte ici bien malgré moi l'étude du pouvoir judiciaire
aux États-Unis. Le sujet est trop ample, l'institution trop complexe et d'un caractère trop original; elle est trop peu connue
et généralement trop mal comprise pour que j'entreprenne d'en

que l'ombre de sa prérogative; toute la substance en a passé aux ministres qui sont les chefs du parti en majorité dans la Chambre populaire. Celle-ci se reconnaît en eux, comme le pays se retrouve en elle. C'est en leur obéissant qu'elle remplit son rôle de Chambre gouvernante. En leurs personnes le législatif et l'exécutif se fondent et forment le cabinet, c'est-à-dire le comité politique dirigeant, qui est préposé tout ensemble à la législation et au gouvernement; de sorte que les deux pouvoirs, à peine divisés, se rejoignent et que l'unité de commandement se reconstitue. Les ministres sont les inspirateurs de tous les statuts importants; aucune mesure considérable ne passe que sur leur initiative. Ils ont recueilli, ils exercent, à titre préventif, le *veto* que la Couronne a laissé prescrire par cent quatre-vingts ans de non-usage. Ils dressent le budget. Les Anglais ont compris que le budget est essentiellement un acte exécutif, un moyen de gouvernement. La Chambre des communes se fait une règle de n'en retrancher aucune dépense; elle a fait une règle à ses membres de n'y ajouter aucune charge. La Chambre des lords a laissé se perdre son droit de le modifier. Le Cabinet en dispose, comme il dispose des lois [1].

traiter dans ce livre. La matière veut une exposition longue et détaillée, qui ne serait pas en proportion avec celle des autres parties.

1. Ajoutez que, ni en Angleterre ni en France, le Gouverne-

La même recherche de l'unité se poursuit jusque
dans la composition interne du cabinet. En Europe,
nous concevons le gouvernement comme une seule
personne collective présidant selon un même esprit
à la direction des affaires politiques et des services
administratifs. La règle est que les ministres appartiennent au même parti ; la coutume, qu'ils soient
choisis par le chef du parti ; la présomption, qu'il
y ait entre eux communauté de vues ; la conséquence, qu'ils soient solidaires et qu'ensemble ils
entrent au pouvoir et en sortent. Cette sortie a lieu
dans le cas où les ministres cessent d'être d'accord
avec la majorité de la Chambre élective. Le cas
est rare, puisque la Chambre a créé le ministère
de sa substance en quelque sorte et qu'il commence par être l'expression la plus fidèle de l'esprit parlementaire. Toutefois, le conflit n'est nulle

ment n'a à craindre que le troisième pouvoir, le pouvoir judiciaire, ne lui fasse obstacle ou échec.

En Angleterre, le juge n'est pas admis à contester la loi
comme contraire à la constitution : constitution et loi ont la
même origine, la même forme et la même autorité, celles des
statuts votés par le Parlement. En France, où la constitution
est distincte de la loi, le juge n'est pas admis à s'ériger en
gardien du pacte fondamental contre le législateur. C'est celui-
ci et non le pouvoir judiciaire qui est l'interprète souverain
de la constitution ; le juge n'interprète que la loi. En outre,
défense est faite à l'autorité judiciaire d'entraver l'action
administrative. Elle est tenue à distance et en respect.

Par son pouvoir général de dessaisissement, par le for privilégié des administrateurs, le gouvernement est en mesure de
lever avec aisance tout obstacle que les juges ordinaires
opposeraient à sa volonté. L'action politique ne rencontre
devant elle qu'une surface nivelée, où elle se déploie librement.

part absolument évitable. Les constitutions européennes, après en avoir, comme on l'a vu, diminué
les occasions, ont pourvu à ce qu'il ne durât point.
Grâce au double mécanisme que l'on connaît, —
obligation pour les ministres de se retirer sur un
vote contraire, droit pour les ministres de dissoudre la Chambre et d'en appeler au pays, — ils
ont ménagé par deux voies un prompt retour à la
souveraineté d'une volonté unique, en accord
déclaré avec les tendances générales ou le vœu
spécial de la nation.

L'esprit de la Constitution fédérale est en contradiction directe avec cet ingénieux système.
Ses fins sont autres. Loin qu'on ait cherché à
fondre les grands pouvoirs fédéraux, afin d'unifier et de fortifier l'action politique, ils ont été
tenus irrémédiablement séparés. Tous sont faibles et n'ont de force que pour se faire échec. Les
ministres ne font pas partie des Chambres et n'y
ont pas entrée. On légifère sans eux ; on règle
hors de leur présence les dépenses de l'État et les
voies et moyens pour y faire face. Les deux Chambres ont part égale à cette besogne ; car le droit
d'amendement du Sénat, en matière budgétaire,
est pratiqué de manière à ôter toute valeur sérieuse
au droit de priorité de la Chambre. Ainsi l'exécutif n'a pas les moyens de se procurer les lois
et les ressources dont il a besoin pour remplir sa
mission ; il n'a qu'un *veto* suspensif, instrument

imparfait et peu sûr, pour s'opposer aux lois qu'il estime mauvaises et aux impôts qu'il juge ruineux. Le législatif est éventuellement divisé contre lui-même, et il n'y a pas de raison pour que l'une des deux moitiés plie devant l'autre. D'autre part, il n'a pas les moyens de surveiller et d'assurer l'accomplissement des statuts qu'il a votés. Enfin, exécutif et législatif sont exposés à voir annuler virtuellement, par le pouvoir judiciaire, les lois et les actes de gouvernement qu'ils estiment sages et de bonne politique. Comme il n'y a pas de nécessité de tenir la nation en main, prête pour une prompte action d'ensemble, il n'y a pas de contrepoids à la préoccupation de ne laisser se constituer aucune force capable de contraindre et de gêner l'individu. On n'a donc pas vu d'inconvénient, et il semble qu'on ait pris plaisir, à organiser si mollement, à doter si pauvrement les autorités, qu'elles sont incapables d'aller seules jusqu'au bout de leur tâche et qu'elles ont toutes les chances de rester en deçà; car chacune a besoin, pour s'acquitter de son office, du concours des autres, et celles-ci, le plus souvent, ne l'aideront pas ou la contrarieront au lieu de l'aider. On ne saurait constituer avec plus d'art ce que j'appellerai des puissances négatives, destinées à s'annuler l'une par l'autre et à engendrer le conflit perpétuel. C'est ainsi que, dans une usine, l'existence de plusieurs moteurs indé-

pendants, appliqués à une même série d'opérations, risque de produire la décoordination des
rouages et l'arrêt de toute la machine.

A-t-on, du moins, pourvu à ce que cet arrêt
fût court? Nullement. Les perspectives ordinaires
de la politique américaine ne comprennent pas
d'éventualités propres à faire un péril sérieux
d'un conflit prolongé; on ne s'est donc point
inquiété d'en assurer la prompte résolution. Ni
les Chambres ne peuvent obliger les ministres à
se démettre, ni le ministère ne peut dissoudre la
Chambre, ni le Président ne peut en appeler à
la nation pour qu'elle juge entre eux. Force leur
est à tous de rester en arrêt les uns en face des
autres, d'attendre la fin de leur terme électoral,
sous les regards du peuple souverain, qui sait
sans doute ce qu'il veut, qui ne demanderait
qu'à le dire, et que nul n'a le droit d'interroger.
La Constitution fait de lui — et il demeure —
le témoin patient d'une obstruction, d'une sorte
de suspension du gouvernement qu'il pourrait
faire cesser d'un signe. Il a été dit : « La maison
divisée contre elle-même périra. » Cela n'est vrai
politiquement qu'en Europe. En Amérique, la
maison divisée contre elle-même ne périt pas,
et la liberté fleurit. Chaque citoyen déploie son
activité sans avoir rien à craindre d'un pouvoir
trop fort; tous les pouvoirs sont faibles, incer-
tains de leurs droits, gênés dans leurs mouve-

ments. La nation le cède ici à l'individu, parce qu'elle le peut sans y trop perdre et que le libre entrain, les coudées franches d'un chacun sont réputés le plus grand des intérêts de l'État [1].

XII

Les constitutions des États particuliers ont réglé l'origine de leurs différents pouvoirs avec aussi peu de souci de l'unité d'action et selon le même système de division sans rapprochement ménagé, d'oscillation sans arrêt prévu. Il faut négliger ici les dispositions exceptionnelles de certains États et s'attacher au régime le plus général. Les attributions des Chambres, leurs rapports avec l'Exécutif, et notamment la règle qui exclut les ministres des Chambres, sont à peu près les mêmes partout et rappellent de très

1. Dans la sphère des États comme dans la sphère fédérale, l'activité législative n'est pas moins restreinte que l'activité administrative. Les plus récentes revisions constitutionnelles ont uniformément tendu à multiplier les restrictions apportées au pouvoir des législatures, à circonscrire les sujets que ces Assemblées sont appelées à régler, à limiter la durée de leurs sessions, et, pour plus de sûreté encore, à suspendre leur activité de deux années l'une. Cette mise en suspicion des faiseurs de lois et des lois elles-mêmes, montre que les Américains sont très loin de se les représenter comme le principal instrument du progrès; leur conviction est que le progrès se fait par l'individu, lequel n'a besoin que de liberté, et leur préoccupation est plutôt de se prémunir contre la loi que d'y faire appel.

près les dispositions de la Constitution fédérale. Deux caractères seulement sont à noter, qui aggravent l'effet de la division des pouvoirs. Le premier trait qui découvre l'esprit du système, c'est que tous les grands pouvoirs sont directement élus par le peuple. C'est naturellement le cas de la Chambre basse; c'est aussi celui de la Chambre haute, du gouverneur, des juges de la Cour supérieure. Ainsi, législatif, exécutif, judiciaire ont les mêmes commettants, tous ont un titre pareil et la même autorité morale. Ils montent *de fond* pour ainsi dire, et prennent leur point d'appui sur la nation, sans rien se devoir l'un à l'autre. Ils ne relèvent que de leurs électeurs. Aucun n'est dans le cas des autorités européennes similaires, qui trouvent dans leur origine, dans la distance plus ou moins grande qui les sépare du peuple, un avertissement que c'est à elles soit de faire des concessions, soit d'en obtenir. Ils sont constitutionnellement dans une condition d'équipollence, qui doit tendre à tenir le conflit, s'il s'en produit un, indéfiniment ouvert. A la vérité, les grandes dissidences ont chance d'être rares entre un Exécutif et deux Chambres investies par les mêmes électeurs; mais les petites dissidences peuvent être fréquentes et risquent de ne pas se résoudre aisément.

Le second trait concerne l'organisation intérieure de l'Exécutif. Que les ministres soient

exclus des Chambres, que les lois et le budget se
votent hors de leur présence, cela n'a rien qui
doive étonner; c'est ce qui se rencontrait déjà
dans la Constitution fédérale. Mais voici où l'écart
commence. Tandis que les ministres fédéraux
sont tous nommés par le Président, qui concerte
naturellement ses choix, les ministres des États
sont élus individuellement par le peuple. C'est le
cas du lieutenant-gouverneur, du secrétaire d'État,
du trésorier, du contrôleur des finances, de l'attorney général, du surintendant de l'instruction
publique, etc. Il n'y a presque point d'exception.
Le gouverneur n'est pas leur chef, comme le Président est le chef de son cabinet; il n'a pas un
autre titre qu'eux, il est leur pareil et leur égal.

Je viens de dire qu'en Europe nous considérons
le gouvernement comme une seule personne collective qui préside, dans un esprit nettement
défini, à la direction des affaires politiques et des
services administratifs. En Amérique, l'Exécutif
fédéral a été organisé selon ce même principe
d'unité. Au contraire, dans les États particuliers,
où il n'y a pas d'affaires politiques graves, les
ministres ne sont littéralement que des chefs de
service, et l'harmonie de vues entre eux paraît
moins nécessaire que l'aptitude de chacun à sa
tâche et son accord avec les vœux de la majorité.
Chaque ministre, élu directement dans tout l'État,
ne relève que de ses électeurs. Il peut ne pas con-

naître ses collègues, ni le gouverneur de l'État, ne pas être de la même couleur politique, s'il a été nommé à une autre époque. Il reste en charge tout son terme, sans s'inquiéter de ce que font ou deviennent les autres. Il ne délibère pas nécessairement avec eux, ne concerte pas ses actes avec les leurs. Chacun tire de son côté, quand il ne tire pas à soi. L'unité vigoureuse du gouvernement était, chez nous, si indispensable, quelle s'est étendue abusivement à tous les services administratifs. On a fait d'elle, sans raison comme sans prudence, un instrument politique redoutable. Ici c'est l'excès opposé. Le gouvernement s'est absorbé dans l'administration, chaque service a formé une petite organisation distincte, spéciale, autonome, qui suit sa voie sans se préoccuper de ses voisines. En règle générale, cette division des services nuit à l'efficacité, à la rapidité de l'action ; elle rend impossible cette économie de temps, de force et d'argent qui résulte d'opérations combinées. Mais, ici, ces inconvénients sont de peu de conséquence, parce que les chefs des départements ministériels n'ont presque pas d'affaires et que leur mission est moins d'agir que de regarder et de s'enquérir. — Ce point sera éclairci par la suite. — L'avantage du système est que les citoyens ont moins à craindre que les dépositaires de l'autorité ne s'entendent pour peser sur eux d'un seul poids. Car il n'y a entre les différentes autorités, ni communication, ni coïncidence et concert de mouvements par l'unité d'une impulsion reçue du centre et d'en haut.

Aux yeux d'un Français, ce régime serait la destruction de l'État conçu comme le conservateur et le moteur de toute la société politique, et la France a eu occasion d'en éprouver l'effet sous sa Constitution de 1791, qui cependant ne livrait à l'élection que les fonctions administratives inférieures. L'État avait péri, comme il périra toutes les fois qu'on fera reposer trop largement l'administration sur une base élective; et il en résultait un désordre, un malaise, une anxiété insupportables. Aux États-Unis, le même système a en substance le même effet, qui est d'énerver l'État; mais rien d'essentiel n'est compromis par cette défaillance; la sécurité nationale n'en est pas atteinte, parce qu'elle à d'autres garanties; la vie nationale n'en garde pas moins toute son intensité, parce qu'elle s'alimente à d'autres sources.

CHAPITRE V

L'ÉTAT ET LE GOUVERNEMENT
(SUITE)

I

Considérons maintenant les divisions horizontales que met à découvert une section verticale des pouvoirs. Nous rencontrons d'abord le plan des pouvoirs fédéraux puis le plan des pouvoirs d'États. C'est la division capitale. On l'a faite aussi tranchée qu'on a pu.

Premièrement, on a pris garde qu'aucun des deux pouvoirs n'eût besoin de l'autre pour remplir sa mission constitutionnelle; ils ont chacun à cette fin action directe et séparée sur les individus. Il n'y a pas entre eux échange de services; chacun a son administration à lui, ses agents d'exécution, ses percepteurs, ses juges.

Secondement, il n'y a pas de hiérarchie entre eux; aucun n'est par essence subordonné à l'autre;

chacun est son propre et seul maître dans les limites de ses attributions.

En matière législative, ces limites sont tracées avec une singulière netteté. Le Congrès est constitutionnellement aussi incompétent pour s'opposer à une loi de succession votée par un État ou pour en voter une, qu'une législature d'État pour édicter ou pour contester un tarif de douane. Il n'y a de supériorité éventuelle du pouvoir fédéral que dans le domaine extrêmement restreint où les deux autorités ont été laissées libres de légiférer concurremment ou l'une à défaut de l'autre. La loi fédérale, si le Congrès prend le parti d'en faire une, sur un de ces sujets laissés indivis, prévaut sur la loi de l'État. L'exemple de la faillite est significatif. Elle a été longtemps réglée par les lois des États jusqu'au jour où la loi fédérale, après plusieurs essais infructueux, a définitivement pris possession de cette matière et en a disposé pour tous les États par des règles communes.

Même observation pour les pouvoirs judiciaires respectifs. Les tribunaux d'un État ne sont pas une juridiction *inférieure* ou *subordonnée* aux tribunaux des États-Unis. C'est une juridiction *collatérale* et *indépendante*. Les uns et les autres sont suprêmes dans leur sphère. Qu'une action soit intentée par l'ambassadeur d'une puissance étrangère, la justice locale n'en pourra connaître à aucun titre. Qu'un conjoint demande le divorce contre son conjoint, citoyen du même État, la justice fédérale n'aura à aucun moment occasion d'intervenir. Le recours n'est ouvert devant elle que si le jugement de la cour d'État est rendu en violation de la constitution ou des traités en vigueur. Il n'y a ni appel, ni conflit, ni évocation d'une juridiction à l'autre, dans les matières de leur compétence spéciale. Leurs orbites ne se coupent pas.

Aux termes de la Constitution de 1789, les grands pouvoirs fédéraux, Congrès et Président, ne sont à aucun degré les tuteurs politiques ni les supérieurs administratifs des autorités d'État. Ils n'ont aucun moyen direct de contrainte légale et régulière pour les faire rentrer dans l'ordre. Que celles-ci se livrent, dans les limites de leur compétence, à des actes contraires au bien de la nation, ils ne peuvent rien pacifiquement pour les en empêcher; que même elles se mettent en état d'insubordination active ou passive, ils n'ont pas la ressource de les suspendre ni de les casser, non plus que de destituer les fonctionnaires et agents qu'elles emploient, d'annuler leurs lois ou leurs décisions, d'en appeler contre elles, par une dissolution, aux électeurs de l'État[1]. La Constitu-

1. La Cour suprême a décidé que le Congrès peut demander mais non commander au gouverneur d'un État de se conformer aux dispositions constitutionnelles relatives à l'extradition

tion n'a mis à leur disposition qu'un remède pour ainsi dire extrême : la réquisition des milices et l'emploi des armes contre les *individus* qui s'insurgeraient. Rien n'a été prévu contre les autorités des États *comme telles*, au cas où elles se rendraient coupables envers l'Union dans l'exercice de leurs fonctions.

Tout conflit décidé entre le gouvernement national et un gouvernement provincial se résout immédiatement en une question de force qui les met l'un et l'autre hors de la Constitution. On n'est plus ici dans la sphère du droit administratif, mais dans celle du droit des gens, presque dans celle du droit de nature. Les deux pouvoirs sont à cet égard comme les gouvernements de deux pays étrangers. Nulle autre sanction que la guerre, qui est ici la guerre civile.

Ce caractère quasi international des rapports établis par la Constitution est devenu très apparent à la fin de la guerre de Sécession, par les nombreuses et subtiles théories juridiques qu'on a imaginées pour tourner la difficulté et se dérober aux conséquences de la définition classique des États-Un   : « Une union indestructible d'États indestru   es. » Les amendements votés pendant la périod   e reconstruction ont autorisé le Con-

d'un criminel qui s'est enfui de l'État où il a commis son crime dans un autre État (Kentucky versus Dennison). C'était à la vérité avant la guerre de Sécession.

grès à faire des lois pour assurer l'observation
des dits amendements; certains statuts ont été
en effet votés qui confèrent au Président, dans
certains cas, un droit d'intervention militaire. Mais
il est douteux même aujourd'hui que cette intervention fût tenue pour légitime autrement que
dans le cas, de tout temps prévu, où il s'agirait
de prêter main forte à l'exécution des arrêts de la
justice.

Ce dernier mot nous ramène à la seule procédure pacifique de contrainte dont dispose le gouvernement fédéral à l'égard des autorités d'Etat.
Elle n'a aucune analogie avec la tutelle administrative. C'est une procédure toute judiciaire,
étrangère aux vues et aux nécessités de l'ordre
politique. Elle est indirecte, lente, circonscrite en
ses effets, trop rigide pour être efficace. — Indirecte : elle consiste à saisir les tribunaux de la
question; — lente : ceux-ci ne tranchent la difficulté qu'après un long examen; — circonscrite
en ses effets : chaque jugement, s'appliquant à
une seule espèce, ne peut aboutir à une formule
largement et définitivement impérative et n'exerce
d'action étendue que par la probabilité d'une
série de décisions identiques dans tous les cas
semblables; — trop rigide pour être efficace :
la conscience des juges ne se prononce que
d'après les termes exprès d'une loi; elle n'a pas
l'élasticité qu'il faudrait pour suivre l'intérêt

public dans ses déplacements et se plier, sans
hésitation ni résistance, à la raison d'État. Qui
reconnaîtrait la souveraineté dans ce personnage
courbé sur un dossier qu'il dépouille? Il existe
sans doute, dans une sphère limitée, une suprématie juridique et détournée des autorités fédérales
sur les autorités des États; il n'y a pas de suprématie politique directe, reconnue, organisée, effective. Politiquement, les deux autorités sont de niveau et parallèles, elles ne sont pas superposées.

Pour compléter l'impression, il faut considérer
non plus seulement la position juridique et politique de l'une à l'égard de l'autre, mais en soi la
nature et le titre de la prérogative constitutionnelle assignée à chacune. Les attributions dévolues au pouvoir fédéral et aux États forment en
gros deux groupes complémentaires, en ce sens
qu'ajustées bout à bout, elles circonscrivent une
figure qui embrasse toutes les fonctions ordinaires
d'un gouvernement. Mais chacune des deux autorités n'en a qu'une fraction. De plus, la première
en rang et en crédit, l'autorité fédérale, a reçu sa
part sous la forme d'une procuration expresse et
limitative, libellée avec une extrême défiance. On
lui a octroyé juste ce qu'on ne pouvait lui refuser
sans la rendre impuissante et inutile, et il a été
stipulé qu'elle n'aurait aucun droit au delà de ce
qui est prévu ou raisonnablement impliqué par
les termes de la Constitution fédérale. Les

pouvoirs dits nationaux n'ont en un mot qu'une *délégation*, un mandat défini de la nation ; ils ne la *représentent pas* dans l'ensemble de ses intérêts, dans sa volonté implicite de réaliser la plus grande somme de bien possible, dans sa liberté de choisir à cette fin les moyens jugés les plus efficaces. Or c'est cette représentation qui caractérise essentiellement l'État.

Autres principes, autres restrictions, en ce qui concerne les États particuliers. Il y a bien ici une représentation du corps politique. Les autorités d'État ont, à ce titre et en théorie, une mission générale de bien public ; dans le silence des textes, elles exercent tous les pouvoirs dont elles jugent avoir besoin pour le profit commun : mais, en fait, leur compétence n'est pas entière ; elle est, soit circonscrite par certaines dispositions de principe de la Constitution des États-Unis, soit dominée par certaines prérogatives de l'autorité fédérale. Entre ces deux groupes de pouvoirs incomplets ou bornés, pareils aux deux moitiés irrégulières d'un globe éclaté par accident, il faut un singulier effort d'esprit et d'optique pour reconstituer l'image pleine, ronde et compacte de l'État, expression de la nation souveraine, comptable de tout l'intérêt général, seul juge de ses moyens, disposant de toutes les forces de la société et les faisant converger vers le but qu'il s'est marqué.

On voit les conséquences : dans la région fédérale comme dans la région des États, la notion de la souveraineté est essentiellement liée à celle d'une limitation, d'un départ d'attributions à faire. Par un singulier paradoxe, elle éveille d'abord l'idée, non de la puissance, mais d'une certaine impuissance. Tous les droits étant strictement déterminés, il n'y a pas de place ici pour l'idée d'une mission indéfinie de bien public, naturellement dévolue à une seule autorité qui est investie à ce titre d'un mandat discrétionnaire. Cette conception abstraite, si familière à nos esprits, n'existait pas en Amérique; il n'a été donné à aucune autorité constituée de la rencontrer et de la fixer sur elle-même. La première pensée qui naît à la lecture d'un décret du Président ou d'un gouverneur d'État, d'une loi du Congrès ou d'une législature, n'est pas celle de l'utilité ou de l'opportunité de ces actes, mais la question de savoir s'ils sont constitutionnellement valables. Ainsi le point de vue politique tend à s'effacer devant le point de vue juridique. L'exégèse et l'interprétation des textes se substituent à l'examen des choses elles-mêmes et à la pesée des intérêts. Le législateur et l'homme d'État prennent l'habitude de penser et de discuter moins en hommes d'affaires qu'en avocats, et les effets pratiques qu'ils attendent de leurs mesures tiennent souvent moins de place et pèsent d'un

moindre poids dans la délibération que les actions
pour inconstitutionnalité qu'elles risquent de
soulever. Une discussion au Sénat de Washington
ne rappelle presque à aucun degré la discussion
libre, souple et concrète d'une de nos assemblées
politiques ; elle ressemble à quelque argumentation serrée et abstraite comme celle qu'on pourrait
trouver chez nous dans les exercices d'une con-
férence de droit ou dans quelque mémoire-
plaidoirie présenté en cour de cassation. En
somme l'Américain ne subit pas l'empire de cette
haute raison d'État, toute contingente et expédiente, positive, péremptoire, impétueuse, qui va
droit à son but dès qu'elle en a reconnu la nécessité et qui, de son seul nom, pour ainsi dire,
clôt tout débat, éteint toute contradiction. Il est
remarquable que le mot « raison d'État » n'a pas
d'équivalent en anglais ; le mot État lui-même
prend dans la bouche de l'Américain un sens
pratique et terre à terre qui nous expose à ne pas
le bien entendre. C'est le partage de la souveraineté entre deux ordres de pouvoirs qui a le
plus contribué à diminuer le prestige, à restreindre
ou énerver l'activité de l'État en Amérique.
Aucune des deux moitiés de la souveraineté partagée n'était en mesure de croire qu'elle pouvait
tout ; elle le croyait d'autant moins qu'autour de
chacune d'elles foisonnaient les questions juridiques, les subtilités verbales, les interprétations

raffinées que nous considérons comme incompatibles avec une conception simple de l'Etat et de son autorité.

II

Il est aisé de rendre sensibles, par quelques exemples, ce perpétuel achoppement et ce refoulement réciproque de l'idée de souveraineté entre la région des États et la région fédérale.

Commençons par les pouvoirs qu'on peut appeler nationaux.

Le plus essentiel attribut d'un gouvernement est d'être suffisamment armé pour se protéger et protéger l'État en sa personne contre les gens qui l'attaquent. Or la Constitution refuse au Congrès, sauf pour la haute mer et pour les territoires soumis à sa juridiction exclusive, le pouvoir général de faire des lois en matière criminelle. Ce pouvoir est réservé à chaque État. L'autorité nationale ne peut poursuivre et punir en tout dans les États que deux crimes : 1° la contrefaçon de ses monnaies ou de ses titres d'emprunt; 2° la trahison. Et ce crime de trahison, on n'a pas laissé au Congrès la liberté de le définir par la loi; la Constitution a pris soin de fixer elle-même le sens du mot et de le limiter à l'acte de lever des troupes contre les États-Unis, ou de s'entendre avec leurs

onnemis, ou de prêter à ceux-ci aide et assistance.
Tout autre acte criminel susceptible de déconsi-
dérer le gouvernement et de l'affaiblir, de nuire au
corps politique fédéral, de le diviser contre lui-
même, de le compromettre à l'égard de l'étranger,
échappe à toute répression, si ce n'est à celle dont
les États consentent à se faire les organes. L'affaire de la Nouvelle-Orléans[1] est un spécimen frappant des cas où le pouvoir fédéral, placé par un
crime en face d'une complication diplomatique, se
reconnaît impuissant à remplir les obligations
internationales les plus élémentaires d'un État
civilisé. Le même pouvoir n'a pas de défense contre
les attaques les plus scandaleuses de la presse[2].

Non seulement toute législation préventive,
mais toute législation répressive lui est interdite.
L'unique tentative qui ait été faite pour tenir les

1. Les faits sont en substance les suivants : à la suite de
l'assassinat d'un chef de la police municipale en 1890, 17 Italiens furent arrêtés; l'action judiciaire ayant abouti en partie
à des acquittements jugés scandaleux, la population se porta
sur la prison où les accusés étaient détenus et en massacra
11 dont 2 n'étaient pas citoyens américains. Grande irritation
de l'Italie, grand embarras du gouvernement des États-Unis,
qui ne pouvait ni contraindre les tribunaux de l'État à poursuivre les auteurs de l'attentat, ni substituer sa propre justice
à la justice locale. Après avoir constaté son impuissance, il
offrit à l'Italie une indemnité pécuniaire dont celle-ci se
contenta.
2. « Les cours des États-Unis n'ont pas de juridiction de
common law dans les cas de publications diffamatoires
contre le gouvernement »; voir États-Unis contre Hudson,
(VII, Cranch, 32.)

journaux en respect — l'*Alien and sedition law* de
1798 — a provoqué une indignation très générale;
l'inconstitutionnalité de la mesure est aujourd'hui
généralement admise, et il n'y a pas apparence
que le Congrès se laisse jamais induire à la renouveler. Ajoutez que la constitution détermine elle-
même toute la procédure criminelle, en multipliant
et exagérant les garanties assurées à l'accusé;
c'est pourquoi l'action publique est singulièrement embarrassée, tardive, incertaine, et le gouvernement ne se décide pas volontiers à la mettre
en mouvement[1].

Une autre et très importante attribution du gouvernement central en France est de protéger les
citoyens contre les autorités locales qui pourraient
être tentées de les opprimer ou de les vexer. Ce
genre d'oppression et de vexation est particulièrement intolérable, car les autorités locales, se trou-
vant en rapports quotidiens avec l'individu, nourrissent contre lui des animosités incessamment

---

[1]. Le Congrès vient toutefois d'édicter une loi par laquelle
il assume une sorte de censure morale et qui atteint indirectement la Presse. Une société louisianaise avait organisé une
loterie et trouvé des preneurs pour ses numéros dans tous les
États de l'Union. Ses bénéfices étaient scandaleux. Un statut
voté par le Congrès défendit à la Poste de transporter *journaux, billets, chèques, mandats, listes de numéros* ayant un
rapport quelconque avec une entreprise de loterie; les expé-
diteurs furent déclarés passibles de peines qu'il appartenait
aux tribunaux des États-Unis de leur appliquer. La société
frappée se pourvut en Cour suprême, mais le jugement lui
donna tort et reconnut la validité de la loi.

ravivées et connaissent mieux ses endroits vulné-
rables. La Constitution américaine de 1789 semble
avoir adopté une vue exactement inverse. Non
seulement elle ne conçoit pas le pouvoir fédéral
comme un protecteur de l'individu ou des minorités, non seulement elle ne lui ménage pas un
rôle de médiateur et d'arbitre, mais c'est lui qu'elle
soupçonne d'en vouloir aux libertés du citoyen :
c'est contre lui surtout qu'elle se garde par des
prohibitions et des exigences sans nombre, et, au
contraire, elle confie ces mêmes libertés — moyen-
nant quelques menues précautions — à l'arbitraire
bienveillant des États.

J'ai montré ailleurs[1] que la Déclaration des
droits en dix articles ajoutée à la Constitution
sous la rubrique « amendements » n'est oppo-
sable qu'aux pouvoirs fédéraux seuls, et ne lie
ni les gouvernements ni les législatures d'État.
Contre ceux-ci la Constitution ne s'est prémunie
que par un petit nombre de dispositions expresses.
Elle assure la jouissance des droits de citoyen
dans tous les États aux citoyens d'un État quelconque; elle attache foi et crédit aux procédures
régulières d'un État dans les autres, et garantit
l'extradition des accusés de crime ou esclaves fugi-
tifs valablement réclamés. Elle défend d'accorder
des titres de noblesse. Elle interdit les bills d'at-

---

1. *Études de droit constitutionnel*, p. 93, 2° édition.

tainder, les lois *ex post facto*, c'est-à-dire celles qui ont un effet rétroactif en matière pénale. Elle interdit aussi les statuts qui portent atteinte aux obligations nées d'un contrat. Il n'y a pas dans la Constitution de 1789 d'autre limitation notable à l'arbitraire législatif et exécutif des États. Bien au contraire, l'amendement XIe dérogeant à l'une des fins essentielles de la Constitution, qui est de garantir les citoyens des États-Unis et particuliè- rement les étrangers contre la partialité d'une juri- diction intéressée, retire aux cours fédérales la connaissance de tout procès où un État est défen- deur, un citoyen d'un autre État ou un étranger étant demandeur. Les tribunaux de chaque État restent donc juges en premier et dernier ressort des actions intentées contre lui.

Tel a été le droit jusqu'en 1860. Par les trois derniers amendements votés après la guerre de Sécession on semble avoir voulu renverser les rôles. C'est contre les États qu'on prend des pré- cautions, et contre leurs entreprises qu'on se pro- pose de défendre les droits de l'individu. C'est l'autorité fédérale naguère suspecte que l'on commet à cette défense et que l'on arme de pou- voirs appropriés au but. Mais, à y regarder de près, ce but était dans la pensée du législateur d'alors beaucoup plus limité qu'on n'en jugerait d'après les principes très compréhensifs énoncés à cette occasion dans les amendements. Il s'agissait d'empêcher les États du Sud de retirer au nègre, par des lois partiales, la jouissance de l'égalité et de la liberté que les vainqueurs avaient entendu lui assurer. Autrement les fruits d'une longue et terrible lutte auraient été perdus. C'est donc, au fond, dans l'intérêt des noirs seuls que les amendements établissaient un certain nombre de prescriptions tutélaires. Les blancs se sont prévalu de la généralité des énonciations; ils ont tenté d'en élargir le sens et de s'en approprier le bénéfice. Mais la Cour suprême a montré une extrême répugnance à ratifier cette interprétation extensive et à se poser en gardienne des droits de tout individu qui se prétend lésé par les lois des États ou les actes administratifs de leurs gouvernements. Le XIV° amendement statuait qu'aucun État n'édictera ou ne fera exécuter aucune loi portant atteinte aux privilèges et immunités des citoyens des États-Unis; qu'aucun État ne privera personne de sa vie, de sa liberté, de sa propriété sans une procédure judiciaire régulière et ne refusera à aucune personne soumise à sa juridiction l'égale protection des lois. Il n'y a guère de plaideur mécontent de ses juges qui ne pût tirer de ce texte les moyens d'un appel en cour fédérale. La magistrature suprême a pressenti l'abus et aperçu le péril. Elle ne s'est pas prêtée au rôle qu'on l'invitait à s'attribuer. On n'allait pas à moins qu'à l'ériger en protectrice de tous

les droits privés et à la constituer cour de revision
de presque toutes les lois d'État. Si elle s'était
laissé tenter, le Congrès n'aurait pas apparem-
ment résisté à la tentation bien plus forte encore
de se prévaloir de la 5ᵉ section de l'amendement :
« Le Congrès aura le pouvoir d'assurer l'exécution de cet article par une législation appro-
priée »; il aurait fédéralisé tout le droit civil,
lequel n'est au fond qu'un ensemble de garanties
pour les personnes et les propriétés. La Cour
suprême n'a eu garde de faciliter une telle extension de compétence; elle a consenti — puisque
le XIVᵉ amendement le lui enjoignait péremptoire-
ment — à se déclarer garante des privilèges et
immunités des citoyens des États-Unis, protectrice
de leur vie, de leur liberté, de leur propriété, de
leur égalité devant la loi, *mais seulement en tant
que ces droits sont énoncés et définis dans le reste de
la Constitution fédérale.* Cette déclaration impli-
quait qu'en ce qui concerne les blancs, l'amendement n'avait rien innové. En somme, ces droits,
commis de temps immémorial à la garde des autorités des États, ont continué à n'avoir pas d'autres
garants qu'elles, à ne pas en avoir contre elles [1].
Les mots « sans procédure judiciaire régulière »,

---

1. Un complot pour priver un blanc de son droit de suffrage,
par exemple, excéderait la compétence fédérale tandis que la
même entreprise au détriment d'un nègre devrait être réprimée
par les tribunaux de l'Union. (Cruikshank's case, 1875.)

par exemple, n'ont pas été réputés embrasser le
cas où — la loi de l'État ne l'exigeant pas — le
grand jury et le jury de jugement n'ont pas fonc-
tionné, ni le cas où, un nègre étant l'accusé, il ne
s'est trouvé que des blancs dans le jury. La Cour
suprême estime que l'amendement l'appelle, non
à réprimer les actes individuels, mais à refuser
force exécutoire à la loi et aux actes de gouvernement contraires à cette partie de la constitution.

Le haut tribunal n'a pas davantage soutenu de
sa jurisprudence la prétention qu'avaient certains
demandeurs de trouver dans l'amendement la
condamnation soit d'un monopole concédé par
un État particulier, par exemple un privilège
pour l'abattage du bétail, soit de toute prohibition dont l'effet serait de ruiner sans indemnité
une industrie existante, par exemple l'interdiction
de fabriquer ou de vendre des spiritueux ou de
l'oléo-margarine. Ces sortes de prohibitions sont
censées relever du « droit de police » de chaque
État, et les individus spoliés sont réputés avoir
connu, en créant leurs établissements, les risques
qu'ils couraient. Dernièrement même, se départant
de son ancienne et stricte interprétation de l'article qui déclare nulles les lois des États portant
atteinte aux obligations conventionnelles, la Cour
suprême a déclaré que les termes de l'amendement XI lui ôtaient le moyen de garantir contre
une violation de la foi promise les porteurs de

coupons d'un emprunt régulièrement contracté par un État.

En somme, l'une des fonctions protectrices les plus importantes que remplit l'État en France, la défense des minorités et de chaque particulier contre des pouvoirs que l'on peut supposer moins gardés de l'injustice et des basses rancunes que le pouvoir central, le Gouvernement fédéral ne se croit pas appelé à la remplir; s'il s'en acquitte, l'estimant par exception permis, c'est par l'organe de ses tribunaux; et ceux-ci ont le sentiment qu'ils seraient immédiatement débordés, s'ils se laissaient faire, par le nombre des actions introduites. Les trois derniers amendements ont mis à la disposition de l'autorité fédérale une arme dangereuse, un instrument de despotisme dont fort sagement elle n'use pas, mais qui n'en reste pas moins à sa main pour le jour où l'intérêt ou la passion de parti la tenterait, et obscurcirait le sens politique de sa plus haute magistrature.

Une autre et essentielle fonction du gouvernement central est de régler les rapports de l'État avec les puissances étrangères, et il est à remarquer que cette fonction est réservée, en termes exprès, au pouvoir fédéral par la Constitution des États-Unis. Or, à quel point ce pouvoir, lorsqu'il essaie de remplir son mandat, est gêné, embarrassé, traversé dans ses démarches, c'est ce qu'un

homme de notre continent a d'abord quelque
peine à croire possible ; car, pour un État européen, une pareille condition aurait pour effet de
perpétuels et dangereux conflits avec les voisins
qu'il peut avoir. J'ai déjà rappelé le cas de la
Nouvelle-Orléans. Les délégués du parti irlandais,
condamnés quelques semaines avant et échappés
par un subterfuge aux mains de la police britannique, arrivent à New-York en 1880, y sont reçus
en grande pompe par le maire, comme ils le seront
à Chicago un peu plus tard; le gouverneur de
l'État « Impérial » les invite à passer par la capitale,
Albany, et là ce magistrat figure dans la séance
où ils exposent leurs griefs contre l'Angleterre;
il prend la parole lui-même et déverse l'injure sur
le gouvernement de cette puissance amie. Le pouvoir fédéral est sans force contre ces démonstrations qui empruntent une gravité particulière au
caractère officiel des manifestants.

Ce n'est là qu'une mise en échec *morale* du
gouvernement, en quelque sorte. Veut-on un
exemple d'une mise en échec *juridique*, comme
peut en rencontrer le pouvoir fédéral en matière
internationale? En 1870 et en 1876, le Congrès
avait sanctionné par la loi les dispositions d'un
traité conclu le 15 avril 1869 avec la France pour
la protection des marques de fabrique. Le traité
était valable, la loi était correcte, sauf en ce point
qu'elle ne réservait pas le cas où il s'agissait d'une

infraction ne mettant en cause que les citoyens d'un même État et échappant, de ce chef, à la compétence fédérale. Cela suffit pour que la Cour suprême refusât de prêter son concours à l'application de la loi et, par voie de conséquence indirecte, fît une lettre morte du traité lui-même. Voilà une souveraineté sujette à de désobligeants mécomptes.

A l'intérieur, l'État semblait autorisé à se considérer comme un organe de progrès et à agir en conséquence. La Constitution elle-même assigne pour but à l'Union le *bien-être général*. Néanmoins, que d'années il a fallu à l'autorité fédérale pour faire accepter son droit de participer directement à des travaux d'amélioration intérieure, d'établir des routes[1], d'octroyer une charte à une banque nationale, etc.! Que de gênes il éprouve même aujourd'hui pour exercer son droit de contrôle sur l'administration des chemins de fer qui traversent plusieurs États! Que de précautions il doit prendre pour que ce contrôle ne paraisse pas une atteinte portée au droit de police exclusif de chaque État sur les sociétés qui existent en

---

1. On tenait qu'elle ne pouvait constitutionnellement que fixer l'itinéraire de la malle-poste, mais non construire des chaussées. Pour les chemins de fer, on usa d'abord d'une voie détournée, consistant à donner des terres ou des subventions aux États, qui les transmettaient aux compagnies. Les subventions directes aux compagnies par le Congrès ne commencent qu'en 1862.

vertu de chartes octroyées par lui et sur les actes qu'elles accomplissent dans les limites de son territoire. Le statut sur l'*interstate commerce*, qui a établi un organe pour cette tutelle indispensable et fixé la procédure pour le mettre en mouvement, est rédigé avec une timidité visible et des ménagements infinis, ce qui ne l'empêche pas d'être très contestable et très menacé. Que de moyens juridiques on entrevoit déjà, fournis en abondance par le texte constitutionnel fédéral, et où peuvent puiser presque sans fin les personnes qui ont intérêt à plaider la nullité de la loi ! Le « droit de régler le commerce » que la Constitution attribue au Congrès implique-t-il le droit d'édicter des tarifs ? Si ce droit existe, n'est-il pas contraire aux principes et sans exemple que le Congrès puisse le déléguer ? Le jugement sommaire, sans jury, des contrevenants par les cours de justice n'est-il pas contraire au VII° amendement et, pour cette raison, la loi tout entière n'est-elle pas exposée à tomber comme inconstitutionnelle ?

III

A la différence des autorités fédérales, les autorités d'État sont, en principe, souveraines chez elles ; mais cette souveraineté rencontre des limites résultant : 1° de la compétence exclusive réservée par la Constitution aux autorités fédérales dans un certain nombre d'affaires nettement définies; 2° de certains droits des individus que le pacte fédéral a visés et garantis; on vient d'en rappeler quelques-uns; 3° des libertés que les Constitutions des Etats ont reconnues à leurs citoyens.

Considérons d'abord les limites de droit résultant de la compétence fédérale; il s'y ajoute, on va le voir, des limites de fait qui restreignent singulièrement la sphère d'activité des États. Par exemple, il est interdit à un État d'accorder le monopole de la navigation sur ses eaux à une compagnie, d'établir des droits à l'importation ou à l'exportation des marchandises, etc. Voilà des spécimens de limitations expresses ou de droit. En voici un de limitations indirectes ou implicites. Toutes les formes de taxation intérieure ont été laissées à la disposition des États; mais ce pouvoir, si étendu en principe, se trouve en fait singulièrement restreint et énervé. Premièrement, en effet, par voie d'interprétation, on a trouvé moyen de réduire notablement la matière imposable. C'est ainsi qu'aux termes d'un arrêt de la Cour suprême, les fonds publics fédéraux, le papier émis par les banques nationales, les transports postaux, les brevets d'invention sont réputés non taxables par les législatures provinciales, attendu qu'on les taxant à l'excès, on pourrait les empêcher d'exister et que la Constitution n'a pas entendu donner aux États ce droit extrême sur les instruments de l'activité fédérale. La réciproque existe d'une manière générale, et le Congrès n'a pas non plus le droit de taxer les instruments du gouvernement d'État. Toutefois il ne s'est pas fait scrupule d'imposer si lourdement le papier émis par les banques publiques des États [1] que celles-ci ont partout disparu. Ajoutez que les États renoncent en général à imposer soit la production des marchandises, de peur de faire émigrer les manufacturiers dans les États voisins, soit la vente des denrées fabriquées dans les autres États, de peur d'enfreindre la disposition constitutionnelle qui réserve au Congrès la réglementation du commerce d'un Etat à l'autre. C'est ainsi qu'aux termes d'un récent arrêt de la Cour suprême, un État n'a pas le droit d'appliquer ses lois de tempérance (lesquelles prohibent de vendre des liqueurs fortes) aux spiritueux importés d'un autre État et offerts dans les caisses qui ont servi au transport [2]. L'effet ultime de toutes ces restrictions est que les États ne peuvent guère demander de ressources qu'à l'impôt direct, et que cet impôt

---

1. Acte de 1865, attaqué devant la Cour suprême et reconnu valide en 1870.

2. La décision de la Cour suprême paraît avoir été mise à néant par la loi du Congrès du 8 août 1890.

pèse à peu près uniquement sur la propriété foncière, les valeurs mobilières étant exemptées ou échappant en fait aux agents du fisc. On voit que bien avant d'atteindre la ligne des limitations expresses, les autorités d'États se heurtent à des bornes moins visibles, mais tout aussi infranchissables, qui les retiennent fort en deçà de leur compétence constitutionnelle nominale ; et il est à remarquer que dans l'un et l'autre cas les attributions qui leur sont refusées par le texte ou celles qu'elles délaissent par la force des choses, ne retournent pas nécessairement aux autorités fédérales, mais souvent ne peuvent être exercées utilement par personne, en sorte qu'ici encore il y a perte sèche pour la souveraineté, déficit absolu pour la prérogative de l'État.

Le second ordre de limitations résulte d'un certain nombre de droits individuels que la Constitution fédérale a visés et qu'elle a garantis contre l'arbitraire des États. On en a déjà vu quelques exemples. A cette catégorie se rattache notamment l'article qui déclare inconstitutionnelle toute loi portant atteinte aux obligations nées d'un contrat. Or les chartes accordées par une législature d'État à toute *corporation* (les municipalités exceptées) — disons, pour plus de clarté, à toute société civile et commerciale — sont réputées de la nature des contrats. Il s'ensuit que les droits consacrés par ces chartes — quel-

ques-unes octroyées pour une durée indéfinie —
sont placés pour ainsi dire au-dessus de la loi, si
la faculté de revision ou de rachat n'a pas été
stipulée; qu'ils ne peuvent pas faire l'objet d'une
expropriation avec indemnité, et qu'à l'abri de
cette immortalité légale, l'intérêt privé défie en
quelque sorte l'intérêt public.

Il paraît même que l'exemption d'impôt prononcée par une loi d'État au profit d'une certaine
catégorie de biens, en échange d'un avantage
équivalent assuré à l'État, est considérée comme
ayant le caractère d'un contrat passé avec les personnes qui ont pu être induites par cette immu-
nité à des emplois déterminés de leurs capitaux,
en sorte que la législature se trouve liée et ne
peut rapporter le statut d'exemption, à cause
de la convention qu'il est censé contenir[1]. La
Cour suprême incline toutefois depuis quelque
temps à circonscrire l'emploi de ce moyen de
droit, notamment en ce qui concerne les compagnies de chemins de fer. D'autre part, elle estime
qu'en vertu du X° amendement, des faits tels
que la répudiation des dettes d'État sont hors de
sa compétence. Ainsi tantôt l'on traite les États
comme des particuliers de qui l'on exige l'exécu-

---

1. Voir *The american citizen manual*, II, 13, et *Cooley-Constit.
limit.*, 342.

La seule condition est que le contrat ait une *cause* dans un
équivalent reçu ou à recevoir par l'État.

tion littérale du contrat, sans considérer si une rescision n'est pas impérieusement réclamée par l'intérêt général; tantôt on traite les États comme des puissances souveraines qui sont libres de manquer à la foi publique lorsqu'elles jugent moins fâcheux d'ébranler leur crédit que de remplir leurs obligations.

IV

Quittons maintenant définitivement l'altitude de la région fédérale, et descendons au niveau des gouvernements d'État. Il y a entre eux et le gouvernement des États-Unis cette différence essentielle qu'ils ne sont pas en principe des procureurs enfermés dans les limites d'un mandat défini, mais des représentants chargés de pourvoir, selon leur meilleur jugement, à tous les besoins publics, sauf les restrictions de droit apportées à cet arbitraire par le texte de la Constitution d'État, et les restrictions de fait imposées par les mœurs et l'opinion. La nature et l'étendue de ces restrictions sont d'une signification capitale. Elles marquent exactement ce que le peuple attend du pouvoir pour le bien commun, ce qu'il en espère, ce qu'il en redoute, et le degré d'énergie qu'il souhaite ou le degré de détente dont il s'accommode dans les ressorts de l'activité officielle. Aucune recherche n'est plus propre à nous faire serrer de près la notion de l'État telle que la conçoivent les Américains. Deux points sont à déterminer : le domaine sur lequel il appartient aux gouvernements des États de commander, les moyens dont ils disposent pour se faire obéir. La première question nous amène à considérer d'abord la structure administrative de ces gouvernements, puis les limites constitutionnelles qui ralentissent ou circonscrivent son activité.

Ce qui ressortira clairement de cet examen, c'est que le pouvoir supérieur de chaque *commonwealth* n'a que des prises gauches, molles et négligentes sur les pouvoirs inférieurs et sur l'individu; il agit de trop loin et de trop haut; il agit à de trop longs intervalles. Le système est extrêmement pauvre en organes de transmission, en moyens de contrôle, en sanctions efficaces, j'entends par ce dernier mot des voies de contrainte sûres et expéditives. Il est embarrassé et alourdi par des formalités et des prohibitions sans nombre. Là encore, nous rencontrons un gouvernement faible, délibérément dépourvu et progressivement désarmé, incapable de concentrer rapidement sous sa main tous les ressorts de l'État.

Le gouvernement a en France deux manières d'agir sur les autorités subordonnées : la loi et la bureaucratie. Par la loi, il prescrit aux pouvoirs locaux sous certaines sanctions ce qu'ils

doivent faire ou s'abstenir de faire. Par la bureaucratie, il intervient plus directement dans leur
activité administrative. Il entretient des agents à
lui, sédentaires ou ambulants, chargés soit de gérer
eux-mêmes les services locaux, soit de surveiller
les agents qui les gèrent. Il exerce par eux le droit
de commander, de permettre, de défendre selon le
besoin certains actes, de suspendre ou de casser
les autorités locales qui lui résistent, de faire à
leur place ce qu'elles négligent de faire. A cette
fin, ces agents sont à sa nomination et dans sa
dépendance; il décide de leur avancement et les
destitue s'il y a lieu.

Des deux modes d'action qui viennent d'être
définis, la loi et la bureaucratie, le second est
entièrement refusé aux gouvernements des États;
ils ne disposent que du premier. Mais du premier
sans le second, il leur est aussi facile d'abuser et
de mésuser que difficile d'user efficacement et
pour le bien.

Nous avons montré que le gouvernement d'État
se compose de chefs d'administration élus séparément pour des termes très courts par le peuple,
et responsables individuellement devant lui, tandis
qu'ils ne dépendent pas, si ce n'est par exception,
du gouverneur, leur président nominal, et qu'ils
ne sont pas solidaires les uns des autres. Par suite
ce gouvernement n'a pas l'homogénéité et la permanence qui sont la condition de l'unité de vue

et de la sûreté de main, et il ne justifie qu'imparfaitement le nom d' « exécutif » (au singulier) qu'on lui donne quelquefois. Ce n'est pas, en effet, un système un et bien lié de ressorts et de rouages : c'est plutôt une file de petits mécanismes juxtaposés qui ne s'articulent pas.

L'impression sera à peu près la même si l'on essaie de mesurer l'étendue et l'activité de la fonction exécutive d'après le nombre et la nature des organes chargés de s'en acquitter, j'entends par là les départements ministériels. On n'en compte pas, en général, plus de quatre au-dessous du président officiel de l'État, le gouverneur.

A commencer par le sommet, voici les prérogatives du gouverneur. Il remplit les fonctions, ou plutôt il a le titre honorifique de commandant en chef de la milice locale; il est le chef nominal de la police, et à ce titre, il est chargé de maintenir l'ordre dans les rues, de dissiper les attroupements; il prête main-forte à l'exécution des arrêts de justice; il soumet annuellement un rapport à la législature sur la situation de l'État; il convoque la Chambre en extra-session s'il y a lieu; il exerce le droit de grâce. Que si vous ajoutez le droit d'arrêter les lois qu'il juge mauvaises par un veto que peut d'ailleurs faire tomber un second vote des Chambres à la majorité des deux tiers ou des trois cinquièmes, vous aurez épuisé les attributions du personnage. C'est, on le voit, comme une sorte do roi constitutionnel très diminué, symbole de l'unité de l'État plutôt que représentant de sa puissance. Le plus souvent il joue le rôle d'un simple agent d'information. Exceptionnellement il agit comme un modérateur de l'intempérance législative; c'est le seul considérable de ses pouvoirs.

Mais d'aucune façon et à aucun degré il ne répond à l'idée que nous nous faisons ordinairement du chef de l'exécutif, à savoir, le président d'une grande administration fortement tenue en main par le droit de nomination aux emplois et le pouvoir réglementaire.

Rien de proprement exécutif non plus dans le secrétaire d'État. Ce titre décevant désigne tout simplement le personnage qui a la garde des documents publics, des originaux des lois, qui publie les statuts, et délivre les commissions de certains fonctionnaires : c'est tout. La Secrétairerie d'État n'est pas autre chose qu'une chancellerie gardienne du sceau de l'État et un dépôt des archives publiques.

Même observation pour le *state treasurer*; celui-ci n'est que le dépositaire des fonds de l'État, faisant fonction de payeur général; il n'opère de paiement que sur les mandats du *comptroller*, qui est l'ordonnateur en chef, surveille la perception, reçoit les cautions et apure les comptes des comptables de l'État, munit les agents locaux de for-

mules toutes préparées et d'instructions, fait droit
aux réclamations des contribuables.

Nous aurons parcouru toute la liste des ministres d'un État quand nous aurons nommé le surintendant de l'Instruction. Celui-ci puise un caractère
exécutif un peu plus marqué dans certaines de ses
prérogatives, comme celle de fixer les conditions
d'aptitude des maîtres, de déterminer les méthodes,
de faire inspecter les écoles *par des agents à lui.*
C'est la limite extrême de son ingérence. En fait,
c'est surtout un agent d'information et de publicité
chargé de renseigner le public sur l'état et le progrès du service et de mettre son expérience et ses
conseils à la disposition des instituteurs. Ceux-ci
et les directeurs locaux restent en fait maîtres
absolus dans leurs écoles.

L'esquisse qui précède prendra plus de signification et d'accent si nous essayons de suivre les
pouvoirs de l'État dans les localités et d'y observer
la nature et les organes de leur action sur les
différents services publics. Les deux faits domi-
nants à noter sont que les agents politiques et judiciaires de l'État ne constituent à aucun degré une
bureaucratie et que ses agents techniques ne forment pas un corps professionnel.

Le propre d'une bureaucratie d'État est :

1° Que tous les agents dépendent directement
ou indirectement du pouvoir central, et qu'ils
regardent vers lui seul pour leur nomination, leur

avancement, ou la conservation de leurs places.

2° Qu'ils forment une hiérarchie qui part des plus humbles et remonte par degrés jusqu'au chef de l'État.

3° Que le supérieur a le droit de commander à ses inférieurs, et la ressource de faire exécuter par une autre personne l'ordre auquel un inférieur n'aurait pas obéi.

4° Que les administrateurs ont un for privilégié, une juridiction à eux pour les actes qu'ils accomplissent dans l'exercice de leurs fonctions ou sur l'ordre de leurs chefs hiérarchiques.

Aucun de ces caractères ne se rencontre aux États-Unis. Parcourez les localités : le gouvernement n'y est représenté par aucun agent à sa nomination et dépendant de lui. A l'origine, soit le gouverneur seul, soit le gouverneur assisté de la législature, souvent la législature seule, nommait un certain nombre de fonctionnaires d'État au centre ou dans les localités, notamment les juges. Aujourd'hui, dans la majorité des États, tous les fonctionnaires proposés à un service, non pas seulement local, mais public, sont électifs, ils sont choisis par les habitants du district même où ils opèrent. Tels les juges, les attorneys du district, les administrateurs, secrétaires, et trésoriers du comté, les agents de police, les fonctionnaires techniques, par exemple les ingénieurs du cadastre, etc. Le gouvernement reçoit ses agents du peuple : le suffrage universel les commissionne pour un temps défini, et c'est à lui seul qu'ils se sentent effectivement tenus de rendre compte. Le pouvoir central a donc cessé d'être le supérieur administratif de ses agents[1] ; il les subit ; ils sont en position de le défier, d'en appeler contre lui à leur maître commun : le peuple, et par ce mot : le peuple, il faut entendre ici les habitants d'un district déterminé. Au fond ce sont moins des employés de l'État que des mandataires d'une fraction de l'État, qui n'ont à plaire qu'à leurs commettants, ne sont tenus d'obéir qu'à la loi et peuvent impunément commettre des fautes lourdes, des actes partiaux, ou même perpétuer dans toute une région un état d'anarchie et de désordre moral, pourvu qu'ils n'enfreignent pas expressément les dispositions d'un statut et que leurs électeurs les soutiennent de leur assentiment. L'exemple le plus caractéristique est celui du shériff. Le shériff est le représentant du gouverneur et l'unique dépositaire de l'autorité centrale exécutive dans le comté ; il prête main-forte aux arrêts de la justice. Ce n'est pas un agent municipal ou local, c'est proprement un

---

1. The inferior officers are chosen by the people of their districts and the governor is not their commanding officer nor do they look to him to prescribe their duties. They are the servants of the law and if they fail in their duties, the law prescribes the penalties, which the courts may enforce. (Judson S. London, 314.)

fonctionnaire de l'État[1]. Il est chargé de maintenir la paix publique dans le comté ; c'est à lui qu'il appartient, sur l'ordre du gouverneur ou spontanément en cas d'urgence, de dissoudre les réunions illégales, de réprimer les émeutes, d'arrêter et de mettre en prison les perturbateurs, etc. Cela n'a pas empêché que, dans la majorité des États, la nomination de ce fonctionnaire a été retirée au gouverneur : le shériff est élu au suffrage universel[2]. Tout au plus dans quelques États a-t-on réservé au gouverneur le droit de destitution. Que la multitude soit appelée à choisir directement les fonctionnaires chargés du rôle aisément suspect de répresseur, que de la passion populaire et de l'opinion irréfléchie émanent le mandat et l'autorité de ceux qui ont pour premier devoir de les braver et de les dominer, que chaque district soit maître, par l'inertie ou la résistance des agents élus par lui, de se soustraire à l'application des vues d'ensemble de l'autorité centrale, cela ne peut manquer d'avoir pour effet de supprimer presque entièrement la responsabilité de l'exécutif et d'énerver l'action qu'il exerce dans l'intérêt de l'État.

Même si des agents de l'État contreviennent

---

1. La Constitution de l'Alabama le compte même parmi les éléments constituants de l'Exécutif. (W. Wilson, *The State*, p. 523.)

2. Pareillement les *coroners* et les *attorneys* de district.

positivement à la loi, le gouvernement ne peut que la leur rappeler et n'a pas le moyen de les contraindre. Le texte de la loi est leur seul maître. Le gouvernement n'a qualité ni pour les destituer ni pour les suspendre[1]. Il ne peut faire à leur défaut l'acte qu'ils auraient négligé d'accomplir. Il est réduit à les citer devant la justice ordinaire, qui seule dispose contre eux de voies de contrainte. Qu'un percepteur tarde à s'acquitter, je suppose; que peut le *comptroller*? Il n'a d'autre ressource que de s'adresser à un juge élu localement et peut-être par le même district que l'agent financier. Le juge et l'inculpé représentent donc éventuellement les mêmes personnes; tous deux dépendent de l'opinion locale; tous deux sont, à ce titre, indépendants du gouvernement. Celui-ci presse à tout hasard le ressort qui met en mouvement l'action publique; il ne peut rien de plus. Que le ressort ne cède pas, que l'action publique ne s'engage pas, le pouvoir central reste au dépourvu. Autant dire que l'État n'est plus où est le nom de l'État. Chaque district est un petit État à lui seul, où la loi générale n'est observée que si l'esprit public et les intérêts locaux consentent à y déférer. Ce n'est pas là, on l'a très bien dit, de la décentralisation ni du *self-government*; c'est de la désintégration et, au sens étymologique du mot, de la *dislocation*.

1. Il y a des exceptions relativement peu nombreuses.

Considérons enfin — pour n'avoir rien négligé — le cas d'agences plus spéciales et en quelque mesure techniques (inspecteurs des bois, des laiteries, des peaux, etc.) qui sont destinées à assurer par des constatations, des visas et un contrôle parfois minutieux l'application d'une loi générale, une loi d'hygiène par exemple. A prendre les traits les plus ordinaires, ces agences sont constituées dans chaque localité *à la requête d'un certain nombre d'habitants* : c'est l'initiative locale, non l'initiative du gouvernement qui leur fournit leur raison d'exister. Les agents et les inspecteurs ne forment à aucun degré avec leurs pareils des autres districts de l'État un corps professionnel ou une hiérarchie, sous des chefs. Ce sont des employés temporaires, pris parmi les domiciliés et nommés soit par la population, soit plus souvent par les autorités du comté, de la ville ou du *township* : *commissioners, supervisors, trustees,* etc. — Ils n'ont pas de traitement fixe et sont rétribués en général pour chaque opération par ceux qui ont recours à leurs services. Ils ont parfois autorité *pour faire* des perquisitions et des enquêtes ; mais leurs pouvoirs ne vont pas plus loin ; ils n'ont pas eux-mêmes d'action contre les délinquants. Leur unique office est de faire rapport à l'autorité *locale* qui les a délégués, et c'est à celle-ci, non à l'autorité centrale, qu'il appartient de pro·oquer des mesures judiciaires coercitives. Enfin ils sont exposés eux-mêmes de la part des citoyens à des poursuites devant la justice ordinaire pouvant aboutir à des condamnations, en vue desquelles ils ont dû fournir caution à leur entrée en charge, et il n'est pas rare que la loi stipule contre eux, en cas de faute ou d'excès de pouvoir, une indemnité supérieure au dommage causé. Voilà des fonctionnaires, si l'on peut employer ce mot, qu'on semble avoir mis tout son art à désarmer, à isoler, à intimider, à rendre impropres à leur tâche, et l'on se demande par quelles voies mystérieuses ils peuvent procurer ou seconder l'application de la loi générale confiée à leur garde.

Il semble que ce soit là de la décomposition administrative et qu'il n'y ait pas d'apologie pour un tel régime. Il y en a une pourtant et décisive : c'est que généralement, à quelques notables exceptions près, la société politique s'en accommode sans trop se plaindre et que les fins de l'administration se trouvent atteintes, sans qu'il soit besoin d'un lien plus serré et de sanctions plus effectives. Il faut mettre à part quelques très grandes villes, où l'élément américain se trouve noyé dans une multitude exotique et sans mœurs, et quelques districts de l'Ouest peuplés d'aventuriers sans scrupules. Partout ailleurs, l'aisance générale, le sens pratique des Américains, le vieil instinct anglo-saxon qui les rend respectueux de tout

ordre légalement donné, font que les impôts rentrent sans trop de mécomptes et que le gouvernement est tolérablement obéi dans le petit nombre
de cas où la loi l'appelle à commander. Cette
observation devra nous être présente dans toute
la description qui va suivre. Autrement le tableau
paraîtrait trop sombre et ne répondrait pas à l'idée
qu'on doit se faire de cette société active, prospère et satisfaite.

Il était impossible qu'un gouvernement central,
si pauvrement représenté dans les localités par des
fonctionnaires dont il est si peu sûr, exerçât une
tutelle administrative bien étendue. On peut dire
assez exactement qu'il n'y a pas d'autre exemple
effectif de tutelle confiée à l'exécutif, dans la plupart des États, qu'un contrôle médiat ou immédiat
sur la répartition des impôts. Les *townships* font
eux-mêmes l'estimation des valeurs imposables
existant sur leur territoire et la répartition proportionnelle de l'impôt voté par eux pour leurs
besoins. Il y a, dans chaque comté, une commission de péréquation qui s'assure qu'aucun *township* n'a minoré son revenu pour diminuer sa part
dans les charges afférentes aux circonscriptions
supérieures. Une commission d'État recherche enfin
si les évaluations de chaque comté sont bien ce
qu'elles doivent être. C'est tout. Quant à la perception, c'est le *township* qui l'opère par un fonctionnaire à lui d'après un rôle où le *township*

lui-même, puis le comté, puis l'État ont inscrit à
la suite la somme dont ils ont respectivement
besoin. Tocqueville a déjà signalé ce contraste :
tandis qu'en France l'Etat prête son percepteur à
la commune, en Amérique c'est le *township* qui
prête son percepteur à l'État.

V

Cette tutelle administrative que l'exécutif n'exerce
pas et qu'il n'a jamais eu les moyens d'exercer,
il fallait bien qu'une autre autorité en recueillît
quelque partie et en remplît les devoirs les plus
indispensables. La législature a dès l'origine
assumé cette tâche, et n'a fait en cela que se conformer à la pratique anglaise immémoriale. Elle
n'a pas à cette fin d'autre instrument que la loi
sous ses deux formes : statuts généraux, actes
privés spéciaux ou locaux. Or les statuts généraux,
à cause du caractère compréhensif et de l'uniformité de leurs prescriptions, s'adaptent mal à l'extrême variété, à l'*individualité* des problèmes
administratifs à résoudre. Faute d'un homme
pour appliquer avec opportunité leurs dispositions
et pour suppléer avec tact à leur silence, le législateur est conduit à prodiguer dans le texte les
clauses préventives, et celles-ci ont beau être nombreuses, bien des cas leur échappent; en sorte

qu'elles rendent tout impossible, excepté le mal, qui sait toujours trouver sa voie. Les actes privés se prêtent mieux à la particularité de chaque cas, aussi les a-t-on multipliés sans limite. Que l'on feuillette les annuaires législatifs des États, on remarquera que les statuts généraux sont la minorité, et quelquefois même l'exception ; la législation locale forme de beaucoup la partie la plus considérable du volume. Et si l'on regarde de près ces actes locaux eux-mêmes, on reconnaîtra qu'ils correspondent exactement par leur matière à ce que nous connaissons en France sous le nom de règlements d'administration publique, arrêtés ou décisions ministérielles, arrêtés ou décisions de préfets ou de maires, délibérations de conseils généraux et municipaux, etc. Le véritable supérieur administratif des localités c'est, dans chaque État, l'ensemble des deux Chambres, et c'est à peine si cette double assemblée mérite son nom de législature, tant elle prend à cœur cette menue besogne exécutive et néglige, pour s'y livrer, l'élaboration des statuts généraux.

En somme, à en juger seulement d'après la masse des documents où s'imprime en passant la trace de l'impulsion et de la direction émanées du centre, il n'y a pas beaucoup moins de tutelle gouvernementale aux États-Unis qu'en France. On pourrait même être tenté de croire que la législature ressaisissant par les actes privés ce que nous avons vu perdre à l'Exécutif par le système de l'élection des fonctionnaires, l'empire de l'État sur toutes ses parties composantes se trouve par là restauré. Il n'en est rien. Tous ces actes privés sont, en effet, passés à distance par une assemblée où deux ou trois membres seulement connaissent les lieux et la question. Point de gouvernement responsable dans cette affaire, pas toujours de fonctionnaire déjà informé à qui l'on puisse demander un rapport d'enquête, rédigé sur place avec l'impartialité professionnelle. La loi est votée sur l'initiative de petites cliques de spéculateurs qui se transportent dans la ville où siège le parlement, louent les services des coulissiers parlementaires, engagent la question à l'insu des autorités intéressées, la poussent par tous les moyens et notamment par une corruption éhontée, emportent le vote et retournent munis de leur acte privé dans la localité qui ne les connaît pas, qui n'a rien su et se demande ce qu'ils viennent faire. On voit sans peine combien de monopoles abusifs, de charges sans compensation, d'excès de pouvoir et de spoliations, entraîne un pareil système.

Notons enfin une dernière cause d'infirmité et de désordre. La législature, qui par nature ne peut avoir aucun instrument direct de contrainte pour assurer l'observation des termes de la loi, n'a pas la ressource d'emprunter, comme en

France, les agences d'un ministère issu de sa majorité. Le gouvernement, lui non plus, n'a pas de pouvoir de coercition et d'ailleurs il n'a rien à voir avec la majorité parlementaire. Au pouvoir judiciaire seul il appartient de contraindre, dans chaque cas spécial et sur la plainte des particuliers lésés, les autorités locales qui résistent, ou se dérobent. Les autorités politiques centrales, si elles jugent à propos d'agir, ne le peuvent que par cette même voie étroite et détournée; elles n'ont pas de prise directe sur les délinquants. En résumé, le lien hiérarchique ne peut pas être imaginé plus lâche, la transmission de la volonté du centre aux extrémités plus lente, plus incertaine, plus gênée, plus rompue et plus malaisée à raccorder. Le gouvernement, sans bureaucratie et sans hiérarchie administrative, est comme un maître muet et manchot qui ne peut pas se servir lui-même et qu'assisteraient à leur loisir deux intendants très gauches et très empruntés : l'un, la législature qui ordonne tout en gros et ne surveille pas l'exécution, l'autre le judiciaire qui épuise chaque fois son énergie sur un cas particulier.

VI

Qu'a-t-on fait pour obvier à tant d'inconvénients? A-t-on compris que le meilleur moyen d'amender

les pratiques d'un tel gouvernement était de le fortifier, de le pourvoir de ses organes indispensables et de le rendre comptable de l'usage qu'il en
pourrait faire? S'est-on avisé qu'il fallait restaurer
les conditions de liberté d'action, d'efficacité, de
responsabilité de l'exécutif, en ramenant sous sa
dépendance les agences de l'administration locale?
Nullement. La législature faisait tout et le faisait
mal; on n'a vu de remède qu'à enchaîner, à
énerver encore davantage ce seul pouvoir actif,
sans s'apercevoir qu'il était malfaisant surtout par
faiblesse, et faible par inaptitude de nature aux
fonctions exécutives retombées à sa charge. L'opération a abouti à une nouvelle réduction du rôle
de l'État : « Soyons plutôt mal gouvernés, mais
soyons gouvernés », dit et doit dire le Français;
l'Américain peut dire et dit : « Soyons aussi peu
gouvernés que possible plutôt que de l'être mal. »

En Europe, on a eu le souci de laisser le législateur maître de légiférer sur toutes les affaires
publiques, afin que, dans l'extrême mobilité des
besoins et des intérêts, un état légal adapté à
chaque situation nouvelle puisse toujours être
élaboré sans retard. C'est pourquoi, ou la Constitution a été confondue dans la loi, comme en
Angleterre — et la conséquence est qu'aucune
matière n'est hors de la compétence du Parlement
— ou bien elle a été réduite à un très petit nombre
d'articles très généraux, tout le reste et même

certaines dispositions dites organiques demeurant
du domaine de la loi. En Amérique, on ne prévoit
point d'éventualité si exigeante; on se défie du
législateur et le législateur se défie de lui-même.
Qu'il soit limité dans sa compétence, qu'il se
heurte à des mesures prises une fois pour toutes,
lorsqu'il veut en prendre une selon l'occasion et
le besoin, cela ne constitue pas, ce semble, un
péril ni un dommage, tout au plus un inconvénient dont on ne veut voir que la contre-partie en
avantages et en garanties. Aussi, loin d'absorber
la Constitution dans la loi, à l'exemple des Anglais,
on a résorbé la loi en partie dans la Constitution.
Dans beaucoup d'Etats, des articles constitutionnels, de confection, partant de revision, longue et
difficile, pratiquement immuables, statuent sur des
matières d'ordre aussi évidemment législatif ou
même réglementaire que l'organisation et le contrôle des compagnies de chemins de fer (y compris
l'interdiction de délivrer des permis de circulation
gratuits à des législateurs), la procédure criminelle,
la durée des termes scolaires ou même le choix,
la publication et la fourniture, par le *state board*,
de livres d'étude officiels, les mêmes pour tout
l'État (Constitution de la Californie), etc. : toutes
ces questions de pratique ou de circonstance qui
prêtent à des solutions mobiles et graduées, ont
été traitées comme des questions de principe et
tranchées plutôt que résolues par une formule qui

ne peut plus être modifiée sans des efforts pro-
longés et pénibles. On a pour ainsi dire attaché le
bras du législateur, là où nous avons voulu qu'il
fût aussi à l'aise que possible et qu'il eût toute la
liberté de mouvement requise pour un travail
d'accommodation délicate.

Plusieurs législatures, sensibles à ces inconvénients, ont essayé de se faire une voie tout à côté,
mais en dehors de l'article constitutionnel, en sou-
mettant au vote populaire le principe d'une loi
ou en déclarant qu'une loi n'aurait effet qu'après
avoir été confirmée par le vote populaire. Cela eût
au moins laissé subsister la possibilité juridique
d'une revision expéditive. Mais cette procédure a
été généralement condamnée par le pouvoir judiciaire comme contraire à l'axiome que le mandat
législatif ne se délègue pas. On ne l'a admise qu'en
ce qui concerne les prescriptions limitées à un district local; on l'a rejetée en ce qui concerne la
législation générale, et c'est une des raisons pour
lesquelles des législatures continuent à procéder
par des amendements constitutionnels en des
matières où la voie législative est la seule conve-
nable.

En somme c'est au peuple, dans ses comices,
qu'est revenu en grande partie le rôle de législateur, tandis que la législature se réduisait sur son
propre domaine au pouvoir réglementaire et s'occupait d'autre part à empiéter sur l'autonomie

administrative des localités. Ainsi aucun pouvoir n'est chez lui à sa place et dans son rôle. Chacun fait autre chose que ce qu'il est apte à faire. On ne peut donc pas s'imaginer un gouvernement plus faible et plus entravé. Ajoutez ce fait d'expérience générale, que le peuple pris en masse est essentiellement conservateur : il l'est par incertitude, par manque de temps pour étudier, par incapacité de prévoir, par défiance naturelle à l'égard de l'inconnu. Les États se trouvent donc de ce chef sous le régime le plus anti-progressif qui puisse être imaginé.

Dans notre Europe occidentale, les Chambres et le ministère émané d'elles sont considérés comme les organes moteurs de toute la vie publique. Ils réalisent par la loi les progrès opportuns, ils pourvoient aux nécessités publiques et ont à cette fin l'initiative et le contrôle de toutes les dépenses. Pour que tous les crédits soient strictement appropriés aux besoins, pour qu'aucune réforme nécessaire, aucune application de fonds urgente ou utile n'ait à attendre, ce n'est pas trop qu'elles se réunissent tous les ans. En Amérique, les Chambres sont considérées comme un organe dont l'action continue n'est pas essentielle à la vie de l'État; on suspecte en elles des mandataires maintes fois convaincus de prodigalité et d'infidélité. On croit donc faire acte de sagesse en ne leur donnant pas chaque année le budget à voter, en ne laissant pas

renaître chaque année leur activité brouillonne et
dépensière, dût-il en résulter qu'un service important ou urgent demeure non pourvu, qu'un intérêt
capital reste en souffrance. Dans tous les États, sauf
cinq, les assemblées parlementaires n'ont de session que tous les deux ans.

En Europe, la longueur des sessions varie
avec le nombre et l'importance des affaires à
régler. Les ministres ou le parlement lui-même
restent juges du terme à fixer. Aux États-Unis,
les sessions sont ordinairement limitées, ici à
quarante, là à soixante ou cent jours ; ou bien,
pour que les députés soient intéressés à ne pas
les prolonger, la constitution fait cesser leur
indemnité au bout d'un certain nombre de
semaines, ou bien encore elle interdit de présenter quelque bill que ce soit après un tantième
jour de la session en cours. Si un grand intérêt
public, auquel on ne peut pourvoir que par une
loi ou un crédit, se révèle après ces délais expirés,
ou si l'idée de la meilleure mesure à prendre
s'éclaircit tardivement dans les esprits, il n'y a
plus de ressource, il faudra patienter. Une loi
faite au mépris de ces prescriptions constitutionnelles serait nulle et les tribunaux seraient dans
l'obligation de lui refuser force exécutoire.

La procédure, la rédaction du corps et de l'intitulé des bills avaient donné lieu à de graves
abus. On avait fait passer frauduleusement des lois

détestables à la faveur d'une rubrique menson-
gère; on les avait fait voter précipitamment par
une majorité qui les aurait repoussées si elle en
avait soupçonné le contenu. Pour rendre impossible le retour de pareils scandales, on a retiré
aux Chambres un article essentiel de leurs prérogatives : le droit de rédiger et de modifier elles-
mêmes leur règlement intérieur. On a fait en
grande partie de ce règlement le sujet de prescriptions constitutionnelles, en sorte que les actes
de la procédure parlementaire sont devenus des
formes substantielles de la loi, placées au même
titre que la Constitution elle-même sous la garde
des cours de justice. On voit sans peine la conséquence : les chances d'invalidité des statuts pour
inobservation de formalités sans importance[1] ont
été multipliées au' delà de toute mesure. Toute
loi, après avoir été promulguée, n'a encore qu'une
autorité incertaine, contestable, précaire ; pour un
iota qui manque, l'état de choses qu'on a voulu
réformer revit, et tout le travail législatif est à
recommencer. Cela s'applique même aux amendements constitutionnels. Un amendement relatif à
la prohibition de la vente des liqueurs fortes dans
l'Iowa, approuvé par deux législatures consécu-
tives, référé au peuple, voté régulièrement par

---

1. Par exemple, en Illinois, la consignation du nombre des
votes pour et contre sur le Journal de la Chambre.

lui, adopté à trente mille voix de majorité, promulgué par le gouverneur, était entré en vigueur.
Là-dessus la Cour suprême, saisie par une opposition, reconnaît qu'on a négligé de transcrire
l'amendement tout au long, comme l'ordonne la
Constitution, sur le journal de l'une des deux
Chambres de la première législature; l'amendement est déclaré nul et de nulle valeur.

Le mal est devenu si criant, que certaines
assemblées d'État, notamment celle du Colorado,
lasses d'élaborer des statuts que les juges décla-
raient inconstitutionnels pour omission des formalités requises ou pour emploi de termes incor-
rects, s'avisent de consulter d'avance les juges sur
les bills, s'efforçant ainsi de faire peser sur eux
une responsabilité qui de la forme s'étendrait au
fond, les associerait à l'œuvre de la législation
par un droit de contrôle préalable, analogue au
contrôle après coup du Sénat français sous l'Empire, et les lierait pour les jugements à venir. Les
juges paraissent peu disposés à accepter ce présent suspect. La loi rendue précaire comme à
plaisir, tous les pouvoirs confondus, voilà où a
conduit cet excès de formalisme.

Mais c'est surtout en matière financière que le
contraste s'accuse. En Europe, je l'ai montré, si
l'on s'inquiète de modérer les dépenses, on n'a
pas moins souci de faire en sorte qu'à aucune
dépense jugée utile ne fasse défaut un crédit

suffisant. En Amérique, cette partie positive de l'activité des Chambres est sacrifiée aux nécessités d'un régime préventif très varié selon les États, mais partout très sévère. Il n'y a pas lieu d'insister sur le fait que certaines constitutions défendent d'établir un impôt, si ce n'est en vertu d'une loi qui, après en avoir spécifié l'objet, y affectera exclusivement le produit de la perception. Il n'y a pas beaucoup plus à inférer du fait que, dans certains États, aucun emprunt ne peut être véritablement contracté sans que la loi fixe un délai de remboursement et ménage des ressources pour les paiements échelonnés. Qu'un État ne puisse voter des secours ou des prêts aux localités ravagées par un incendie, une distribution de semences à des fermiers dont la récolte a manqué, c'est déjà une limitation plus grave, d'autant plus que là où nous la rencontrons, elle résulte non d'une déclaration constitutionnelle revisable, mais de la jurisprudence des cours de justice, qui fondent cette prohibition sur l'essence même d'une législature, sur la conception abstraite du mandat législatif et de ses limites.

Les gouvernements d'État s'étaient faits entrepreneurs de travaux publics et avaient dissipé des sommes considérables. On leur défend donc expressément d'exécuter eux-mêmes des travaux d'amélioration intérieure ou même de s'y intéresser pécuniairement, si ce n'est dans la

limite des libéralités qu'ils peuvent avoir reçues
à cette fin, notamment du Congrès des États-
Unis (Constitution du Michigan de 1850). D'autre
part, on craint que la législature ne se laisse
corrompre par les grandes compagnies finan-
cières ; on interdit donc de leur octroyer par la
loi une subvention, un privilège ou un monopole ;
on interdit même, dans vingt-cinq États, de leur
accorder aucune charte spéciale, et la conséquence
est qu'elles sont libres de se constituer de leur
autorité privée, en observant seulement les prescriptions d'une loi générale ; or, cette loi a été
faite nécessairement très vague et très lâche
puisqu'elle doit s'adapter à toutes les variétés
d'entreprises, en sorte que « les promoteurs
d'un nouveau chemin de fer n'ont pas à fournir
de meilleures raisons pour l'établir et pour exercer
le droit régalien d'expropriation que la chance
d'amener une compagnie existante à les racheter,
ou — cette chance faisant défaut — l'alternative
d'une liquidation après faillite ». (*New-York
R. R. Commercial Report*, 1884).

Ici ou là, on interdit de taxer les biens au delà
d'un certain tant pour cent, d'emprunter au delà
d'une certaine somme, si ce n'est sur un vote
des deux tiers dans chaque Chambre ou sur ratification préalable de l'emprunt par plébiscite.
Enfin nombre de constitutions fixent à un chiffre
déterminé, presque toujours dérisoire, le montant

maximum que peut atteindre la dette. Aussi un certain nombre d'États n'ont-ils pas de dette publique (Illinois, Iowa, Wisconsin, Colorado, Kansas, etc.); ils n'en ont pas parce qu'il leur est très difficile d'en contracter une. C'est par les municipalités urbaines que se charge le crédit public; l'État, le *commonwealth*, ne concourt plus guère à grossir le fardeau. Mais on voit la conséquence : le gouvernement consciencieux d'un des nouveaux États qui constaterait la nécessité d'avances considérables pour des voies de communication à créer, des édifices publics à construire, des encouragements aux industries naissantes, ne pourrait pas le plus souvent réaliser les ressources indispensables, il serait arrêté court par les prohibitions constitutionnelles. En somme, des deux maximes qui règlent l'une l'économie d'un État, l'autre l'économie d'un père de famille : — étendre ses dépenses à la mesure de tous les services utiles — réduire ses besoins à la mesure de ses revenus annuels ordinaires, — les États américains ont nettement adopté la seconde; ils se sont mis eux-mêmes au régime parcimonieux d'un particulier.

Signalons enfin comme dernier frein le droit de veto de l'exécutif. Dans les États occidentaux de l'Europe, ce droit a cessé d'exister. La royauté anglaise l'a laissé s'éteindre par non usage. Les Constitutions françaises républicaines l'ont écarté

expressément. On a voulu que les représentants
de la nation, lorsque leur opinion est faite, ne
rencontrent ni obstacle ni sensible retard à ce
qu'ils estiment utile et opportun. Au contraire, en
Amérique, le droit de veto, dont il n'y avait
qu'un seul exemple à l'époque où fut votée la
Constitution fédérale est devenu la règle commune. Tous les États, sauf cinq, en investissent
leurs gouverneurs, et tandis qu'en Angleterre le
ministère considère comme une disgrâce de n'avoir
pu mener à terme un grand nombre de *bills*, et
sent en ce cas le besoin d'une apologie, en Amérique on voit tel de ces hauts fonctionnaires se
prévaloir, comme d'un titre à la réélection, du
nombre de *bills* que son opposition a empêché de
passer. Rien ne montre mieux de quel œil très
différent le Nouveau-Monde et l'Europe envisagent l'activité législative : en Europe elle paraît
une nécessité vitale, et en moyenne un bien; aux
États-Unis elle paraît un mal nécessaire dont il
faut limiter l'étendue. L'art le plus ingénieux a
été dépensé chez nous pour que l'État puisse faire
beaucoup de choses librement, vite et à propos;
en Amérique, pour que l'État en fasse peu, qu'il
soit lent, gêné, entravé dans ses mouvements.

VII

Nous en avons fini avec les gouvernements des États pris en eux-mêmes. Franchissons maintenant notre dernière étape et pénétrons dans la région du gouvernement local. Là est le véritable foyer de la vie publique; resserrée et gênée au niveau fédéral, languissante dans les États, elle se déploie à l'aise et s'anime dans les *townships*, les comtés et les villes. Essayons d'en mesurer l'intensité, d'en délimiter le domaine, d'en esquisser les organes et de marquer dans quelle mesure les gouvernements communaux et urbains réalisent à leur tour cette idée classique de l'État sous laquelle nous avons vu se dérober successivement le gouvernement national et les gouvernements provinciaux.

Considérons d'abord l'ensemble des autorités locales — moins les villes — et déterminons par une courbe à grand trait le champ que couvrent leurs attributions. Nous cherchions vainement tout à l'heure dans le domaine de l'administration fédérale, nous n'avons pas trouvé davantage dans celui des gouvernements d'États, un grand nombre de services auxquels les organisations politiques européennes assignent un caractère public et en partie national. Nous les retrouvons ici dans le

patrimoine administratif des *townships* ou des
comtés. Ce sont l'assistance publique, où l'État
n'intervient que par la création de certains établissements spéciaux; la justice criminelle et civile
inférieure, la police, qui est tout entière locale;
les prisons, l'hygiène publique, l'instruction primaire, les routes et les ponts, l'assiette et la perception des impôts, même de ceux de l'État, le
contrôle et l'apurement des comptes [1]. N'était
l'existence d'un pouvoir législatif supérieur, au
centre de l'État, on pourrait se représenter les
townships et les comtés comme de petites républiques complètes ou peu s'en faut; il est exact de
se les représenter comme le siège de presque
toute l'activité administrative, d'une activité très
étendue, très variée et à peu près autonome, en
vif contraste avec la langueur — par inanition et
chômage — de l'Exécutif dans chaque État.

Presque tous les actes d'autorité se résolvent
en une dépense, et l'échelle comparée des activités
administratives se réfléchit assez exactement dans
les budgets. En France, Paris mis à part, avec
quelques grandes villes provinciales qui sont
presque toutes anciennes et qui augmentent avec
lenteur, l'organisation administrative découpe

---

1. Je compare ici le *township* au *commonwealth*; je le com-
parerai un peu plus loin à la commune française, et l'on
pourra mesurer l'abîme qui sépare les deux pouvoirs sous
l'uniformité nominale des attributions.

36 000 communes d'une superficie moyenne de
1450 hectares, dont la moitié a moins de 500, et
à peu près les 3/4 moins de 1000 habitants. L'immense majorité sont des cellules imperceptibles
comparées au puissant corps de l'État. Toute la
chaleur et tout l'entrain sont dans ce corps et
affluent au centre; le reste végète et languit. L'intensité relative de la vie peut être mesurée d'après
les crédits consommés. L'ensemble des dépenses
effectuées par les communes et villes, moins
Paris, et par tous les départements (ceux-ci ne
formant ici qu'un appoint) ne pèse guère que d'un
sixième dans la charge totale supportée par la
nation. L'État absorbe les neuf dixièmes de l'excédent. Cela signifie que l'État fait presque tout et
a la main dans tout ce qu'il ne fait pas.

En Amérique, la commune normale, le *township*,
a quatre fois la superficie moyenne de la nôtre
dans des États qui, à une exception près, sont tous
beaucoup moins grands que la France. Là où elle
a moins d'étendue, comme en Nouvelle-Angleterre, elle est notablement plus peuplée : de 1200
à 2500 habitants en moyenne. Bien plus vaste
encore est le comté (ou la paroisse) qui, dans les
États du Sud, représente la division primaire,
parfois même l'unique subdivision de l'État. En
maint *township* longtemps délaissé et obscur, des
centres d'attraction se forment soudain, appellent
des capitaux attirent des hommes d'action, crois-

sent avec une rapidité vertigineuse. Une ville
sort de cette agitation et de ce tumulte. Ruches
bruyantes et affairées, aucune ne ressemble à tant
de nos vieilles cités bourgeoises, endormies dans
l'uniformité traînante des jours oisifs. Elles font
plutôt revivre devant le voyageur l'image tumul-
tueuse de la cité de Londres. C'est dans ces nombreux centres tant urbains que ruraux — Tocqueville l'a montré — que la vie abonde, une vie
impétueuse, simple et forte. Au contraire, la circulation est relativement ralentie au cœur, là où
est le siège de l'État; il arrive même que le sang
s'y appauvrit et s'y corrompt. Ici encore le parallèle budgétaire est significatif. Sait-on pour combien, en Connecticut par exemple, figurent dans
le budget du *commonwealth* les services du gouvernement central? Exactement un sixième; les
administrations locales ont le reste. Pour l'ensemble des Etats-Unis, les dépenses annuelles des
gouvernements d'États montent à 77 millions de
dollars, contre 233 millions environ, qui représentent les dépenses totalisées des *townships*, des
comtés et des villes. Les *townships* et les comtés
dépensent à eux seuls autant que les États; les
villes dépensent le double[1]. Ces proportions

1. Pareillement, tandis que les dettes des États tombaient,
en vingt ans, entre 1870 et 1890, de 353 à 132 millions de
dollars (à la vérité c'est en partie à cause de répudiations
avouées ou masquées), la dette locale totale (y compris les
townships et les districts d'école), montait d'un peu plus de

s'expliquent aisément, si l'on ne perd pas de vue
ce qui ne saurait être trop rappelé, que ni les
routes, ni les ponts, ni la justice locale, ni la
police, ni les prisons, ni l'hygiène publique, ni,
pour le gros de leurs dépenses, l'éducation et l'assistance, ne sont des charges pour le budget de
l'État. Ce sont des services locaux.

Étudions maintenant de plus près le *township*
considéré sous son ciel natal, dans son exemplaire
le plus ancien. La Nouvelle-Angleterre nous en
fournit le type. Nous nous trouvons ici en présence de ces deux faits en apparence contradic-
toires : une association politique très ancienne et
très vivace, un foyer ardent d'esprit public, un
cadre d'administration très compréhensif et très
plein, et toutes ces forces ne parvenant pas à
prendre corps dans une individualité juridique
certaine, définie, complète. La clef de ce paradoxe
est que précisément la législature a rencontré le
township déjà vivant d'une vie puissante et n'a
été soumise ni à la nécessité de le créer ni à la
tentation de le refaire. Le *township* était donné,
il se suffisait et prospérait dans sa forme incorrecte;
les hommes politiques ont estimé que le plus
sage était de n'y point toucher et de décliner
comme superflue ou incommode toute proposition

400 millions de dollars à plus de 800 millons en 1880. Elle
n'a pas sensiblement augmenté depuis, grâce aux freins constitutionnels qui ont été mis aux législatures.

de le remodeler sur un type abstrait. C'est ainsi que le *township* n'est pas devenu une corporation, c'est-à-dire une personne morale au sens plein du mot, mais seulement une quasi ou pseudo-corporation. Les habitants, par exemple, ne se fondent pas dans un être collectif qui prend leur place et les couvre dans les rapports de droit; chacun continue à être partie aux procès du *township* et responsable sur ses biens de la totalité des engagements que la communauté ne remplit pas; une ordonnance d'exécution peut être délivrée contre un quelconque d'entre eux, au choix de la personne ou de l'autorité lésée. C'est ce qui est arrivé maintes fois lorsque, la taxe d'État n'ayant pas été recouvrée et versée au fisc dans le délai régulier, et les mises en demeure adressées aux collecteurs et aux *selectmen* étant restées sans effet, le trésorier a cru devoir procéder contre le *township* : il a uniformément procédé contre l'un de ses habitants.

La signification déjà claire de cette anomalie se précise par la raison qu'on en donne dans un grand nombre d'arrêts judiciaires. C'est que, la corporation du *township* ne possédant pas une fortune collective, et les habitants ayant seuls le droit de se taxer, on n'a pas de prise sur eux s'ils refusent de payer ce qu'ils doivent. On voit ce que ce raisonnement implique : c'est que ni la législature ni la justice n'ont d'autorité, en droit commun,

pour imposer le *township*, et que ni l'une ni
l'autre ne se sont fait attribuer cette autorité par
voie constitutionnelle ou statutaire. Cela est vrai
tout au moins dans la Nouvelle-Angleterre. On a
été moins discret dans les nouveaux États : on
s'est muni de voies d'exécution efficaces contre les
localités. Là, en effet, le *township* n'existait pas,
et puisqu'on le créait de toutes pièces, autant
valait le doter d'une personnalité juridique.

Considérons maintenant l'organisation intérieure des services locaux dans le *township*. Pour
bien comprendre ce type d'administration locale,
il convient de le comparer au type correspondant
dans notre pays. Voici une commune française
moyenne; à la rigueur il faudrait la décrire telle
qu'elle était naguère encore sous le second Empire;
car les mœurs et les habitudes administratives formées sous le régime d'alors et sous les régimes
antérieurs subsistent encore. Même sous le régime
plus libéral de la loi de 1884, elle est soumise à
une étroite tutelle. Elle est administrée par un
conseil municipal élu, et celui-ci élit à son tour un
magistrat, le maire, qui dirige d'ensemble toute
l'administration locale et qui, à certains égards,
est un agent du pouvoir central. L'assemblée communale a quatre sessions ordinaires qu'elle tient
publiquement; enfin elle a aujourd'hui le pouvoir
général de statuer par des délibérations sur les
affaires de la commune, et elle possède dans une

limite restreinte le pouvoir de s'imposer et d'emprunter. Voilà tout ce que plus de quatre-vingts ans d'efforts lui ont apporté d'autonomie : et que de suspicions, que de précautions, quelle vigilante tutelle autour de cette maigre indépendance! Les dates et la durée maximum des réunions sont fixées par la loi. Au principe que les délibérations sont exécutoires par elles-mêmes, il est fait exception pour presque tous les actes d'administration de quelque conséquence, à commencer par les longs baux, les aliénations de propriétés communales, l'acceptation des dons et legs conditionnels, les traités avec les entrepreneurs de travaux publics, l'introduction d'actions en première instance et en appel, et à finir par le budget. Même les délibérations exécutoires par elles-mêmes doivent être communiquées à l'autorité supérieure et attendre un mois que le préfet décide s'il y fera ou non opposition [1]. Les arrêtés du maire sont également communiqués et sont soumis au même délai. Les formes de la comptabilité, le cadre et la composition du budget sont fixés. Nombre de dépenses sont obligatoires. Le préfet les inscrit d'office, si le conseil refuse ou a omis de les voter; d'office aussi il inscrit les centimes correspondants, s'il y a insuffisance de ressources. Il réduit pareillement les crédits jugés excessifs. L'État intervient pour

---

1. A la vérité, l'opposition ne peut, dans ce cas, être fondée que sur l'illégalité de la délibération.

fournir une partie des recettes. La perception est
faite, les comptes apurés par des fonctionnaires de
l'Etat. Ajoutez enfin que conseils et maires peuvent être suspendus, et les conseils cassés, les
maires révoqués par l'autorité supérieure, que
presque tous les fonctionnaires communaux sont
nommés ou agréés par elle. Enfin, aucun des services attribués à la commune n'est resté strictement communal. L'État y est presque toujours
intervenu, en 1884 et à d'autres dates, soit par
un contrôle qui fait remonter, s'il le veut, jusqu'à
lui et ses agents la décision finale, soit en prenant
totalement la charge et la direction d'un service
déterminé, — comme cela est arrivé pour l'instruction primaire, — soit en faisant passer en fait
dans les attributions du département un autre service — ainsi que cela s'est vu pour l'assistance
publique. Partout, même dans cette loi de 1884,
qui est pourtant une loi de liberté, on trouve le
nom des agents de l'autorité centrale et surtout
du préfet; partout on devine son regard, on sent
sa main, on entend sa voix. Notez que cette charte
de l'autonomie communale date d'hier et que beaucoup d'hommes considérables, fidèles aux idées de
Thiers, y voyaient la dissolution de l'État.

Quel abîme entre notre commune, même après
1884, et le *township* américain !

Figurons-nous, en effet, un *township* de la
Nouvelle-Angleterre, ou des États riverains des

grands lacs. Une fois au moins par an, en fait trois ou quatre fois, l'assemblée de tous les citoyens se réunit dans une salle de l'hôtel de ville ou à l'église, sinon en plein air. C'est le *Landsgemeinde* de certains Cantons suisses. Elle nomme les *select-men*[1], sorte de municipalité collective, le comité scolaire, et les chefs des services administratifs communaux. Elle procède ensuite à l'examen de toutes les affaires portées à son ordre du jour par les *selectmen*. Elle exerce, dans sa sphère, le pouvoir législatif. Voirie, police, hygiène, marchés, cimetières, etc., il n'est presque rien qu'elle ne règle à sa volonté par des ordonnances que nul pouvoir administratif n'a la mission de *reconsidérer*, ni le droit d'annuler ou de suspendre. Elle sanctionne ces ordonnances par des pénalités ; elle a qualité pour décréter la création d'une bibliothèque publique et pour en faire les fonds par une taxe spéciale, pour rendre la vaccination obligatoire sur le territoire du *township* (Michigan). Le *township* n'a pas proprement de budget préalable en forme ; ses votes financiers n'ont pas besoin d'être approuvés par une autorité supérieure ; ils sont exécutoires de plein droit. Une limite est généralement fixée aux impôts et aux emprunts ; elle l'est souvent par une loi, souvent aussi par la Constitution. On voit que

---

1. Ailleurs des *supervisors* ou des *trustees*.

dans ce dernier cas la législature se trouve évincée de son droit de tutelle. Dans les deux cas la sanction n'est pas administrative, mais simplement judiciaire, et ne peut pas avoir d'effet préventif. L'assemblée entend les rapports des magistrats élus et des différents comités, approuve leurs comptes, se fait dire les sommes qu'ils jugent nécessaires pour les dépenses de l'année suivante, vote des impôts en conséquence, les assied et les perçoit par ses propres agents, assigne spécialement à chaque service local (écoles, assistance publique, routes, ponts, les crédits estimés convenables, administre, loue, aliène les biens fonciers ou mobiliers de la commune, etc. Aucune tutelle ne la gêne ou ne la retarde dans l'exercice de ses pouvoirs. Rien qui ressemble ici à l'incessante activité du *Local government board* britannique, toujours occupé à inspecter, réglant les questions par des « ordres provisoires », apurant les comptes, désavouant les dépenses, déclarant les comptables en débet, les ordonnateurs responsables, etc., centralisant enfin toute l'administration locale.

Remarquons qu'il n'y a point de maire pour mettre un certain ensemble dans la marche des services communaux. Chaque service a son chef ou son comité directeur élu séparément, et sa besogne spéciale, dont il rend compte séparément à l'assemblée générale du *township*.

Dans la Nouvelle-Angleterre, le comté n'est rien qu'une circonscription judiciaire et de voirie ; il n'intervient que pour inscrire sur le rôle communal le montant de sa taxe particulière, comme le gouvernement y inscrit à son tour et à la suite la taxe d'État. Dans le Sud, la population étant dispersée et les habitations séparées les unes des autres par de grandes distances, le *township* n'a pas pu d'abord se constituer ; une circonscription plus vaste, le comté, en tient la place, et pourvoit avec la même autonomie aux services locaux. La seule différence est qu'il n'y a pas d'assemblée primaire — l'étendue considérable du comté ne s'y prêtait pas — et qu'il n'y a pas non plus de conseil élu, j'entends de corps représentatif ; et la conséquence est que les autorités du comté n'exercent pas le pouvoir législatif ; elles sont tout exécutives. Mais, souvent, il est suppléé à l'action de l'assemblée primaire et du conseil élu par la mise en mouvement du *referendum*. On soumet au vote des citoyens les réglements ou décisions extraordinaires qu'il paraît à propos d'édicter. C'est d'en bas, du peuple — entendez de chaque groupe de population locale — que l'on fait monter la ratification ; on ne la sollicite pas d'en haut, du gouvernement ; on ne paraît pas s'être avisé que le gouvernement a le dépôt des principes d'ordre social et la charge des intérêts communs à tout l'Etat.

Dans les États moyens, où le comté et le *township* existent concurremment, le premier exerce sur l'autre une sorte de tutelle rudimentaire qui consiste tout au plus à examiner les comptes des *townships*, à assurer la péréquation des évaluations qui servent de base à l'impôt, à autoriser les emprunts, à surveiller les écoles. Quant au gouvernement de l'État, ni au Sud, ni au Nord, ni au Centre, il ne paraît pour prévenir, réprimer ou suppléer; il n'y a d'exceptions que dans certains États de l'Ouest. Il n'est guère représenté dans les localités que par des agents qu'il ne nomme pas et qui recueillent pour lui des informations sur la marche des services; il livre ensuite ces documents à la publicité; son unique moyen de contrainte est de citer devant les tribunaux les agents ou les autorités locales qui lèsent un intérêt public, se dérobent par inertie à leurs devoirs essentiels, ou violent positivement la loi.

VIII

Tout autre est le principe d'organisation des villes. Ici l'État a toujours été le maître absolu; il a conscience de l'être encore. Les corporations urbaines lui doivent l'existence et n'ont de droits que par sa volonté. Mais, en Amérique, l'État est représenté — on l'a vu — non par un gouverne-

ment qui dispose d'une bureaucratie, mais par
une législature, c'est-à-dire par l'organe le moins
propre qu'il y ait à administrer : car elle n'a
d'autres lumières que quelques témoignages intéressés, d'autres moyens d'action qu'une feuille de
parchemin où ses commandements sont grossoyés,
d'autre force que celle qui lui est prêtée par les
tribunaux. Aussi semble-t-il qu'elle n'ait d'autre
art pour empêcher l'abus que d'interdire l'usage,
pour prévenir la tyrannie que d'énerver le pouvoir, pour assurer l'exécution normale des services que de les réglementer longuement, de loin,
et sur le papier. Le résultat est qu'il n'y a pas
d'autonomie de l'administration urbaine comme
il y en a une du *township* et qu'il n'y a pas non
plus de contrôle judicieux ni de tutelle efficace
de la part de l'État. La législature s'est réservé
une grosse partie de l'administration municipale;
elle intervient donc à tout propos, mais sans
informations suffisantes; elle ne suit pas, elle ne
peut pas suivre jusqu'au bout ce qu'elle se donne
mission d'accomplir. Elle n'aboutit qu'à rendre
impossible toute direction d'ensemble, et son
activité ne produit en fin de compte que du
désordre.

Un premier point à noter est que la structure
du gouvernement des grandes cités ne procède
pas des autres types de gouvernement local,
townships et comtés. Elle est calquée sur celle

du gouvernement de l'État. Ne retenons que l'exemplaire le plus général : un maire qui correspond au Président des États-Unis ; le plus souvent deux assemblées[1], qui correspondent au Sénat et à la Chambre des Représentants ; dans ces assemblées, des comités qui fonctionnent comme ceux du Congrès. C'est toute la complexité d'une machine politique, là où la simplicité expéditive d'un bon appareil administratif est la qualité requise. Le maire n'a que rarement à lui seul le choix des fonctionnaires municipaux. En général, pour la nomination à ces emplois il faut l'assentiment d'une ou des deux Chambres : le premier cas se rencontre à Boston, le second à Baltimore ; le reste est à l'élection par le peuple. Élus ou nommés, ils sont commissionnés pour un nombre d'années défini et ne peuvent être dépossédés que par une procédure d'*impeachment*. Il va de soi qu'ils se sentent très indépendants ; le maire n'est que nominalement le supérieur administratif des chefs de service ; ceux-ci n'ont guère affaire qu'aux Chambres pour leur budget spécial, ou plutôt, dans les Chambres, à des comités élus *ad hoc* où, dans le huis clos, l'intrigue et la collusion se mettent à l'aise. Chacun tire de son côté sans s'inquiéter des autres. Ici comme dans la région des pouvoirs politiques, tout est disposé

1. Il n'y en a qu'une à New-York.

de manière à morceler l'autorité, à l'opposer à elle-même, à l'empêcher d'agir; rien ne l'est pour mettre l'unité dans les vues, l'accord dans les volontés, pour rendre possible un plan général d'administration, facile l'exécution rapide et suivie d'un programme concerté, sérieuse la responsabilité des autorités devant l'opinion. Les deux Chambres ont de grandes chances de se contrecarrer; la prérogative la plus importante du magistrat municipal suprême est de frapper leurs ordonnances de *veto*; les comités parlementaires en correspondance avec chaque département d'administration urbaine prennent des décisions en dehors les uns des autres; ces départements opèrent chacun indépendamment de ses voisins — avec quelles chances de conflits, de gêne pour l'habitant, de double ou triple dépense... cela est aisé à comprendre. On a remarqué qu'à Philadelphie (Bryce, II, 289) il y a quatre autorités différentes ayant le droit de défoncer le sol d'une rue, sans que rien soit prévu pour qu'elles s'entendent, et pas une seule ayant le mandat précis de le remettre en état[1].

1. Dans son Message de 1882 le maire de New-York disait que « le maire et le *common council* qui sont tenus pour responsables devant le peuple pour la marche des affaires municipales, sont virtuellement sans aucun pouvoir sous le système anormal actuel, toutes les fonctions administratives importantes étant exercées soit directement, par des chefs de service sur lesquels on n'a aucune prise, soit indirectement par la législature d'État, au moyen de lois spéciales. » (*Americ. citizen manuel*, p. 184.)

Cette organisation lâche et décoordonnée a produit des maux extrêmes qui nous auraient trouvés bien moins patients que les Américains, et une réaction a fini par se dessiner. Le double remède le plus en faveur consiste, ce semble, à circonscrire les Chambres dans leur fonction législative et à donner au maire la libre nomination — avec droit de révocation — des principaux fonctionnaires municipaux. C'est ce qui a été adopté à Brooklyn [1], et l'exemple se recommande par des résultats assez satisfaisants.

1. Depuis que ces lignes sont écrites, une charte nouvelle embrassant New-York, Brooklyn et Long-Island a été votée par la législature de l'État : c'est ce qu'on appelle volontiers la charte du *Greater New-York*. Les détails de cette mesure n'ont d'intérêt que pour ceux qui sont appelés à la pratiquer. Elle conserve tous les éléments ordinaires d'une constitution municipale : les deux Chambres, le maire, les comités administratifs, et change plus ou moins les attributions dévolues à chacun d'eux. Le maire a la nomination à presque tous les emplois et un pouvoir de destitution limité aux six premiers mois de sa charge. Au-dessous de lui les dix-huit comités ou bureaux jouissent, pendant les trois ans et six mois durant lesquels le droit de révocation ne s'exerce plus, d'une indépendance presque absolue. Le caractère le plus essentiel de la nouvelle charte est d'avoir réduit presque à néant les pouvoirs des deux assemblées municipales. En matière budgétaire, elles ne peuvent voter aucun crédit en sus de ceux qui leur sont adressés par le comité municipal des dépenses; elles peuvent seulement supprimer certains articles de dépense, sans avoir le droit de disposer au profit d'autres services de l'économie ainsi faite. Ce qui est plus significatif encore, c'est la position qui leur est faite vis-à-vis du maire : lorsque celui-ci frappe de son veto un vote financier quelconque de la *general assembly*, cette opposition ne peut être levée que par un vote des cinq sixièmes de tous les membres élus. C'est une condition pratiquement

Considérons enfin le titre et la nature des attributions municipales.

L'esprit de la loi française de 1884 est que toute commune, urbaine ou rurale, peut tout faire excepté ce que la loi met hors de sa compétence. En d'autres termes, elle a les pouvoirs généraux d'administration, sauf les exceptions et les restrictions mentionnées au texte.

Aux États-Unis, une ville n'a que les pouvoirs mentionnés expressément dans la charte particulière que lui octroie la législature, ou dans les

irréalisable. Quels que soient les mérites et les défauts de cette charte, elle laisse subsister à côté des pouvoirs municipaux une autorité qui ôte tout intérêt aux efforts qu'on a faits pour prévenir le mal et assurer le bien : cette autorité est celle de la législature. J'en donnerai seulement deux exemples. L'acte qui créa le *Greater New-York* venait à peine d'être voté par les deux Chambres de l'État que, dans les derniers jours de mars, ces mêmes Chambres accueillirent très favorablement deux *bills*, l'un sur une suite de boulevards à créer dans la haute partie de la ville de New-York, l'autre sur un grand égout collecteur, qui autorisait deux commissions, dont plusieurs membres étaient nommés dans l'acte, à prendre la charge et la direction de ces travaux pendant un nombre indéfini d'années, à dépenser pour cet objet des sommes considérables, et à toucher pendant le même temps de larges émoluments. Un autre *bill* qui dessaisissait de même, au profit d'un groupe de politiciens, agissant comme commissaires, le *board of improvement* investi par la loi du *Greater New-York* de la surveillance et de la gestion de tous les travaux d'édilité publique, était pendant, à la même époque, devant le parlement d'Albany. Si les Chambres mêmes qui ont élaboré la loi y font dès le principe et sans aucune nécessité urgente de si notables dérogations — les sommes à dépenser montant à plus de 50 millions de dollars — que ne doit-on pas attendre des autres législatures, qui ne seront pas retenues par un amour propre d'auteur!

lois générales d'incorporation ; à quoi l'on ajoute
les pouvoirs implicites, c'est-à-dire ceux qui sont
jugés strictement nécessaires à l'exercice des premiers. « Tout doute raisonnable concernant
l'existence d'un pouvoir quelconque, est résolu
par les cours de justice *contre* les corporations :
le pouvoir leur est refusé. La charte ou le statut
en vertu duquel les corporations prennent naissance sont leurs lois organiques. Ni les corporations ni leurs agents ne peuvent accomplir aucun
acte, passer aucun contrat, prendre aucun engagement, non autorisés par le texte. Tous actes
sont nuls qui excèdent les pouvoirs octroyés [1]. »
Or les chartes, pas plus que les lois générales
d'incorporation, ne sont guère prodigues de pouvoirs à exercer par les municipalités [2]. Les législatures inclinent à retenir tous ceux qui ne sont
pas d'une nécessité absolue et quotidienne. Si les
municipalités désirent s'en prévaloir, elles ont à
les solliciter ; des compagnies privées peuvent les
solliciter comme elles, et l'octroi en est fait par un
acte spécial. La législature reste donc, pour un
très grand nombre d'affaires municipales, ce que
l'administration supérieure était chez nous sous
l'Empire. Le conseil municipal, ou des groupes

---

1. Judge Dillon.
2. Souvent les habitants des villes intéressées n'ont pas été
consultés, et leur assentiment préalable n'est pas en général
une condition requise pour l'entrée en vigueur de l'acte qui
les constitue en corporation. (Voir Dillon, p. 77.)

d'habitants, ou le représentant local à la législature lui soumettent en quelque sorte des vœux, et
c'est elle qu'on voit ordonner et réglementer jusqu'au détail des travaux pour la distribution des
eaux, pour le pavage de certaines rues, pour
l'éclairage au gaz, fixer les traitements de certains
fonctionnaires de la ville, etc. [1], lorsque ces services ne sont pas expressément dans les attributions du conseil, aux termes de la charte municipale. Il arrive même qu'elle accorde à des

---

1. Voir *American citizen manual*, p. 82. Le cas du *City
Hall building* de Pensylvanie vaut la peine d'être cité. En 1870
la législature passe un acte pour la construction de nouveaux
bâtiments destinés à des usages municipaux. Certaines personnes désignées nominativement dans l'acte étaient instituées
commissaires et chargées de pourvoir à l'érection des dits
bâtiments. Les contribuables restaient donc étrangers au choix
de la commission ; ils ne pouvaient ni la casser ni lui demander
des comptes. De plus elle était déclarée perpétuelle, en ce
sens qu'une vacance survenant, elle se recrutait elle-même
par cooptation. Ainsi organisée elle avait le droit de contracter
avec des entrepreneurs, sans l'assentiment de la municipalité,
et d'engager légalement la responsabilité pécuniaire de la ville.
Elle n'était tenue que de notifier à la municipalité chaque
1er décembre le montant du crédit requis pour l'année suivante, et la municipalité était tenue à son tour de faire les
fonds nécessaires au moyen d'une taxe spéciale. — L'acte était
tellement exorbitant qu'un amendement constitutionnel intervenu quatre ans plus tard enleva à la législature le droit de
déléguer à une commission spéciale le pouvoir de faire des améliorations d'un caractère municipal, de lever des impôts, etc.
L'amendement ne put néanmoins mettre à néant les contrats
passés par les commissaires au nom des pouvoirs qui leur
avaient été conférés par l'acte de 1870, en sorte que pendant
vingt ans tous les excédents du budget municipal furent
absorbés par la construction d'une énorme tour. (Voir Dillon,
p. 128.)

particuliers, à l'insu des autorités locales, des
concessions, des monopoles et un droit indirect
de taxation à l'égard de leurs concitoyens. Elle
autorisera, par exemple, une compagnie de chemin
de fer a occuper les rues d'une ville, sans indemnité au trésor municipal. Une clique financière
s'est transportée à la capitale parlementaire de
l'État. Elle a introduit un *bill* local, l'a soutenu et
l'a fait passer par tous les artifices du lobbyisme,
et la ville, aussi bien que ses représentants élus,
apprend sans préparation et par le premier coup
de pioche que tout un quartier va être bouleversé
pour l'établissement d'un réseau souterrain. La
législature a opéré ici comme un second conseil
municipal placé au loin et qui tranche les questions sans les connaître, sans connaître l'opinion
de la majorité des intéressés ou de leurs mandataires. Ce qui est plus grave, c'est que les concessions une fois faites prennent le caractère d'un
contrat, que la Constitution fédérale, interprétée
par la Cour suprême, interdit à la ville de résilier
par rachat forcé, à la législature elle-même de
modifier par des statuts postérieurs. Le résultat
final est que les autorités locales sont trop souvent tenues dans une impuissance relative, et que
les autorités d'État appelées à les suppléer dans
une large mesure exercent leur part de puissance aveuglément, d'une manière intermittente
et décousue, sans vue ni impulsion d'ensemble.

C'est encore de l'impuissance, car l'incohérence détruit les effets de l'action les uns par les autres.

A ces abus, on n'a trouvé qu'un remède, — qui nous paraîtrait pire que le mal, — le même qu'on avait appliqué aux gouvernements d'État. On a paralysé, raidi ou circonscrit à plaisir, soit directement l'action des autorités locales, soit l'action par laquelle les législatures rendent ces autorités aptes à remplir leur tâche. Par exemple, les abus de pouvoir commis par les législatures, à l'occasion de l'octroi des chartes municipales, avaient été si excessifs, qu'on a été conduit, en beaucoup d'États, à leur interdire de passer des *bills* spéciaux d'incorporation [1]. Les villes s'incorporent elles-mêmes, lorsqu'elles se trouvent dans les termes fixés par l'acte général d'incorporation. Ainsi toujours le même résultat : la législature dépossédée d'un de ses pouvoirs importants, une organisation banale, un moule tout fait substitué à des chartes qui auraient pu être comme un vêtement fait sur mesure et ajusté, si l'on n'avait pas craint d'être fraudé sur l'étoffe. Que le vêtement se trouve être trop court et demande à être allongé, j'entends par là qu'il y ait un intérêt évident à étendre la circonscription d'une ville,

---

1. Californie 1879. Minnesota 1857. Orégon 1857. Louisiane 1864. Nevada 1864. Missouri 1865.

Dans les autres États, la loi générale d'incorporation existe, mais sans préjudice du droit d'octroyer des chartes spéciales.

à modifier sa charte afin qu'elle ait le pouvoir de
faire des améliorations locales, à autoriser l'émis-
sion de bons pour un objet particulier, aucune
de ces mesures utiles, peut-être indispensables, et
qui s'imposent si nombreuses dans ces centres
en formation, ne pourra être prise ; la Constitution
même les interdit (Kansas, Ohio).

D'autre part la Constitution, non pas seulement la loi, restreint directement la capacité
financière des corporations municipales, en sorte
qu'elles ne peuvent pas pourvoir même à un
besoin démontré. Les Constitutions de l'Iowa, de
l'Illinois, de l'Indiana, de la Pensylvanie, décla-
rent illicite pour toute corporation municipale de
contracter une dette excédant 5,2 ou 7 p. 100 de
la valeur imposable des biens existant sur son
territoire, « même pour des choses nécessaires »,
ajoute la Constitution de l'Indiana ; « y compris
la dette existante », spécifie la Constitution de
l'Illinois. Les Constitutions de Californie et de
Michigan vont même jusqu'à interdire toute dette
contractée ou toute responsabilité pécuniaire
assumée en excédent sur le revenu de l'année,
sauf l'assentiment des 2/3 des électeurs saisis spécialement de la question. Ce n'est pas moins que
la prohibition ou la mise en referendum de tout
contrat à longue échéance, puisque les engagements totalisés de plusieurs années peuvent alors
dépasser de beaucoup le revenu d'une seule année.

Des précautions du même genre ont été prises du reste contre la prodigalité des autres autorités locales, comtés, *townships*, comités scolaires. La Constitution de New-York de 1885 leur interdit de prêter leur crédit ou d'octroyer des subventions à aucune entreprise privée ou de s'y associer par une participation. La Constitution du Colorado défend d'emprunter en une année une somme excédant 1/5 pour mille dans les comtés à gros revenu, 3 pour mille dans les comtés à revenu moindre; elle fixe au double de ces deux tant pour mille le maximum de la dette totale du comté, à moins que la majorité des contribuables, consultés à l'époque de l'élection générale, n'ait été d'avis de dépasser cette limite. A cette condition les deux taux ci-dessus peuvent être encore une fois doublés. Un district d'école ne peut contracter aucune dette sans l'approbation de la majorité des électeurs ayant payé la taxe scolaire au cours de l'année précédente.

Résumons-nous. — Du haut en bas de l'échelle, jamais on n'a d'une main plus lourde enchaîné les pouvoirs publics sans s'inquiéter si, avec la faculté de mal faire on ne leur ôtait pas la faculté de faire. On les a traités comme si leur fonction était surérogatoire et que la société pût se passer de leurs services ou y suppléer par ses propres forces. Presque nulle part ne paraît la préoccupation de ménager dans l'État et ses agences le puissant instrument de progrès que nous aimons à y voir. L'Amérique n'en sentait pas — probablement parce qu'elle n'en avait pas — le besoin.

J'ai exposé, avec toute l'exactitude dont j'étais capable, la structure et le jeu des organes de l'Etat en Amérique. Je tiens, en finissant, à prévenir une méprise. Le tableau que j'ai tracé ne doit pas paraître aimable, et l'on y cherchera peut-être une arrière-pensée de satire. Rien n'est plus éloigné de mes intentions et de mes conclusions. Si le lecteur gardait de cette analyse l'impression d'une désorganisation précoce, s'il en tirait des raisons de mettre en doute les brillantes destinées des États-Unis, ou que le contraste avec nos institutions si bien ordonnées lui inspirât un sentiment de supériorité dédaigneuse, c'est que je n'aurais pas su me faire comprendre. Le penseur clair-voyant ne juge pas les institutions politiques d'un pays en les rapportant à un type de perfection, non plus qu'à un modèle uniforme. Elles valent à ses yeux par leur degré d'adaptation aux mœurs et aux besoins de la nation qui se les est données. Il ne leur fait grief que de ce qui excède la mesure ordinaire de l'imperfection humaine; il passe légèrement sur leurs défauts, lorsque le peuple n'en souffre pas dans ses intérêts essentiels; il les porte même à leur crédit lorsque les qualités développées dans la nation par ces défauts la rendent plus apte à atteindre la fin spéciale, à réaliser le souverain bien que les circonstances lui assignent. L'organisation de l'État américain ne serait pas tolérée un instant en France et par des Français. Une population stable et dense, qui n'a pas de déversoir pour son trop-plein, et où tous les capitaux sont appropriés et en mains est naturellement plus sensible à l'intérêt de conserver qu'à celui d'acquérir; elle estime très haut le prix de l'ordre et les avantages d'une bonne police. Environnés de tout temps de puissances militaires menaçantes, nous devons à une forte organisation de l'État la formation même de la patrie, tout ce qui fait notre orgueil dans le passé; nous en attendons la sécurité dans le présent et l'avenir. Nous sommes donc prédisposés héréditairement à considérer comme naturelle et souhaitable l'existence d'un État bien armé, ayant l'œil et la main partout et jouant en toute occurrence le premier personnage. Si nous avons quelque chose à redouter, c'est que cette tendance ne s'exagère et ne nous rende trop sensibles à l'inconvénient de désordres apparents ou transitoires qui sont la condition et la préparation d'un ordre supérieur et plus vivant. C'est exactement l'inverse en Amérique.

Population en grande partie éparse, à l'aise et toujours mouvante sur un immense territoire, débordée pour ainsi dire par des capitaux qui s'offrent à l'infini, exemptée de prévoir l'éventualité d'un grand effort national contre l'étranger, les Américains du Nord n'ont jamais conçu l'activité de l'État comme essentielle à leur sécurité ou à leur prospérité. L'activité de l'individu suffit à la tâche. La rapidité et l'aisance des mouvements, le libre et large foisonnement des initiatives, voilà ce que cette société doit avant tout se ménager pour atteindre ses fins; l'ordre lui plaît moins que la vie, la production l'intéresse plus que la possession, la conservation la passionne moins que le jeu. Cela implique qu'elle n'a pas et ne sent pas le besoin d'être énergiquement gouvernée et qu'elle s'accommode au contraire de l'être mollement et incomplètement. Si le gouvernement s'acquitte mal même de ses fonctions très réduites, elle ne croit rien compromettre en les réduisant encore davantage, en le désarticulant, en désembrayant pour ainsi dire la machine. Si, par cette inertie d'un organe que nous sommes habitués à considérer comme le moteur nécessaire de l'activité nationale, elle se trouve frustrée de certains biens que nous estimons de grand prix, elle calcule que le déficit du compte « État » sera largement compensé, au compte « individu » par le surplus d'énergie aventureuse et d'invention féconde que produit l'absence de tutelle. C'est là que l'observateur doit chercher le principe d'une juste appréciation des institutions politiques américaines. Il est naturel que, les transportant et les appliquant en France

par imagination et hypothèse, nous contemplions
ce chaos avec un sentiment de malaise profond et
même avec une répugnance invincible. Mais, il faut
le reconnaître, elles ne causent à la majorité des
Américains, et avec grande raison, que l'impression d'un mal anodin et largement racheté, dont la
confession n'embarrasse et n'intimide en rien leur
immense orgueil national.

Que si l'on cherche à déterminer le champ où
se déploie ce qu'il y a d'activité collective en Amérique, il paraîtra que ce champ n'est pas l'État
fédéral ou l'État particulier, mais plutôt la circonscription locale, *township*, comté ou ville ; et
l'association spéciale, notamment les partis politiques, les corporations ou les unions professionnelles. Là l'Américain (non pas toujours, mais
quand il juge que cela en vaut la peine) se retrouve
le ζῶον πολιτικόν qu'il est par tradition ethnique,
le citoyen respectueux de la légalité, sinon du
droit, et il continue à se montrer en même temps
le spéculateur optimiste que j'ai essayé de définir,
l'homme d'affaires plus préoccupé de gagner que
d'épargner, le commerçant à longues vues, prompt
à passer ses mécomptes par profits et pertes, le
joueur rendu patient par la traversée heureusement répétée des mauvaises chances, indifférent
à la propreté et à la bonne tenue du tripot où il
court après la fortune.

Pour ce type d'homme et de société les institu-

tions politiques que nous avons décrites sont probablement les meilleures qu'ils fussent en position
de se donner. Nos institutions, que nous sommes
enclins à estimer si supérieures, paraîtraient sans
doute aux Américains, au moins pour le présent,
aussi intolérables qu'à nous les leurs. Elles les
gêneraient comme un habit trop ajusté pendant
un violent travail musculaire. En politique, rien
n'est recommandable dans un sens absolu, rien
n'est condamnable et critiquable que relativement.

Quoiqu'il en soit, nous sommes ramené, en
finissant, à cette conclusion qu'entre l'organisation
constitutionnelle et administrative des États-Unis
et la nôtre, il y a non seulement une différence de
degré, mais une différence de genre qui rend les
emprunts de l'une à l'autre aussi déplacés et l'imitation aussi stérile que les croisements qu'un éle-
veur ignorant tenterait entre deux espèces animales éloignées. L'expérience est ici comme un
témoin qui n'aurait rien de logique et de concluant
à dire ; les conditions ambiantes dissemblables
sont en trop grand nombre pour se prêter à une éli-
mination qui laisse transparaître une loi commune,
ou du moins les comparaisons, qui pourraient être
décisives entre des milieux plus rapprochés, donnent ici des résultats qui ont besoin d'être longue-
guement revus, rectifiés, transposés avant qu'on
en tire une leçon ou un conseil pratique adressé
à l'ancien monde.

CHAPITRE VI

LA RELIGION ET L'IDÉAL

I

Je lisais dernièrement un ouvrage très considérable sur les États-Unis[1], où il est parlé longuement de toutes les communions chrétiennes, et avec partialité du catholicisme. L'auteur est visiblement convaincu que toute religion procède directement d'une grâce divine ou d'une erreur humaine; il traite toutes les croyances comme des faits irréductibles, qui n'ont derrière eux que la bonté paternelle de la Providence ou l'intelligence faillible de l'homme. Il ne leur cherche point d'autre cause et ne se permet de les étudier que dans leurs effets. Il les étudie pour les louer ou pour les maudire. Il y voit les sources premières de tout le bien et de tout le mal

1. Claudio Jannet, *Les États-Unis contemporains.*

qui se rencontrent aux États-Unis. Il estime que
le mal vient en grande partie du protestantisme,
et que le catholicisme est l'unique et sûr remède.

J'avoue que j'ai une sympathie plus égale
pour toutes les communions chrétiennes et
même pour toutes les formes du sentiment
religieux, et j'en conçois tout autrement l'étude
sérieuse et scientifique. Cette analyse ainsi
réduite, cette recherche écourtée des causes, cette
explication simplifiée, cette clef qu'on nous met
dans la main, en quelque sorte, et qui ouvre
toutes les portes, et enfin cette panacée toute
prête, cette guérison promise m'ont causé quelque impatience. Et je me suis trouvé engagé, un
peu prématurément sans doute, à exprimer
quelques idées générales sur les voies que doit
suivre le penseur laïque pour approcher et
aborder ce grand sujet de la religion aux États-
Unis. Je dis à dessein : le penseur laïque; à
dessein aussi : approcher et aborder. Je réclame
le droit de considérer les religions comme des
phénomènes intellectuels et moraux que la
Providence produit, je le veux, mais qu'elle
produit par des causes et suivant des lois naturelles qu'il ne nous est pas refusé de connaître.
J'ajoute qu'il ne s'agit ici que d'une rapide
reconnaissance. Je ne prétends même pas pousser
jusqu'au point où la séparation s'établit entre les
différentes dénominations chrétiennes; c'est une

seconde étape où je n'entrerai point. Avant d'en arriver là, je rencontre la conception de l'au-delà, la vision du divin, principe commun de toute foi religieuse, et je m'y arrête. Les États-Unis, en cela comme en tout, présentent des conditions très exceptionnelles; les expériences faites en Europe ne sont pas concluantes dans ce monde nouveau et à part. Il y a donc lieu de s'enquérir comment, et avec quelles vicissitudes, la plus noble des effervescences spirituelles a pu s'y produire.

C'est un spectacle émouvant que celui des âmes avides de croire s'enflant en vagues incertaines, qui se soulèvent au hasard vers tous les points du firmament. Il y a des sectaires qui ne les admirent point si elles ne tendent vers l'étoile unique dont ils ont fait leur patrie céleste. — C'est une opinion correcte de croire au gouvernement paternel du monde. Il y a des hommes qui se le représentent à ce point direct et arbitraire que la simple explication que voici clôt leur enquête et les contente : « Ce peuple est chrétien parce que Dieu lui a fait la grâce de voir juste; il est catholique — d'autres disent il est presbytérien — parce que Dieu lui a fait la grâce de voir plus juste. » Ni les uns ni les autres n'ont rien à tirer des remarques qui vont suivre. Elles s'adressent à des consciences moins sûres de leurs voies étroites, à des esprits plus curieux et moins aisément satisfaits.

L'évolution morale, sociale et religieuse aux États-Unis se divise naturellement en trois, ou au moins en deux périodes. La première s'arrête à la Révolution, la seconde se prolonge jusque vers le milieu du xixe siècle. Nous ne nous risquerons guère à dépasser cette date, si ce n'est par quelques échappées. Nous avons sur la seconde période et sur celle qui la précède des documents nombreux, authentiques, bien ordonnés et d'un sens précis. Depuis la première occupation jusqu'à la guerre d'Indépendance, le développement moral et social s'est fait uniformément et sans secousse. Les effets perturbateurs de la Révolution de 1776 ont mis ensuite quelque temps à se dégager. A la condition de ne pas dépasser beaucoup 1800, nous pouvons donc saisir la figure de l'Américain telle que la période coloniale la livre à la période nationale, solidement assise dans son type biséculaire. Après 1800, et surtout après 1846, d'énormes changements survenus dans les choses retentissent sur les hommes par des effets qui sont encore en cours d'expansion et dont une partie nous est même aujourd'hui cachée. C'est l'achat de la Louisiane en 1803, l'acquisition successive du continent dans toute sa largeur, le mouvement imprimé à la colonisation par ce vide qui l'attire, la navigation transatlantique à vapeur en 1838 et le développement consécutif de l'immigration, les chemins de fer et les voies transcontinentales, la découverte des mines d'or et d'argent — enfin, la guerre de Sécession.

Tous ces changements se produisant coup sur coup ont engendré des courants difficiles à suivre, des pressions malaisées à mesurer, et, en somme, une sorte de chaos moral où la direction future de l'âme religieuse ne paraît plus distinctement. Dieu seul y pourrait reconnaître les siens. Il n'en est que plus important de fixer, au seuil de cette période troublée, le type profondément accusé qui s'était formé lentement au cours des xviie et xviiie siècles. Il avait eu le temps d'acquérir assez de consistance et de ténacité pour se survivre, quoi qu'il arrive, par ses traits les plus essentiels et pour entrer en partie dans la physionomie de la société à venir.

Cette analyse aura sans doute beaucoup moins à tirer de l'histoire du catholicisme que de celles des différentes sectes protestantes. Le catholicisme est surtout la religion des Irlandais et des Franco-Canadiens, qui l'apportent avec eux et la gardent fidèlement. Il paraît s'accroître juste dans la mesure de leur immigration[1]. Longtemps persécuté, il est resté à peu près étranger

---

1. *Le Correspondant* du 10 avril 1890, témoin non suspect, reconnaît que, par les conversions, le catholicisme n'augmente pas, il diminue. M. Bodley, l'un des admirateurs les plus décidés de l'œuvre accomplie par l'Église romaine aux États-Unis, montre que, de 1840 à 1850, le catholicisme a dû perdre environ un million de fidèles par l'apostasie.

à tout le premier développement, plus que
séculaire, qui a donné le ton et le pli aux populations de l'Amérique du Nord. Il n'a presque
rien à voir avec les groupes de *settlers* qui ont
occupé graduellement et qui achèvent de
conquérir les solitudes de l'Ouest. C'est un culte
de long passé et de forte assiette, mais relativement récent en Amérique, presque entièrement
importé, aux trois quarts urbain, pratiqué par une
population agglomérée, où l'opinion, la coutume
et le décorum atténuent ou masquent les manifestations de la foi personnelle. Le catholicisme,
précisément parce qu'il est un et immuable
en son fond, ne nous instruit guère que sur *lui-
même.* Il nous donne les preuves les plus extraordinaires de cette flexibilité extérieure que Macaulay
lui avait reconnue, de sa capacité d'adaptation
rapide aux milieux sociaux et politiques les plus
différents. Antique établissement compté parmi
les puissances terrestres, appelé et exercé au
gouvernement des hommes, il possède de longue
main le sentiment de l'opportun, de l'expédient
et du possible. Mais, religion de tradition,
d'autorité, de culte extérieur, il ne nous éclaire
pas profondément sur la vie intérieure des âmes;
il ne nous apprend guère sur l'évolution morale
des masses que ce qui est impliqué par le simple
fait de son existence et de ses progrès ou de ses
pertes. Il est un peu comme une admirable

langue savante, ou plutôt comme le style arrêté
d'une période classique ; le mouvement d'idées
et de passions contemporain ne peut pas y
imprimer de traces bien visibles. Le protestantisme est divers, multiple et changeant ; c'est une
grave infériorité dogmatique. Il y gagne toutefois
d'être un indicateur très sensible de l'esprit
public. Ses sectes, en formation et en déformation
perpétuelle, ressemblent, non pas à une langue
classique, mais, les unes, à des patois vivaces,
qui s'acheminent lentement vers la dignité
littéraire, d'autres, à des dialectes obscurs et
qui demeurent tout locaux, d'autres, à des argots
tout artificiels, les derniers destinés à se désagréger rapidement, ceux-là, au contraire, à
prendre corps par la croissance même de l'âme
et de l'esprit modernes, qui s'y peignent sous
leurs aspects divers et comme en leurs âges
successifs. On y saisit en plein ce travail d'assimilation et de désassimilation qui est la vie. Je
n'en retiendrai d'ailleurs, selon mon propos, que
ce qui peut servir à éclairer quelques vues
très générales sur le sujet.

II

Le premier point à bien dégager, c'est que la
religion ne doit pas être considérée seule. Elle ne
fait qu'un, en un sens, avec quatre autres dépar-

tements de l'ordre spéculatif : la philosophie, la science, la poésie et l'art, dont l'objet commun est l'absolu. On peut les comparer à plusieurs rameaux divergents, qui sortiraient de boutures distinctes, entées sur le même tronc et nourries de la même sève. Cette sève peut être abondante ou rare et la frondaison de toutes les branches s'en ressentir. Lorsque toutes, ou au moins le plus grand nombre, ont leur pleine croissance, la circulation commune crée entre elles un air de famille, et le port et la floraison de chacune s'enrichissent de caractères empruntés à ses voisines. Si l'une d'elles ou plusieurs s'étiolent, les sucs nourriciers refluent en partie vers les autres et les font d'autant plus grossir et s'étendre. Mais, en ce cas, l'arbre souffre et la végétation perd en coloration et en élan ce qu'elle a pu gagner en ampleur pâle et retombante. Aux États-Unis s'est rencontré ce cas singulier, que toutes ont subi un arrêt de croissance, la religion exceptée, et que celle-ci a fourni un développement immense en largeur et en surface, mais terre à terre et sans essor.

Pour juger sainement et rapporter à leur vraie cause les caractères de la conception américaine de l'au-delà, sous ses différentes formes, il faut d'abord considérer les instruments, c'est-à-dire les hommes fournis pour l'élaborer ou la recevoir.

Leurs origines ethniques, les circonstances de

leur premier établissement ne doivent pas être
négligées. Ce sont des faits de grande conséquence.
Les colons, surtout au commencement, appartenaient presque tous à l'active et laborieuse race
anglo-saxonne. Les plus anciens, ceux qui ont
les premiers donné le ton, étaient des gens qui
avaient pu avoir des raisons différentes pour quitter
leur pays natal, mais qui tous avaient eu l'énergie
nécessaire pour le quitter et se jeter dans l'inconnu. Produits d'une sélection douloureuse, qui
avait d'abord éliminé les faibles et les indécis, ils
faisaient presque tous partie de communions chrétiennes persécutées. Pour le plus grand nombre,
le motif de l'expatriation avait été de se soustraire
à des vexations odieuses, pour beaucoup de sauver
leur âme, pour quelques-uns — but plus positif et
aspiration plus haute — de fonder et de propager,
dans l'immensité du continent nouveau, une
Église et une société selon la parole de Dieu.
Leur foi était pour eux comme un trésor disputé
qu'ils s'étaient vus tout près de perdre; ils y
tenaient d'autant plus qu'ils avaient plus sacrifié
pour le conserver. Ils la concevaient comme la
patrie idéale d'où ils n'avaient pas voulu se laisser
bannir. Elle leur faisait un sol natal, une terre
des aïeux, de ces solitudes nouvelles à leurs yeux
et à tous leurs sens. Quoi d'étonnant que la conception religieuse ait occupé tout l'horizon de
leur esprit, à ce point qu'elle a mis sa marque

sur toutes les parties de leur première organisation politique et que la société des citoyens ne
s'est pas distinguée d'abord de la communauté
des fidèles? En somme, les immigrants du
xviiᵉ siècle étaient, dans toute la force des deux
termes, des hommes d'action et des hommes de
foi. L'aventurier et le dévot se rencontrèrent
ainsi et mélangèrent leurs qualités spécifiques dans
un type fortement trempé qui se transmit en se
multipliant aux sociétés politiques issues des premiers colons.

Voilà les qualités les plus générales; essayons
de distinguer les variétés qui se dessinent sur ce
fond.

Les hommes de la période coloniale peuvent
être ramenés à plusieurs types différents par l'origine, le genre de vie, les idées maîtresses et le
degré de culture. Le plus considérable, celui qui
a le plus contribué à donner le ton, est celui qui
caractérise encore aujourd'hui toute la région du
Nord-Est, la Nouvelle-Angleterre et ses dépendances. Ici les qualités de l'homme d'action et de
l'homme de foi se développèrent avec force par la
lutte quotidienne contre un climat inclément [1] et
un sol ingrat. L'hiver, la terre était couverte de
plusieurs pieds de neige; l'été, elle ne produisait

---

1. Le froid et le chaud sont et surtout étaient excessifs. C'est,
dit Nichols, parlant du New-Hampshire, une combinaison de
Madras et de la Nouvelle-Zemble.

guère que des céréales. Gagner rudement sa sub-
sistance, adorer librement son Dieu, ces deux
désirs remplissaient en entier les âmes et les vies.
Presque tous les colons s'étaient faits agricul-
teurs[1]; ils étaient propriétaires de leurs exploitations, généralement peu étendues[2], et ils y travail-
laient de leurs mains avec leurs fils. Point
d'esclaves. Les instruments aratoires étaient des
plus simples : la faucille suppléait à la faux absente.
Du blé, les bois de leurs forêts, étaient leurs
seules matières d'échange; cela ne suffisait pas
pour les enrichir. Les hommes pressés de gagner
faisaient la traite des nègres pour le Sud ou la
contrebande avec les îles, seuls commerces de
transport lucratifs. L'industrie n'existait pas. A la
fin du XVIIIe siècle, il y avait une extrême disette
de monnaie; elle était tout entière étrangère et
le titre en était différent d'une colonie à l'autre.
Cela marque bien l'état de barbarie économique.
Aussi, point de grandes fortunes; le fait, attesté
maintes fois pendant la période coloniale, sera
signalé de nouveau jusque vers 1840[3]. On se figure

1. En 1797, ceux-ci étaient aux autres professions comme
100 est à 11.
2. Le partage égal *ab intestat*, secondé par les mœurs, pré-
venait la concentration des propriétés. Il y a exception pour
Rhode-Island.
3. Burke, qui connaissait admirablement la vie américaine,
doutait qu'il y eût deux personnes, soit en Connecticut, soit
en Massachusetts, en état de dépenser 1 000 livres par an hors
de leur résidence. — Vers 1820, dans le New-Hampshire, un

aisément le genre de vie de ces petits fermiers
propriétaires, leur journée de dur labeur, récom-
pensée par un bien être que leur eussent envié les
paysans de l'Europe, les longues et monotones
veillées d'hiver dans leurs maisons coupées l'une
de l'autre par la neige. La lecture occupait en
partie ces heures de séquestration. Le devoir et
le désir de lire la Bible avaient suscité partout des
écoles élémentaires; les enfants y apprenaient le
New England primer. Ce petit livre, catéchisme
autant que rudiment, rédigé dans une assemblée
de cent vingt ministres, contenait le *Credo* et des
prières, de petites hymnes ou des chansons religieuses en vers brefs, des paradigmes empruntés
aux livres saints ou au jargon théologique, des
exhortations morales en style dévot et, à la fin, le
dialogue entre le Christ, la jeunesse et le diable[1].
Aucune notion n'entrait dans ces jeunes cerveaux
sans être marquée d'une empreinte chrétienne.
Beaucoup d'hommes ne s'avançaient guère au
delà de ce point de départ. Plusieurs allaient plus
loin par leur propre effort et connaissaient des
récits de voyages, des pamphlets politiques, des

homme possédant 2 000 livres en biens fonds passait pour
riche. 8 000 ou 10 000 livres étaient une grande fortune. Ce
niveau n'était guère atteint que par des marchands ou des
hommes de loi. (Nichols, N.-H.)

1. Douze mots de six syllabes sont donnés pour apprendre
à épeler. Cinq d'entre eux sont : abomination, édification,
humiliation, mortification, purification.

classiques élémentaires et les œuvres de certains moralistes, Addison surtout, dont ils raisonnaient bien. De Fielding, de Richardson et généralement de la littérature romanesque, ils n'avaient pas lu une seule ligne. En somme, si l'instruction élémentaire et moyenne n'était nulle part plus répandue, la haute instruction, l'éducation savante de l'esprit, faisaient absolument défaut. Les établissements dénommés Universités et collèges ne dépassaient pas, si ce n'est par certaines préparations professionnelles, ce que nous appellerions aujourd'hui la limite supérieure du degré secondaire; ils restaient même sensiblement en deçà. Cet état de choses s'est maintenu assez avant dans le siècle, et les hautes études en Amérique ne remontent guère à plus de cinquante ans.

Parmi ces hommes et cette société, des lois intolérantes, qui allèrent s'adoucissant pendant tout le xviiie siècle, interdirent longtemps le séjour ou les droits civiques aux libertins et aux membres des sectes chrétiennes réputées moins pures. Elles durent détourner en partie le courant de l'émigration et contribuèrent à conserver un et homogène le noyau puritain des premiers jours. La théocratie commence par faire des sociétés très vigoureuses et d'un lien très serré, qui s'énervent lentement ensuite par la servitude d'une conformité banale et par l'hypocrisie d'une

croyance imposée. Faut-il croire que le régime
de tolérance établi de très bonne heure à Rhode-
Island n'a pas été étranger à la démoralisation
publique et privée qui s'y fit voir à l'époque de
la Révolution [1], et que si Baltimore, avec son
théâtre, et même Philadelphie, la ville des
quakers, eurent alors la réputation d'être des
villes de plaisir et de dissipation, cela tient en
partie aux effets de la liberté religieuse proclamée
dès l'origine par Penn et par le propriétaire
catholique du Maryland? Peut-être, comme aux
industries naissantes, un peu de protection et
même de prohibition est-il nécessaire aux consciences incertaines et mal assises d'une société
en formation. En ce cas, la Nouvelle-Angleterre
a eu cette fortune que la tolérance n'y a pas été
introduite trop tôt, et qu'elle l'a été par la gra-
dation la plus propre, sinon à conserver la vivacité et la spontanéité de la foi dans les esprits, du
moins à maintenir la vigueur de la discipline dans
les mœurs. L'intolérance de la loi n'a désarmé
que lorsque l'intolérance de l'opinion, fortifiée

---

1. « Le nouvel établissement (Voir *Gleanings from the judi-
cial History of R. I. quoted by W. S. Foster*) devint un refuge,
non seulement pour les consciences molestées, mais pour les
excentricités incommodes. Des aventuriers pleins d'une ardeur
inquiète, rebelles à toute contrainte, des hommes à penchants
vicieux, chassés de leurs anciennes résidences, y cherchaient
une patrie plus indulgente. » Les écoles étaient dans un état
très misérable et en arrière de plus de cent ans sur celles du
Massachusetts.

par l'habitude et tournée en instinct, s'est trouvée en état de la suppléer. Et, trait bien significatif, cette haute et rigide tenue morale une fois contractée a pu durer par sa propre consistance, se passer de l'appui du dogme étroit et dur dont elle procédait, comme elle se passait des sanctions d'une législation théocratique, et se concilier avec l'unitarisme et l'arminianisme qui, maîtres un moment d'une grande partie des Églises de Boston, ont détendu pour jamais l'arc trop bandé de la doctrine confessionnelle.

Les immigrants que le xviiie et surtout le xixe siècle versèrent sur ces mêmes rivages obéissaient en général à des mobiles moins élevés que les premiers colons, et il est à peu près exact de dire que chaque génération d'arrivants s'est trouvée inférieure moralement et intellectuellement à la précédente. Mais, pendant nombre d'années, ce fret humain fut relativement peu abondant. Jusque vers 1840, les moyens de navigation ne se prêtaient pas à des transports sur une grande échelle [1]. La population dut donc s'ac-

1. Aux environs de 1800, l'immigration paraît avoir été très faible. En 1790, on compte 10 000 immigrants (Cooper); en 1804 et 1805, 4 000 (Blodgett). Les lois des pays européens visent à décourager l'émigration. Entre 1790 et 1810, la population ayant passé de 3 200 000 à 6 050 000, on ne peut compter dans ce nombre que 120 000 colons et 60 000 personnes issues d'eux. D'autre part, d'après Humboldt et Blodgett, il y aurait deux naissances pour un décès; d'après Franklin, deux mariages sur cent individus, et huit enfants par chaque mariage, dont

croître en immense majorité par les naissances
sur place et se confirmer dans son caractère originel par l'hérédité et l'éducation. Les nouveaux
venus, que leur vaisseau amenait à Boston ou à
New-Haven, se trouvaient jetés un à un ou en
petit nombre dans un milieu singulièrement énergique de sabbatariens aux formes austères, qui
bien vite les cernait, se saisissait d'eux, les mar-
quait de son empreinte. Bornés, ignorants, c'était
une raison de plus pour qu'ils ne fussent pas en
état de résister à l'assimilation. Ceux qui poussaient vers l'Ouest, dans la partie nord du grand
territoire qu'on appelait alors le *North Western
territory*, ou qui y arrivaient de New-York par
Albany et Troy, y retrouvaient des communautés
essaimées de la Nouvelle-Angleterre, ou y étaient
rejoints par elles. La même action s'exerçait là
sur eux avec les mêmes effets. Après une génération, ils étaient fondus dans la masse et en avaient
pris le ton général. La seule différence est que,
par le mélange, le niveau intellectuel et moyen
se trouvait abaissé et que le nerf moral trop tendu
des premiers occupants se relâchait un peu.

Tous les observateurs sont d'accord pour si-
gnaler, dans le milieu originel, l'énorme pression
que l'opinion exerçait sur les consciences. Chez

---

moitié parvient à l'âge viril. D'après Beaujour, il n'y a pas de
limite à la reproduction, « les enfants couvrent le sol comme
les insectes répandus dans les champs un jour d'été ».

des hommes pourvus d'une instruction moyenne, cette pression est à la fois plus sentie que dans une société moins éclairée, et moins facile à vaincre que dans une société armée des ressources d'une haute culture. Tout conspirait donc à conserver intact le type de ce petit fermier infatué, qui tenait pour une abomination de lire un roman, de voir une pièce de théâtre, d'aller au bal, de faire une plaisanterie, de chanter une chanson comique, de monter à cheval ou de faire cuire son dîner le dimanche, de faire un présent le jour de Noël [1]. Le sermon dominical était l'événement de la semaine. Des réunions et des colloques fréquents avaient lieu, où l'on discutait avec passion les questions de morale et de dogme. Comme le plus simple Écossais du xviii° siècle, le moindre petit propriétaire du Massachusetts et du Connecticut avait de la vocation et de l'aptitude pour ces controverses et y prenait plaisir. Le doute, l'essai de révolte contre l'étroit *Credo* puritain étaient rares, et si un jour la foi semblait avoir faibli, il suffisait de la parole ardente d'un Jonathan Edwards pour la ranimer et la faire

1. Un écrivain avait fait un livre où il mettait en scène une famille qui, après une semaine laborieuse, assistait le dimanche matin au service divin, puis faisait dans l'après-midi une promenade sur l'eau. Du reste, la journée se passait, même sur l'eau, en conversations religieuses. L'idée de cette promenade en bateau le dimanche parut tellement choquante à l'éditeur, juge intéressé et clairvoyant du public, qu'il exigea et obtint de l'auteur de la retrancher.

passer rapidement d'une âme à l'autre ; elles étaient prédisposées à en subir la contagion, à en retrouver dans leurs plis le germe réparateur.

A l'époque de la Révolution, c'est-à-dire à la fin du xviiiᵉ siècle, la Nouvelle-Angleterre, que l'on comparait alors à l'Écosse pour les mœurs intolérantes et le décorum minutieux qui avaient survécu à son organisation théocratique, était la plus peuplée des provinces américaines, relativement à son étendue : elle contenait le tiers de la population totale. C'était aussi celle où les hommes étaient le plus éclairés et le plus progressifs, le plus curieux et le plus capables d'agir sur les autres. Eux seuls avaient colonisé tout le Nord-Ouest. Les statisticiens signalent, de 1790 à 1800, un exode de la Nouvelle-Angleterre dans l'Ouest et au Sud. Il avait commencé plus tôt. Vers 1661, on les avait vus paraître à New-York entre les Hollandais et les Huguenots, occuper tous les emplois importants et faire succéder la langue anglaise au français, comme l'une des langues des actes publics. Un peu plus tard, ils arrivent dans le Delaware et le Maryland, puis dans la Caroline du Nord, où ils s'établissent près du cap Fear. Entre temps, ils concourent, avec des éléments arrivés directement du nord de l'Irlande, de Grande-Bretagne, de Hollande, de Suède et d'Allemagne, à constituer les denses communautés presbytériennes de Pensylvanie et de la Virginie

de l'Ouest, et ils en deviennent l'élite dirigeante.
Il est constant que, dans cette dernière colonie, ils
avaient fini par réduire au tiers de la population
la clientèle de l'Église épiscopale. Quand Cincinnati grandira sur les bords de l'Ohio, ce sera par
leurs mains et grâce à leur industrie. La célèbre
Compagnie de l'Ohio, organisée en Massachusetts,
était formée en grande partie de citoyens de cet
État. Ils sont partout : à l'Ouest, au Sud ; à chaque
pas, les chercheurs retrouvent leurs traces. C'est
par ce mouvement de concentration d'abord, puis
d'expansion, que dans toute la région de l'Est et
du Nord-Ouest un vigoureux christianisme de
réfugiés, issu des germes extraordinairement
vivaces semés au xviie siècle, a pu se perpétuer à
l'état de forte suggestion héréditaire, ramener et
soumettre à sa norme toute l'activité supérieure de
l'esprit, développer largement et en même temps
retenir en deçà des périls d'une haute culture un
admirable système d'instruction populaire, et propager enfin, hors de sa sphère originelle, sa vue
étroite et basse, tenace et forte des choses. Il l'a pro-
pagée, on l'a vu, parmi les populations du Centre
et même du Sud, moins cohérentes, et condamnées
par leur manque total d'instruction et de lumières
à subir l'ascendant d'une supériorité d'abord toute
relative. On ne saurait surestimer le poids dont a
pesé le solide noyau religieux de la Nouvelle-
Angleterre dans les destinées morales de la race.

III

Au Sud, l'élément réfugié avait eu sa représentation la plus noble et la plus accréditée dans les planteurs virginiens, issus en grande partie des Cavaliers émigrés au temps de la Révolution de 1648. Ils étaient restés fidèles à l'organisation et aux rites de l'Église établie. Ils dominaient aisément les autres classes. A côté d'eux s'étaient multipliées, comme je l'ai dit, des communautés presbytériennes, où s'étaient plus ou moins confondus les congrégationnalistes issus de la Nouvelle-Angleterre. Plus bas, au-dessus du nègre méprisé, dont l'introduction date de 1619, se trouvaient des pauvres sans industrie, reste ou postérité des serviteurs engagés à long terme (*indentured servants*), des misérables enlevés dans des sortes de razzias administratives (*kidnapped*) et d'un petit nombre de criminels déportés ; le tout formait, avec quelques gentlemen ruinés, la classe assez misérable des petits blancs. Le système des substitutions (*entails*) laissait retomber à ce niveau les fils puînés ᴠ grandes familles et surtout leur postérité. Ils conduisaient en déclassés, et, croyant plus no de se refuser à tout travail, vivaient dans l'indigence et la brutalité.

Dans l'ensemble, les colonies du Sud étaient extrêmement florissantes. L'abondance et la valeur des productions propres à l'échange engendraient la richesse. Il paraît qu'en 1760, le commerce de la Virginie et du Maryland seuls excédait de plus d'un tiers les exportations réunies de la Nouvelle-Angleterre, de New-York et de la Pensylvanie. Mais les facilités et les loisirs que donne la fortune ne profitaient guère à la civilisation matérielle et morale des Virginiens. Les planteurs, qui formaient la tête de cette société opulente, vivaient isolés les uns des autres au centre d'immenses domaines, et n'avaient de commerce quotidien qu'avec leurs esclaves. Point de petits propriétaires dont les habitations fussent en vue et à portée l'une de l'autre. Le tabac, le coton, le sucre épuisent le sol : on n'avait pour le féconder ni les engrais de fermes, ni les déjections des grandes villes. Il fallait donc laisser successivement en jachères, pendant vingt ans et plus, les terrains appauvris. Cela n'était possible que sur d'immenses domaines. Les *latifundia* étaient pour ainsi dire dans la force des choses [1]. Au reste, en 1800, il n'y avait pas plus d'un dixième du territoire virginien occupé. Des déserts séparaient donc les résidences des grands propriétaires. Point d'industrie; tous les objets manufacturés venaient d'Europe, même, le croirait-on? les ustensiles de bois. Sans industrie, point de villes. Les rares groupes d'habita-

---

1. Voir *The old South and the new*, par Kelley.

tions qu'on appelait de ce nom mériteraient à peine aujourd'hui celui de village. A la fin du xviiᵉ siècle, la capitale, Jamestown, ne comptait que dix-huit maisons. Par quel miracle une cohésion morale quelconque aurait-elle pu se produire dans cette société clairsemée? L'intolérance de la loi en matière religieuse qui, au Nord et à l'Est, avait engendré l'unité, restait ici lettre morte et sans effet. Le clergé de l'Église privilégiée se composait de planteurs qui, en se chargeant du ministère sacré, ne visaient qu'à grossir leur revenu et négligeaient absolument leurs ouailles[1]. En 1833, aucun évêque virginien n'avait jamais franchi les Alleghanies, bien que deux diocèses s'étendissent à l'Ouest sur de vastes régions. Il y avait des paroissiens qui demeuraient à cinquante milles de leur église. Comment leur imputer à crime d'ac-

---

1. Voici comment un dignitaire de l'Église épiscopale, le Rév. Mc'Connell (*Mc'Connel's American Episcopal Church.* 1890), décrit les mœurs du clergé dans le Sud avant la Révolution : « Les membres du clergé eux-mêmes étaient presque tous des planteurs qui chassaient, jouaient aux cartes, buvaient du punch ou du vin des Canaries, et pour qui les mariages, les baptêmes, les funérailles étaient autant d'occasions d'orgies. Tel vociférait contre son marguillier au moment de la sainte communion : « Holà! Georges, le pain n'est pas bon pour les chiens! » Tel autre se battait en duel dans le cimetière attenant à l'église. Un autre, robuste gaillard, rossait les membres de la fabrique l'un après l'autre, et, le dimanche suivant, les prêchait sur ce texte : « Et j'ai lutté avec eux, je les ai maudits, j'ai frappé certains d'entre eux et leur ai arraché les cheveux ». Un autre encore dînait tous les dimanches avec son principal paroissien, et, le soir, on le rapportait chez lui complètement ivre, attaché dans sa chaise. »

cepter le secours religieux que le zèle aventureux
des sectes dissidentes mettait à leur · portée! Où
étaient d'ailleurs les innombrables agents de surveillance et d'exécution qu'il aurait fallu pour
rendre effectives les sanctions pénales, sur cette
immense surface où chacun vivait isolé et ignoré
des autres. En résumé, aucun esprit public intense
et en travail, aucune vie spirituelle active et en
progrès, aucune discipline morale ne pouvaient
exister dans une population à ce point disséminée.

De l'esclavage était né le mépris du travail. Les
grands propriétaires vivaient dans l'oisiveté une
grande partie du jour ; le sport seul les en faisait
sortir. Les fils de gentlemen qui ne pouvaient
pas faire leur éducation en Angleterre n'avaient
de ressource que le médiocre collège de William
et Mary, ou bien des précepteurs particuliers, qui,
faute de mieux, étaient pris trop souvent parmi
les convicts. Leur ignorance était extrême. C'était
la condition de tout le Sud. Les Carolines
n'avaient, à elles deux, pas plus de cinq écoles à
la fin de la période royale. L'Alabama, le Mississipi, le Missouri, n'en avaient encore aucune
en 1830. La Virginie était un peu mieux
pourvue. Au temps de Noah Webster, les instructions données au représentant du Maryland par
ses commettants étaient, pour les trois quarts,
signées d'une croix. Jusqu'en 1776, la Virginie
n'eut qu'une seule imprimerie, entièrement sous

la main du gouverneur. En 1749, il n'y avait à New-York qu'une seule boutique de libraire ; il n'y en avait aucune en Virginie, en Maryland et dans les deux Carolines. Le Connecticut avait à lui seul autant de journaux que tous les États au sud de la Pensylvanie.

Dans cette sorte de vide intellectuel, les hommes n'entendaient plus que la voix de leurs instincts. L'isolement, le manque de lumières, le pouvoir arbitraire sur les esclaves, la lutte aux frontières avec les Indiens, avaient développé chez eux une sorte d'individualisme violent et farouche qui produisait, en masse, des demi-barbares, à l'état d'exception, des hommes supérieurs, aptes et exercés à commander, pénétrés d'une sorte de conscience naïve de leur droit à être pris pour chefs [1]. Même vers 1840, les enfants considéraient

---

1. C'est une erreur très répandue de croire qu'un système régulier d'instruction est indispensable pour former des pasteurs d'hommes. Par quel miracle, dirait-on volontiers, un milieu imparfaitement policé et une éducation si pauvre auraient-ils pu fournir les hommes éminents qui pendant quarante ans ont été comme une race choisie où l'Union prenait ses Présidents? Mettons d'abord hors de contestation le fait que leur instruction était insuffisante. On sait que Washington, dès l'âge de seize ans, faisait le rude et absorbant métier d'arpenteur au delà des Alleghanies : auparavant, il avait eu tout juste le temps d'acquérir quelques notions très élémentaires de grammaire et de mathématiques. Jefferson sortit un peu mieux pourvu du collège de William and Mary, mais il paraît n'avoir fait véritablement son éducation qu'à vingt ans, par des lectures. Monroe ne passe que deux ans (de 16 à 18 ans) au même collège et le quitte pour entrer dans

le courage physique comme le plus noble attribut
de l'humanité, le travail manuel comme un
déshonneur, l'homicide comme un accident assez
ordinaire, la générosité comme plus importante
que la justice, et l'humiliation aux yeux des
hommes comme le plus intolérable des maux[1].
On adoptait des mœurs turbulentes et cavalières
pour éviter l'imputation de lâcheté; on se livrait
à des dépenses excessives pour éviter l'imputation d'indigence. Il faut se représenter l'existence
d'alors, en Virginie et dans les provinces plus
méridionales, comme une sorte de vie de château

l'armée, d'où il ne revient que pour entrer d'emblée, à vingt-
quatre ans, dans l'Assemblée générale de son État et à vingt-
cinq au Congrès continental. Madison paraît n'être resté que
deux ans à Princeton, et, deux ans après, nous le retrouvons
engagé dans la vie politique. Il s'instruit lui aussi à l'école
de l'action. Il n'y a point de paradoxe à ce que tous ces personnages aient été des hommes d'État éminents. L'Angleterre
nous a donné pendant des siècles maint exemple d'hommes
politiques, de généraux, d'ingénieurs même qui avaient appris
leur métier en le faisant et qui ne devaient rien aux Écoles.
Lorsque les conditions ambiantes sont éminemment propres
à tremper le caractère, il n'en faut pas plus pour assurer la
formation d'une élite dirigeante. Il se trouve toujours quelques
hommes richement doués en qui l'intelligence, soutenue et
poussée par une volonté énergique, fait or de tout ce qu'elle
trouve à sa portée, se passe au besoin d'un enseignement organisé, d'une culture méthodique, et nous surprend par la
vigueur, l'aisance, l'originalité de son libre développement.
Voilà le secret du légitime et long empire exercé par les Virginiens aux États-Unis.

1. Même aujourd'hui, dans certaines parties du Kentucky, le
préjugé, favorable à des duels atroces, témoigne d'un sentiment de l'honneur qui prend une forme presque sauvage.

qui ressuscitait un moyen âge sans troubadours,
mais où la servitude de la glèbe, l'hospitalité
facile, le luxe étalé, l'oisiveté des longs jours
qu'entrecoupaient seuls des duels, des rixes brutales, des jeux et des paris, des combats de coqs,
des chasses au gibier ou à l'Indien, rappelaient
les mœurs d'un pays de Marche dans l'Europe du
XIIIᵉ siècle. Le colon s'y rapprochait à grand train
du sauvage.

IV

Entre ces deux types très consistants, très
caractérisés du Nord et du Sud, un type plus
étroit et plus pauvre florissait dans les ports et
dans les villes d'entrepôt. Il avait été engendré
par l'immense et rapide développement commercial de ces provinces. Le négociant de New-
York, prodigieusement ignorant, l'industriel de
Pensylvanie, un peu plus éclairé, étaient possédés
l'un et l'autre de la fièvre du gain. Le dollar
brillait à leurs yeux comme un Saint-Sacrement
dans l'ostensoir; tout le reste pâlissait alentour.
Nous rencontrons ici, avec étonnement, une
espèce qui n'a pas disparu de la société américaine.
Elle est représentée sous sa forme extrême par
des hommes qui, après avoir retranché les vaines
paroles et réduit la sociabilité à de secs rapports

d'affaires¹, ne prennent pas même la peine et le temps de se créer un *home*; ils s'établissent dans des sortes de pensions bourgeoises où ils ne rentrent que pour manger précipitamment et dormir; leurs femmes y vivent entre elles tout le jour dans la promiscuité banale et susurrante d'un parloir commun. Quant aux enfants, livrés à eux-mêmes et jetés au milieu d'un monde de rencontre, ils ne sont plus protégés par l'enceinte de la famille et subissent dès le bas âge les influences les plus suspectes. Ils vont à l'école seuls, en reviennent seuls et font d'ailleurs ce qui leur plaît. Ils ne reçoivent de leurs parents aucune direction morale ou intellectuelle sérieuse : leur éducation est toute publique, et virile avant le temps. Ils passent sans transition des jeux de l'enfance à une vue positive de la vie, à un travail aride; la période ingénue, l'adolescence morale n'existent pas (Jacquemont). Plus tard, le même négociant aura une maison ou une villa somptueuse; mais il n'y vivra pas autrement; elle ne sera toujours pour lui qu'un sujet d'ostentation et un abri pour la nuit. Ne pas perdre un des

1. « Nulle part, disait Jacquemont, il n'y a plus d'esprit d'association et moins d'esprit de société; les conversations sont insipides : l'*humour* anglais même fait défaut... Cela vient, en partie, de l'ignorance, et l'ignorance est l'effet de la fièvre du gain... Chacun, dans sa direction particulière, apprend juste ce qui lui est nécessaire pour exercer tellement quellement sa profession et gagner de l'argent; il n'apprend rien au delà ».

moments ou un des mouvements qui peuvent
produire un effet utile, c'est ici la règle d'action
suprême et presque unique[1]; aucun autre intérêt
ne prévaut contre elle. Et notez que, dans cette
course au lucre, les hommes apprennent à goûter
l'effort pour acquérir plus que ses fruits mêmes[2],
et l'émotion du jeu plus que le gain, en sorte
que plus d'un exagère ses dépenses et même
dissiperait volontiers sa fortune pour avoir le
plaisir de la refaire. Le nombre énorme des
faillites[3] témoigne de l'excès auquel est portée la
passion d'entreprendre et de gagner. L'espèce de

1. « Toute cette société, dit Jacquemont, est fortement tendue
à la poursuite du gain. »

2. « Passer de la morne stupeur de l'inactivité à une action
constante et énergique; faire des plans, édifier des combinaisons, sentir que peu à peu et sûrement on gagne du terrain,
savourer le bonheur sain de gravir la pente, d'avancer, de pros-
pérer, de ressaisir la richesse et de voir tout vous sourire...
Certes la vie vaut quelque chose, quand on a cela. » (*Under-
currents*, par Kimball.) Que voilà bien l'accent de l'homme
d'action qui réussit! — Dans *Silas Lapham* (par George Howells),
le jeune Corey, de bonne et oisive famille, entre chez un mar-
chand de vernis; il est chargé de la correspondance avec
l'étranger. « Il était amoureux (*in love with*) de sa besogne et
en avait l'*enthousiasme*, comme rien ne peut nous l'inspirer si
ce n'est le travail que nous sommes en état de bien faire. Il
estimait qu'il avait trouvé sa place dans le monde, après l'avoir
longtemps cherchée, et il avait le soulagement, le *repos* de s'y
adapter. Chaque menu incident de cette première journée si
importante et si vide d'événements était implanté dans son
esprit, depuis le moment où il s'asseyait à son pupitre jusqu'au moment où il le quittait. »

3. Un ecclésiastique d'une ville commerciale déclare à miss
Martineau que, depuis qu'il réside là il a vu faire faillite

complicité morale qu'elle trouve dans les esprits
se marque dans l'indulgence de la loi, dans
l'empressement des créanciers à passer leur
déconvenue par profits et pertes, dans le sans-
gêne et l'arrogance du failli et dans la rareté
extrême des remboursements.

V

Un dernier type est celui du *settler*, du pionnier.
Dès avant 1800, les États de l'Est voyaient avec
inquiétude leurs jeunes gens les plus énergiques
les quitter et s'enfoncer dans le désert, par exemple
dans le Kentucky et le Tennessee. Aux immenses
dangers de l'entreprise, les Etats désertés ajou-
taient par vengeance des difficultés de toute
nature. Cela ne décourageait pas le *settler*; un
instinct irrésistible le poussait à l'Ouest, toujours
plus à l'Ouest, jusqu'à ce qu'il eût été scalpé par
quelque Indien, que la mauvaise nourriture, la
faim, les intempéries l'eussent obligé à rebrousser
chemin ou que la fièvre maligne l'eût emporté.
Les liens sociaux étaient-ils pour lui des chaînes
d'un poids intolérable? On le croirait à voir la

à tous les chefs de famille de sa congrégation. Pour un très
grand nombre, la faillite est déguisée; elle prend la forme
d'un arrangement avec les créanciers; on se retrouve riche et
honoré et on ne s'inquiète à aucun degré de liquider le passé.

frénésie avec laquelle il s'efforçait de les secouer, de les rompre, de fuir au large dès qu'ils tendaient à se nouer de nouveau autour de lui. Visiblement, vivre seul était à ses yeux la seule manière de vivre libre. A peine avait-il créé une petite exploitation, il n'avait pas de repos qu'il ne l'eût vendue pour aller plus avant dans la forêt. L'acquéreur y ajoutait un peu, puis faisait de même. Alors survenaient les fondateurs de villages qui, dès qu'ils voyaient plus de dix maisons construites, ne respiraient plus librement et poussaient plus loin[1]. Les voyageurs dans la *Genesee Valley* racontaient qu'il n'y avait là personne qui n'eût changé six fois de demeure. On se figure sans peine ce type d'hommes dont on peut à peine dire qu'ils formaient une société : ce n'étaient que des individus incultes, énergiques, tout nature, tout à l'action. L'opinion n'avait pas d'empire sur eux; l'idée de la loi ou même d'une règle leur était étrangère. On les retrouve aujourd'hui plus nombreux et encore moins recommandables dans ces *settlers* des territoires du Far-West, dans ces *rowdies* énergiques que pousse en avant un indomptable besoin de liberté plus encore que la passion du lucre. Il y en a trop maintenant pour qu'aucun reste bien longtemps isolé : un milieu social se forme

---

1. Voir l'*History of the Valley of Virginia* de Samuel Kercheval (1883), p. 401.

autour d'eux; la loi a les moyens de les suivre
et de les rejoindre, grâce aux chemins de fer;
elle les menace de ses sanctions; mais leur
grossier public leur tient à honneur de la défier
et de s'y soustraire. En 1870, M. de Hübner
admirait leur nombre, leur entrain, la séduction
qu'exerce sur eux l'incertain, malgré les chances
de faim, de froid, de maladie et de mort. Les
Américains, s'écrie-t-il, sont des nomades. L'au-
dace, la confiance en soi[1], et ce qu'on appelle la
sharpness, sont leurs vertus les plus appréciées
parce que, dans cette lutte contre la nature vierge,
ce sont en effet les plus utiles à eux et aux autres.
L'individu, comprimé ailleurs par les nécessités
et les convenances sociales, les domine ici et *se
pose* dans une sorte d'inconscience morale
habituelle, que traversent çà et là de brusques
éclairs.

VI

Résumons ces rapides esquisses, en repassant
au noir seulement les traits essentiels, et tirons-en
quelques conséquences.

Il faut distinguer d'abord les populations rela-

---

[1]. Nous sommes portés à croire, disait l'un d'eux, que, quelles
que soient les qualités d'une personne, nous valons autant
qu'elle.

tivement agglomérées et fixes de la masse éparse
et mouvante qui occupe et défriche les solitudes
de l'Ouest. Celle-ci n'est qu'ignorance et ténèbres;
le milieu humain trop raréfié n'a pas d'action sur
chacun de ses membres; ils subissent presque uniquement la pression du milieu physique. L'opinion, le décorum, la légalité, la tradition sont ici
sans force. L'homme aux prises avec la nature
recommence la société en partant d'un individualisme sauvage ou grossier. Les populations fixes,
groupées soit dans la Nouvelle-Angleterre, soit
ailleurs sous son influence, se présentent dans
des conditions toutes différentes. Elles atteignent
très généralement le niveau le plus élevé de l'enseignement primaire; presque personne ne dépasse
ce niveau. L'extrême diffusion de l'instruction
moyenne, l'absence de toute haute culture, enra-
cinent l'impression que tout homme en vaut un
autre, et cette égalité a pour corollaire la souveraineté légitime de la majorité, le droit divin de
l'opinion régnante. Il n'y a pas de crédit ouvert,
comme en Europe, à l'esprit supérieur, créateur
d'idées originales et qui essaye de les faire prévaloir; la prévention est contre lui. Il y a dans la
haute culture une vertu dissolvante qui est l'agent
le plus énergique du progrès. Cette vertu ne se
fait pas sentir ici, car la haute culture est absente.
Les idées reçues ne rencontrent rien qui tende ou
qui soit de force à miner leur autorité : elles

régnent sans opposition, et un terrorisme instinctif
s'exerce d'un individu à l'autre pour les maintenir.
Miss Martineau en a donné plus d'un exemple;
elle a signalé la façon comique dont on se garde
d'exprimer le premier une opinion : « Le culte
de l'opinion régnante, dit-elle encore, a certainement le pas sur celui de la richesse. » Au reste
tous les observateurs sont d'accord pour reconnaître que nulle part l'originalité n'est plus rare
qu'aux États-Unis et que tout conspire à l'empêcher de se produire : « Toutes les existences sont
jetées dans le même moule; les hommes de ce
pays naîtraient fort inégaux de facultés que tout
l'ensemble des mœurs tendrait à les rapprocher.
Des caractères forts ne pourraient se développer
librement, ni se produire, soumis à ces règles
uniformes de vie... Quel milieu insupportable, et
qui de nous voudrait y vivre? » (Jacquemont.)
C'est la conclusion commune de tous les observateurs. Tocqueville la résume d'un mot digne de
l'airain : « Cette démocratie a spiritualisé la violence. »

On n'imagine rien de plus extrême que la timidité, le misonéisme ou plutôt le phobonéisme
(crainte de l'inconnu) de ces hommes à demi
éclairés, si ce n'est la précipitation aveugle avec
laquelle ils se pousseront l'un l'autre, tête baissée,
dans une voie nouvelle, dès qu'ils auront lieu de
croire que l'opinion se déplace dans cette direc-

tion. Autant ils sont rebelles aux supériorités
qu'elle ne consacre pas encore, autant ils se montrent bruyamment serviles pour celles qui ont su
détacher et entraîner quelques âmes moins pusil-
lanimes que les autres et donner l'idée que le courant ira désormais dans leur sens. Tout cela
vient, au fond, de ce qu'il n'y a pas de principe
intérieur de mouvement ni de résistance engendré
par la réflexion appliquée à des notions positives
un peu élevées. Ainsi la loi d'inertie qui gouverne
les corps s'applique ici aux esprits. Ils ne bougent
que si du dehors une force les sollicite; ils ne
s'arrêtent ni se détournent, une fois poussés dans
un sens, que si une autre force extérieure les
arrête[1].

Voici ce qu'étaient les hommes; il faut maintenant les voir aux prises avec l'idée de l'au-delà
en ses divers modes d'expression.

La science, la poésie, l'art, la philosophie, sont
des productions plus ou moins objectives, spéciales, contingentes, qui ont besoin pour exister,
non pas seulement pour fleurir, que certaines
conditions extérieures soient réunies. La science
élabore des matériaux soigneusement amassés,
patiemment triés, judicieusement ordonnés; c'est
une œuvre continue dont la suite suppose que le

---

1. On a dit avec esprit que le monde religieux — il serait
plus juste de dire le monde moral — est sous un aspect une
Inquisition, sous un autre, une tour de Babel.

commencement reste toujours en vue et à la main.
La poésie et l'art ont une technique qui veut être
apprise. La philosophie, dans ses parties positives
et traitées scientifiquement, se trouve dans la
même condition que la science. Toutes impli-
quent un milieu adapté et une préparation. Par
exception, les mathématiques pures et la métaphysique ont un caractère subjectif qui les affran-
chit dans une certaine mesure des circonstances
extérieures; mais il ne faut pas moins qu'un
affinement héréditaire ininterrompu pour voir
distinctement et suivre dans leur réseau ces
menus fils d'araignée. Cela n'appartient qu'à un
petit nombre.

La religion, au contraire, est à un très haut
degré subjective et universelle. Il suffit, pour
qu'elle naisse, d'un homme quelconque qui vit,
lutte, souffre, jouit, doute, plie sous l'injustice ou
la mauvaise fortune, fléchit sous la conscience
pesante de ses fautes. C'est un *tout* qui se fait de
rien, en quelque sorte. Nul besoin d'avoir réuni
des matériaux et de les assembler selon les lois de
la stabilité pour que cet édifice aérien, aux formes
arbitraires, monte dans le vide de l'imagination;
il s'y élève par une poussée intérieure lente ou
brusque, effet d'impressions chaque jour répétées
ou au contraire d'une illumination soudaine. La
conception religieuse se fixe volontiers dans une
tradition; elle y puise la force qui résulte de toute

communion avec le passé; elle n'en dépend pas.
C'est une production naturelle et immédiate comparable à la langue que l'enfant reçoit toute faite,
s'il y a quelqu'un là pour la lui transmettre, mais
qu'il créerait spontanément dans toute la mesure
de ses besoins, si la transmission avait été arrêtée
par quelque obstacle. Les quatre autres branches
ne fleurissent pas sans quelque industrie; la religion est comme les lis qui ne filent point; elle
s'épanouit sans travail, ou par un travail qui ne
se sent pas.

De là une première conséquence. La religion a
dû devancer de beaucoup, aux États-Unis, les
autres manifestations de l'absolu. Elle s'est trouvée
dans la condition où serait, dans un pays pauvre,
une industrie qui n'a pas besoin d'un capital fixe
considérable, comparée à des industries d'un établissement long et coûteux. Au Sud et à l'Ouest,
les hommes étaient trop complètement incultes
pour seulement entrevoir les formes savantes,
exactes ou raffinées que peut revêtir l'absolu.
Dans la Nouvelle-Angleterre même, les moyens
de développement intellectuel, quoique infiniment
abondants et répandus, ne conduisaient pas l'esprit assez avant et assez haut pour lui procurer
même un semblant de maîtrise en ces genres difficiles. La religion devait donc demeurer seule et
maîtresse. Les faits donnent un témoignage conforme.

Les mêmes causes font à la religion une condition assez particulière. Sur le continent, depuis
deux siècles, la philosophie et la science se trouvaient en face d'elle à l'état de puissances constituées et armées en guerre; aussi a-t-elle eu toujours à se retrancher et à se défendre contre des
assauts extérieurs; l'assaillant était tantôt, comme
au temps de Voltaire, le rationalisme, c'est-à-dire
la raison laïque totalement émancipée, tantôt la
physique ou la biologie, comme de nos jours. Aux
États-Unis, la religion était comme un État dont
les voisins ne sont pas encore formés en corps
politiques compacts. Elle n'avait à se garder que
contre de minimes désordres intérieurs. Rien de
pareil à ce que nous appelons rationalisme. La
raison n'a pas ici, en général, un drapeau à elle;
elle continue à marcher sous les couleurs de
l'Évangile; le plus qu'elle ose est de se donner
pour un christianisme amendé et épuré. Rien de
pareil à la science. Il n'y a pas de représentants
de la haute spéculation scientifique; l'esprit sévère
et méthodique que la science développe n'a pas
pu s'alimenter aux hautes sources et s'infiltrer de
là insensiblement dans les intelligences même
incultes, comme cela se fait chez nous par les
livres, les journaux, la conversation [1]. La religion

---

1. Les attaques fondées sur les conclusions de la science,
les apologies qu'on leur impose et les essais de conciliation
sont de date extrêmement récente aux États-Unis. (Voir la polé-

établie ne rencontre donc, dans l'élite et dans les masses, ni critique raffinée, ni objections de bon sens, tout au plus un désir vague de s'y mettre à l'aise sans en sortir. On n'a aucune autorité rivale à lui opposer, aucune certitude d'un ordre plus élevé à mettre à sa place.

Les croyances et le culte traditionnels montrent donc une ténacité rare, ce qui n'implique pas qu'ils aient des assises profondes. Leur solidité n'est que la faiblesse des forces intellectuelles qui pourraient les ébranler. Cette faiblesse laisse l'opinion peser de tout son poids sur les esprits et jouer le rôle d'une sorte de conscience extérieure, l'autre faisant défaut. Tocqueville, qu'il y a toujours profit à consulter sur ces matières, dit admirablement : « Aux États-Unis, la majorité se charge de fournir aux individus une foule d'opinions toutes faites et les soulage ainsi de l'obligation de s'en former qui leur soient propres. Il y a un grand nombre de théories en matière de philosophie, de morale et de politique, que chacun y adopte ainsi sans examen, sur la foi du public, et, si l'on y regarde de près, on verra que la religion elle-même y règne bien moins comme doctrine révélée que comme opinion commune. »

Remarquons d'autre part que là où, par l'in-

mique de Mr. White et du professeur Wright, le livre du professeur Drummond, etc.) Ce sont des positions et des manœuvres nouvelles pour l'esprit américain.

terruption des rapports, par la dispersion des
hommes, par l'ignorance croissante, comme c'est
le cas parmi les *settlers*, les croyances ou les cultes
traditionnels ont perdu leurs prises et l'opinion
son empire, il n'y a rien non plus pour résister à
quelque révélation que ce soit qui viendra à se
produire, si puérile, si grossière, si incohérente
qu'elle paraisse à des esprits cultivés. De là, surtout dans l'Ouest, la multiplicité, la domination
surprenante et la durée de tant de *credo* étranges;
ils ne se heurtent à rien et s'établissent sans contradiction dans les têtes vides des colons. Ainsi la
même raison fait qu'ici la tradition n'est pas contestée et qu'ailleurs ni la fantaisie n'est contenue
ni le hasard maîtrisé : aucune force intérieure
n'est préparée et équipée pour ces combats.

Les faits confirment cette construction théorique.
Il est remarquable qu'à part quelques livres de
théologie, la période coloniale tout entière — un
siècle et demi — a été littérairement stérile. Le
premier débouché différent que l'activité intellectuelle se soit ouvert à l'époque de la Révolution,
et où elle s'est précipitée comme s'il n'y en avait
pas d'autre praticable, a été le Droit, science tout
ensemble scolastique et pratique [1]. Cette stérilité
a duré jusque vers le premier tiers du xixᵉ siècle.

---

1. Vers 1820, Nichols signale, dans le petit village qu'il habite,
pour un cordonnier, un maréchal-ferrant, deux ou trois
lawyers.

Jusque-là, rien en philosophie spéculative. On ne
peut pas porter Berkeley au crédit de l'Amérique
pour ce simple fait qu'*Alciphron* a été écrit sur le
sol américain. Dans les sciences, un peu d'astronomie ; en littérature, quelques récits de voyages,
des romans aujourd'hui oubliés. Si l'on excepte
Franklin et un peu plus tard Washington Irving,
lequel procède des humoristes anglais, tous les
auteurs américains célèbres sont nés entre 1784
et 1814 : Irving, Cooper, Prescott, Bryant nais-
sent entre la conclusion de la paix et la fin du
xviii° siècle. Bancroft, Emerson, Longfellow,
Hawthorne, Poe, viennent au monde entre 1800
et 1810, et ne commencent à fleurir que vers le
premier tiers du xix° siècle. Il faut attendre jusque
vers 1840 pour rencontrer le premier épanouissement philosophique, poétique et historique original, celui que marquent les noms d'Emerson,
de Prescott, de Longfellow, et que le mot de
transcendantalisme rattache, par la théologie de
Parker, à la doctrine de Kant. Il y eut là un courant et un flot admirables, mais assez resserrés et
localisés, et qui devaient bientôt se perdre comme
à travers les sables, dans la question morale, sociale et politique de l'abolitionnisme. Trait significatif! l'esprit pratique les a repris par ce côté et
les a pour ainsi dire résorbés. La science[1] et la

1. Cela est particulièrement marqué pour la science. Un
critique éclairé (*The Nation* du 6 novembre 1890) faisait observer

littérature vraiment américaines n'ont pas plus de cinquante ans de date. Jusque-là le sol n'était pas préparé pour ces semences, et la religion seule y pouvait fleurir.

Remarquons, d'ailleurs, que les œuvres de philosophie, de poésie, d'art et de science veulent, dans l'élaboration qui les crée, dans la curiosité qui les accueille et les encourage, une continuité que les loisirs d'une classe riche dans une société établie et au repos rendent seuls possible. Or, là où ces œuvres auraient à la rigueur pu naître, dans la Nouvelle-Angleterre, il n'y avait pas de classe riche. J'ai rapporté le propos de Burke. Le témoignage de miss Martineau le confirme à peu près pour 1836. Une médiocrité laborieuse resta donc très longtemps la règle. Les colons ne connaissaient pas les loisirs; le peu de gens qui en avaient auraient été fort embarrassés et comme honteux d'en jouir dans cette société toute à l'action et au travail. L'oisif s'y fût déclassé par son oisiveté même. La nation dans son ensemble était aux prises avec une tâche immense, absorbante et de toutes les heures : l'exploration, l'occupation, la mise en valeur de tout un continent. Sensible

qu'aucune contribution notable aux sciences mathématiques ne date d'avant 1876, à l'exception d'un mémoire de B. Peirce. En dehors de l'histoire naturelle et de l'astronomie, toutes les recherches savantes originales sont l'œuvre « d'hommes encore vivants qui étaient, il y a dix ou quinze ans, étudiants dans les Universités étrangères ou américaines ».

à ce qu'il y a de grandeur presque fascinante, à
ce qui se mêlait pour ainsi dire d'infini dans une
telle entreprise, chaque homme s'y donnait tout
entier, sans rien réserver pour d'autres emplois,
et cette fin, toute pratique et intéressée en un sens,
avait pris quelque chose du caractère idéal et
impératif qui distingue les fins morales. Dans
cette lutte sans relâche contre la nature vierge, le
seul besoin spéculatif qu'éprouvait le colon américain était celui d'une doctrine capable de lui
fournir, avec un point fixe et lumineux au vague
horizon, une direction pratique, un appui moral
indéfectible, toujours saisissable et à portée. Rien
de plus significatif à cet égard que le prodigieux
succès de la *Proverbial Philosophy* de Martin
Tupper. Ces *truisms* compendieux, cette sagesse
émiettée étaient une nourriture à souhait et à
point pour l'esprit américain, toujours haletant;
il digérait légèrement ces lieux communs en
pilules. Il y aurait à cet égard une curieuse
recherche à faire touchant les affinités naturelles
d'une démocratie active et industrieuse et de la
poésie gnomique. Ni les rêves flottants de la
poésie, ni les études descriptives minutieuses de
la psychologie, ni les froides élucubrations de la
métaphysique, ni les conquêtes sûres, mais lentes
de la science, n'auraient satisfait l'Américain,
même si ces perspectives sur l'au-delà lui eussent
été ouvertes. Le fait est qu'elles ne l'étaient pas

et ne pouvaient pas l'être. Seul, le christianisme
s'offrait; on le respirait avec l'air en quelque sorte
dans le milieu créé par les premiers immigrants.
Aucune des contradictions et des objections
qu'élèvent la pensée réfléchie et la connaissance
positive de la nature n'avait été mise en forme et
ne se dressait devant lui. Il était une lumière
dont on ne voyait pas les ombres. Ce simple fait
qu'un homme de la valeur de John Adams ait,
pendant les angoisses de la guerre de l'Indépendance, noté chaque dimanche les noms des prédicateurs et la substance des sermons qu'il avait
entendus, montre la place que tenait la religion
dans la vie des populations de la Nouvelle-Angleterre.

VII

J'ai fait voir que les cinq modes de connaître et
d'exprimer l'absolu : religion, poésie, métaphysique, science et art, sont entre eux comme des
concurrents qui se disputent la place; ils sont
aussi et se comportent comme des *associés*. En un
sens, ils sont partie prenante à la même masse,
en sorte que chacun gagne plus ou moins à l'ab-
stention ou à la disparition des autres; et, d'autre
part, ils sont, tous pour chacun, comme des bail-
leurs de fonds, des commanditaires, sans le secours
desquels aucune de ces cinq grandes entreprises

spirituelles ne prendra l'extension qu'on en pourrait attendre. Si l'arrêt de développement de la philosophie, de la science, de la poésie et de l'art, a fait plus large la place que la religion occupe dans les âmes, plus actif le rôle qu'elle joue dans la société, la même cause a, par compensation, abaissé le niveau auquel elle atteint dans les esprits, rétréci l'horizon qu'elle embrasse. La religion a perdu en envolée ce qu'elle a gagné en assiette. Son caractère le plus apparent, au moins dans toutes les sectes protestantes, c'est qu'elle n'est à peu près qu'une morale, une règle de vie pratique; la théologie y est nulle ou pis que nulle, sèche et terre à terre au delà de toute expression. C'est que la théologie est une métaphysique trempée dans la légende, un poème enflé de métaphysique; là où poésie et philosophie manquent, la théologie ne naît pas viable ou n'a pas sa croissance normale. L'esprit américain ne l'imagine pas, ne la souhaite pas, et, sans doute, ne la souffrirait pas plus développée. Il est significatif que les sectes qui se sont fait en Amérique la clientèle la plus étendue, le baptisme et le méthodisme, se sont abstenues systématiquement de procurer à leurs ministres une culture théologique; elles ont été longtemps sans aucun séminaire savant. Leurs pasteurs n'en avaient que plus d'action. Longtemps persécutés et traqués, entrés en scène plus d'un siècle après les presbytériens et les congrégationnalistes, ces missionnaires ignares ont conquis plus de la moitié de la population américaine. C'est qu'au fond cette population ne leur demandait pas de théologie et leur savait gré de n'en pas charger leurs discours.

C'est d'ailleurs une remarque faite par tous les observateurs des États-Unis, que la prédication dans toutes les églises est exclusivement éthique, presque jamais dogmatique. Le prédicateur ne prend pas la peine de répondre aux questions de l'intelligence curieuse, par la raison qu'ici l'intelligence n'est pas curieuse; il se préoccupe de fournir aux hommes l'appui intérieur, le moyen de réfection morale dont ils ont besoin au cours de leurs longs efforts.

Les sujets de prédilection des sermonnaires sont, par exemple, la responsabilité de l'homme, son activité morale et la vieille question du libre arbitre et de la nécessité. « La prédication », dit Baird, « deviendra de plus en plus simple et scripturaire. Partout on demande un christianisme *qui puisse être prêché*, et non pas d'interminables spéculations sans rapport avec les besoins de la conscience. » Qui puisse être prêché, voilà le mot de cette religion utilitaire. Tocqueville avait déjà remarqué la tendance des pasteurs à laisser de côté ce qui se rapporte à l'autre vie et à se tenir en vue de cette terre.

Les sectes sont nombreuses; mais les principales différences qui les séparent portent sur des

questions de rite et de cérémonial, ou d'organisation et de discipline[1], plutôt que sur des points
de foi. Aussi l'esprit sectaire apporté d'Europe,
et qui avait régné dans les premiers temps de la
période coloniale, s'est-il sensiblement atténué;
les raisons d'être profondes lui manquaient. C'est
une coutume répandue d'admettre les ministres
de toutes les dénominations à faire éventuellement le service dans le même temple et à se remplacer en cas de maladie[2]; c'en est une aussi pour
les ouailles de suivre, à l'occasion, des exercices
religieux dirigés par des pasteurs d'une autre confession; enfin, rien n'est plus ordinaire que de
changer d'église par la seule raison qu'on préfère

1. Voir Baird, t. II, p. 271. C'est un fait significatif que l'un
des plus grands orateurs de la chaire aux États-Unis, Henry
Beecher Stowe, n'ait mis aucune théologie dans ses prédica-
tions. « Ce qu'était sa croyance, dit le journal *The Nation* à
propos de la statue qu'il était question de lui ériger, personne
n'a jamais pu le bien discerner; aucune dénomination religieuse n'a jamais pu établir son titre à le réclamer pour un
de ses membres. »
2. A Philadelphie, le pasteur d'une église baptiste étant
empêché, le service fut fait pendant deux ans par des ministres
d'une autre dénomination, même par des pédobaptistes.
L'Union américaine pour les écoles du dimanche réunissait,
vers 1830, des membres de toutes les églises évangéliques.
En remontant même aussi haut que 1764, je trouve dans la
charte de la Brown University des clauses prescrivant que des
deux comités dirigeants de cette corporation, l'un, les *Trustees*,
doit contenir, à côté d'une majorité de baptistes, un nombre
déterminé de quakers, de congrégationnalistes et d'épiscopa-
liens; l'autre, les *Fellows*, peut comprendre quatre membres
sur douze appartenant à d'autres dénominations que le baptisme. (*Nation* du 23 octobre 1890.)

un pasteur à un autre. Les déplacements de ce
genre sont aussi multipliés que les conversions
sont rares. Un Américain protestant, interrogé
sur la secte à laquelle il appartient, ne répond
pas : « Je suis baptiste ou congrégationnaliste »,
mais : « J'entends M. un tel » [1]. Faut-il ajouter
le fait que Talleyrand rapporte comme très ordinaire : un père, la mère et les enfants, formant
une famille très unie, et dont chacun, sans opposition ni commentaire de la part des autres, suit
paisiblement la croyance qu'il préfère? Tous sortent ensemble le dimanche, se rendent respectivement à l'église de leur secte, et, de retour au
foyer commun, s'abstiennent de toute dispute sur
le sujet délicat qui vient d'occuper leur esprit; on
n'en fait même jamais mention. « J'ai été, ajoute
Talleyrand, plus d'une fois témoin oculaire de ce
spectacle auquel rien de ce que j'avais vu en
Europe n'avait pu me préparer. Tout cela ne peut
évidemment s'expliquer que par une sorte de
liberté d'indifférence à l'endroit du dogme [2]. »

VIII

Sur les points de foi eux-mêmes, le travail de
la pensée a rarement engendré une efflorescence

1. Duvergier de Hauranne, t. II, p. 5.
2. Mémoire sur les relations commerciales de l'Angleterre
avec les États-Unis.

théologique; il a produit plutôt une défloraison.
Il a presque toujours tendu à réduire, à émonder
ce qui ne sert qu'à fournir des satisfactions
improductives à l'imagination et à l'entendement;
il a gardé et cultivé ce qui parle à la conscience,
au sentiment, et concourt par cette voie à rendre
la volonté plus énergique, l'action plus continue
et plus fructueuse. Rien de plus plat et de plus
pauvre philosophiquement que l'unitarianisme
originel, tel qu'on le rencontre dans les écrits
de Channing, ce rationnalisme inconséquent qui
admet posément les miracles, s'aide des Écritures
pour amollir la sécheresse du déisme et couronne,
on ne sait pourquoi, d'un idéal chrétien son sensua-
lisme emprunté de Locke et sa morale de sentiment. Un peu plus tard, à la vérité, nous le retrouvons sous la forme plus relevée d'un transcendantalisme né de Kant; il embrasse avec vigueur, il
exprime avec éloquence la thèse de l'intuition, de
la spontanéité de l'âme; mais presque aussitôt le
voilà qui s'écoule, se concentre, s'absorbe dans
la thèse toute polémique de l'abolitionnisme,
comme si l'intellect américain n'était pas de force
à se soutenir plus longtemps au niveau de la
métaphysique. La majorité des petites communions
montre une tendance à supprimer les formulaires
et les confessions de foi, à chercher l'unité
d'esprit, c'est-à-dire un accord moral et pratique
plutôt que la conformité de croyance, à retrancher

les côtés sombres et menaçants du dogme, à regarder les Écritures non comme un texte sacré, mais comme une source vénérable d'inspiration, à proclamer les droits de l'intuition, de la parole intérieure et spontanée. Les plus avancées éliminent plus ou moins l'élément divin et tirent de la Bible, soit une morale à la Confucius, soit une profession de foi du Vicaire savoyard.

Quelques exemples fourniront une idée plus précise de cette évolution, qui se caractérise sommairement par deux tendances : *déraidir* et *désassombrir* le dogme.

D'une part, il semble que cette population, qui a contracté de plus en plus l'habitude de se sentir libre en toutes choses, se prête de moins en moins aux servitudes d'une foi déterminée. C'est ainsi que les baptistes, les congrégationalistes et, à leur exemple, les sectes des chrétiens, des baptistes du libre arbitre, des universalistes, des disciples du Christ, écartent les *credo* en articles et ne reconnaissent d'autre règle que l'Écriture.

L'Église épicospale descend la même pente. Tout récemment, l'un de ses dignitaires, le Rév. Mac Connell, caractérisait ainsi qu'il suit les trente-neuf articles, qui furent au temps jadis, en Angleterre, l'ample sujet de persécutions et de vexations que l'on sait : « On commanda, dit-il, de les relier avec le *Prayer book* dans toutes les éditions à venir, sans qu'on fît une obligation

d'y souscrire formellement. Ils ont, depuis,
conservé cette place. Chacun décide pour son
compte du degré de créance qu'il leur accorde.
Ils sont comme un fragment de la pensée du
xvi⁰ siècle transporté dans le xix⁰ siècle. Ils n'ont
jamais exercé d'influence appréciable sur la vie et
la croyance de l'Église. Comme toutes les confessions du même temps, ils ont en grande partie
cessé d'être intelligibles. Ils marquent l'étiage
d'une marée qui s'est retirée. Le fleuve religieux
a continué son cours sans s'arrêter à ces signes
surannés. La dernière revision du *Prayer book* a
prescrit qu'ils fussent reliés sous la même couver-
ture; la prochaine les renverra se faire brocher
à part. »

Il semble, d'un autre côté, que cette nation, à
qui tout réussit et où il y a place au festin pour
tous les individus, soit moins inclinée aujourd'hui
qu'aux temps difficiles de ses premiers établissements à concevoir un ciel à porte étroite et le
salut limité à un petit nombre. Tout récemment,
le Congrès pour les missions étrangères, ayant
consulté les églises et les séminaires sur la
question de savoir s'il ne faut pas exclure les
missionnaires qui croient au purgatoire, n'a reçu
que très peu de réponses. On ne tenait pas à
confirmer une règle dont l'effet serait, paraît-il,
d'exclure presque tous les pasteurs congrégationnalistes de Boston. On sait que Mᵐᵉ Beecher-

Stowe se disait moins révoltée par l'esclavage que par la doctrine du châtiment éternel. C'est dans cet esprit d'indulgence que le *presbytery* de New-York a entrepris de reviser la confession de foi de Westminster. Ce symbole religieux, rédigé au XVII⁰ siècle, admet, dans toute l'étendue et la rigueur de leurs conséquences, le dogme de la prédestination et le principe : « Hors de l'Église point de salut ». On incline à omettre ces doctrines comme surannées et « imprêchables ». La cause de cette évolution est aisée à saisir. Elle a son siège dans l'idée que l'homme se fait du bonheur et du bien. Une vie exubérante, avec des fautes que l'homme ne s'attarde pas à regretter, des mécomptes que la suite répare ou compense, pareille à un large fleuve d'activité saine, utile et prospère, entraînant sable et fange dans son courant à la fin purifié, voilà une conception du souverain bien terrestre qui ne prépare guère à écouter les chicanes d'une conscience timorée. L'Américain devient de jour en jour plus optimiste. Pénétré du sentiment qu'ici-bas il ne faut faire état que d'une bonne moyenne et du surplus final, il transporte instinctivement ce critérium dans ses notions de l'au-delà et il paraît s'écarter de plus en plus de l'état d'esprit qui caractérise le calvinisme.

IX

Cet amollissement et cette déchéance du dogme avaient d'autant plus de facilité à se poursuivre, que leurs inconvénients se trouvaient ici très atténués. Le génie pratique, formé et exercé, assoupli et relevé par la grandeur du but et la continuité de l'effort dans ce champ illimité ouvert à l'activité humaine, avait toutes les ressources nécessaires pour couvrir ce déficit doctrinal. Rien n'est plus significatif que de le voir tirer des effets bienfaisants et durables de croyances mal étudiées, accueillies sans discernement, et dont plusieurs étaient véritablement incohérentes, déréglées et pernicieuses.

C'est un phénomène très ordinaire aux Etats-Unis, que des doctrines aussi antiéconomiques et antisociales que celles des shakers, des rappistes, de l'amour libre, des communistes d'Amana, aient pu servir de lien apparent à de petites sociétés assises et tranquilles, qui, après être devenues riches jusqu'au superflu, continuent sans dégoût leur vie de travail. Commencer à ôter à des hommes, par le communisme, l'incitation de la propriété privée, par le célibat, celle d'une famille à pourvoir ou à enrichir, et obtenir d'eux que, des années durant, ils s'emploient infatigablement à cultiver le sol, à cueillir des simples, à fabriquer

des essences et des parfums ou des pièges à bêtes
fauves, tout cela aboutissant à la création d'une
grande fortune qu'il ne leur vient pas à l'idée de
liciter pour en prendre chacun sa part[1]; — dire à
d'autres hommes que toutes les passions sont
bonnes, notamment l'attrait du sexe, qu'il n'y
faut pas résister, et, sur ce principe qui devrait
conduire les mâles à s'entre-déchirer, fonder une
société que plusieurs lustres ont vue paisible et
harmonieuse, laborieuse et prospère — ce sont
là des paradoxes singulièrement caractéristiques.
Pareillement, voici une Société (la Libre Association religieuse), à ce point antidogmatique qu'elle
affiche comme son but unique de « favoriser les
intérêts pratiques de la pure religion, d'accroître
la sympathie spirituelle, et d'encourager l'étude
scientifique du sentiment religieux ainsi que de
l'histoire religieuse ». A cette œuvre négative qui
vise à miner la base de tout dogme, cette société
ajoute une œuvre positive de confréries charita-
bles. Au fond, ce travail philanthropique en
commun est, entre les membres, le seul et solide
lien d'une union spirituelle; ils la maintiennent,
d'autre part, sans que cela paraisse leur coûter,
par des réticences touchant les points de foi et
par l'emploi étudié d'expressions vagues dont on
ne réussit pas à les faire sortir. L'une de leurs

1. Il y a eu exception pour les rappistes; mais ç'a été une
scission plutôt qu'une liquidation.

thèses est que l'organisation religieuse doit être fondée sur l'unité d'esprit plutôt que sur la conformité de croyance. Que dire encore de cette Société pour la culture éthique, dirigée à New-York par un athée, Adler, qui, après avoir éliminé Dieu, le reprend tout de suite après à titre d'hypothèse, conserve du déisme ses conséquences, qui sont la croyance à l'ordre dans le monde et à la bonté de cet ordre, et fonde sur cette plate-forme mal étayée un ensemble d'œuvres pratiques? — Il est si vrai que ce sont les œuvres et non le dogme qui sont réputées l'élément essentiel d'une Église, qu'une loi récente a conféré au président de cette association, exactement comme au ministre d'un culte, le droit de solenniser les mariages de ses adhérents[1].

Ces contradictions frappantes se résolvent par cette simple observation que le lien de l'association n'est pas ici la doctrine déterminée inscrite dans la profession de foi, mais le goût passionné et, en un sens, désintéressé de l'effort régulier, l'orgueil du travail efficace, l'intérêt sentimental de l'action philanthropique. Il s'y ajoute éventuellement, dans cette âpre lutte pour la vie, la timidité de certaines âmes mal armées et qui se

1. Le même professeur Adler, dans une allocution sur *the Freedom of ethical Fellowship*, publiée par *the International Journal of Ethics*, montre de combien peu d'importance est une théorie systématique du bien et du devoir, même pour organiser des œuvres pratiques d'un caractère moral.

dérobent à la responsabilité, la satisfaction qu'elles trouvent à n'avoir pas la charge de se diriger soi-même. Mais cette seconde cause ne fournit qu'un appoint.

En somme, lorsque l'Américain rencontre par hasard une doctrine, il n'a pas l'esprit assez subtil pour la chicaner longtemps sur ses raisons et ses justifications. Il s'y rangera sans faire le difficile, pourvu qu'il y trouve un cadre où déployer et ordonner son activité. Le cadre est-il commode, son activité y est-elle à l'aise, il aura de la doctrine ce qu'il en voulait avoir et ce qu'il estime essentiel. Il ne s'avisera pas de la reconsidérer de l'œil inquiet du penseur. Ce sont les muscles et les nerfs qui sont exigeants, non l'intelligence. Si les premiers ont leur content, celle-ci s'arrange pour être satisfaite. Et elle marque cette satisfaction par une incuriosité singulière, par une arrogance de formes, un mépris des autres, qui ne vont qu'avec la suprême ignorance. Bien plus, si la doctrine s'est incorporée dans un homme qui, ayant promulgué la règle de vie, s'est montré supérieur dans l'art d'ordonner et de concerter les efforts, on n'hésitera pas à se soumettre à lui sans raisonner, sans rien réserver, si grossière et absurde que soit sa théorie, et ainsi se produiront ces miracles d'obéissance passive et d'abdication de soi dont le rappisme, le mormonisme et les communautés de shakers nous offrent le spectacle répugnant[1].

X

La déchéance du dogme et de la théologie retentit sur la position du clergé, sur l'idée qu'il se fait de ses droits et de ses devoirs. Nous avons montré que, même dans les colonies où elle a été quelque temps protégée par des lois intolérantes, l'Église n'a jamais tiré ses titres d'un droit divin; elle les a toujours reçus de l'opinion, de la volonté générale, et justifiés par des raisons d'intérêt public. En ce sens, elle n'a jamais cessé d'être soumise au droit commun, même lorsque la loi violentait la conscience au nom de la foi, et le législateur lui a de bonne heure retiré tout appui partial. Voilà pourquoi le clergé des différentes communions ne parle pas ici avec cet intime accent de supériorité que le sentiment d'un droit transcendant, auquel rien ne peut légitimement être opposé, imprime aux enseignements de vos Églises continentales. Il ne connaît pas ce ton de prince souverain médiatisé d'hier et non résigné, qu'elles ont gardé de leur longue domination sur les corps aussi bien que sur les âmes, de la déférence inquiète du pouvoir civil envers elles, de

1. Voir *Mc'Connell's American Episcopal Church* (1890).

l'usage sanglant qu'elles ont fait durant des siècles du bras séculier.

Une autre cause diminue encore le prestige du clergé. On a vu que l'immense majorité des Américains, engagés à outrance dans une existence d'action et de travail, demandent à la religion de la force et un point d'appui plutôt que de la lumière. Ils ne la conçoivent guère comme une vérité absolue que l'on recherche pour elle-même avant d'en tirer une règle de conduite; elle est essentiellement à leurs yeux cette règle de conduite même, et la vérité absolue n'intervient ici que pour en reculer la source et en relever l'autorité. Elle a malgré tout plus de consistance et d'assiette que la morale philosophique, mais elle part généralement du même niveau que la raison humaine et que l'expérience. Elle prend rang parmi les fonctions sociales, parmi les formes d'activité bienfaisantes et nécessaires, sans élever — et en tout cas sans faire accepter la prétention d'être mise à part et hors de pair. *Socia et magistra, non domina aut regina vitæ.* De là vient que le pasteur, particulièrement dans la Nouvelle-Angleterre, est traité simplement comme le producteur d'une denrée utile et prisée. Son église acquiert ou perd la vogue, selon son mérite et son industrie. On trouve tout naturel qu'il débatte la valeur de ses services. Son caractère sacré ne lui défend aucun des actes permis

aux autres citoyens. Il peut, s'il lui plaît d'en
courir le risque, mêler la politique ou l'économie
sociale à ses sermons. Le risque, c'est qu'on déserte
son temple, car on incline généralement à le considérer comme peu préparé à aborder de tels
sujets[1]. Nous avons peine à nous figurer un
sacerdoce qui occupe dans la société une place
si médiocre, et qui réunit tant d'activité à si peu
de prestige.

Le retour volontaire au niveau commun de la
part de l'Église romaine, sa rentrée dans le rang
ne sont pas moins remarquables. Macaulay a
rendu hommage à la faculté extraordinaire d'adaptation dont elle a fait preuve au xiii° et au xvi°
siècle. Je ne puis citer de plus concluant exemple
de cette même flexibilité que l'attitude et le
langage des prélats catholiques américains.
L'Église catholique a toujours été réputée la plus
explicite et la plus rigide de toutes les communions en ce qui concerne le dogme, la plus
portée à condamner tout ce qui n'est pas elle, la
moins disposée à se contenter du pied d'égalité
avec les autres sectes et de sa propre autonomie,

---

1. Un père de famille pieux et éclairé mettait en garde un
voyageur européen contre les prédicateurs qui abordent la
question sociale : « Ils n'y connaissent rien et n'y peuvent
rien connaître. — Pourquoi? — Parce qu'il n'y a personne
qui les en instruise; vous savez que tous les gens raisonnables
considèrent le clergé comme tenant le milieu entre l'homme
et la femme. »

la plus accessible enfin à des souvenirs d'antique suprématie et à des pensées de domination pour l'avenir. Or, qui la reconnaîtrait avec cette physionomie classique, dans la figure et les discours de ce cardinal Gibbons, le même que nous voyons, après avoir voté contre l'infaillibilité, condamner l'inquisition, réprouver la Saint-Barthélemy, en prenant la simple précaution de déclarer que Rome y est restée étrangère ; garder un silence significatif sur les miracles contemporains et les dévotions qui en sont issues ; revendiquer la liberté pour toutes les dénominations religieuses ; ne désigner les protestants que par l'expression courtoise *my dissenting Brethren* ; appeler les membres de l'Église anglicane : *our friends the Episcopalians* ; tendre volontiers la main à toutes les sectes, sans plus exiger d'elles que la foi à la mission divine de Jésus-Christ ; critiquer la démarche de certaines Églises de Baltimore qui pressaient le maire de supprimer une école du dimanche antichrétienne, et donner pour raison de son blâme que la contrainte en matière religieuse est elle-même antichrétienne, outre qu'elle est impolitique ; dénoncer l'alliance déjà ancienne de l'Église de Rome avec les hautes classes, lui recommander de se ranger comme autrefois du côté des pauvres ; prescrire à son clergé la simplicité dans les rapports avec les fidèles ; mettre une intention marquée à désigner son emploi, non par les mots de « ministère sacré » et de « dignité ecclésiastique » mais par ceux de « profession spirituelle », ce qui semble la classer à côté et au niveau des carrières civiles? La cour du Vatican s'était inspirée du vieil esprit conservateur, en frappant de ses foudres les Chevaliers du travail. Le cardinal Gibbons l'avertit qu'il serait imprudent « d'offrir à l'Amérique une protection ecclésiastique que celle-ci ne demande pas et dont elle ne croit pas avoir besoin », « qu'il n'est ni possible ni nécessaire dans ce pays de substituer l'idée de confréries dirigées par des prêtres à celle d'organisations purement industrielles, où catholiques et protestants se rencontrent sur le pied d'égalité; que ce mélange ne présente aucun danger pour la religion »; qu'en le condamnant, l'Église s'exposerait au reproche d'être *unamerican*, c'est-à-dire étrangère au sentiment national, et que ce serait l'arme la plus puissante que ses ennemis pourraient diriger contre elle [1].

On ne saurait donner un exemple plus frappant de la décision et de l'aisance avec lesquelles le clergé catholique américain descend volontairement les marches de l'autel, élargit l'accès du sanctuaire, fraternise avec toutes les autres communions chrétiennes, accepte les règles et se plie

1. Voir S. C. Bodley, *The Catholic Democracy of America*, Baltimore.

aux convenances de la société civile, et y prend
sa place sans réserve mentale, aux conditions
communes à toutes les sectes religieuses.

Il y a aux États-Unis un autre prélat infiniment
respecté, l'évêque de Saint-Paul, en Minnesota,
Mgr Ireland. Je ne résiste pas au plaisir de citer
quelques fragments d'un de ses discours :

« ... En dépit de ses erreurs, dit-il, j'aime mon
siècle, j'aime ses aspirations et ses actes.

« Je ne cherche pas à remonter le courant des
âges. Je voudrais plutôt le devancer... suivant
l'expression américaine, *let us go ahead*. Qu'importe s'il nous arrive de nous tromper? Qui ne
hasarde rien n'a rien. Le conservatisme qui ne
veut jamais s'aventurer n'est que pourriture et
poussière.

« Ne craignez pas ce qui est nouveau, pourvu
que les principes restent intacts. Nous sommes
dans un temps d'innovations, et l'action religieuse,
pour rester d'accord avec le siècle, doit prendre
des formes et des directions nouvelles. Que l'individu agisse avec vigueur. Que le laïque n'attende
pas l'impulsion du prêtre, le prêtre celle de
l'évêque, l'évêque celle du pape. Les timides vont
en troupe, le brave s'avance seul. Lorsque des
efforts concertés sont nécessaires, soyez prêts, et,
en tout temps, obéissez promptement aux ordres
qui vous sont donnés; mais souvenez-vous que
l'action individuelle n'en a pas moins un très

large champ, et que le bien qu'elle peut faire est
immense.

« Nous devons vivre dans notre siècle, le connaître, être en contact avec lui. Il y a des catholiques, plus nombreux il est vrai en Europe qu'en
Amérique, qui ne connaîtront le présent que longtemps après qu'il sera devenu le passé. Notre
tâche est dans le présent, non dans le passé. Il
est déraisonnable de chercher à comprendre le xiiie
mieux que le xixe siècle, d'être plus familier avec
les erreurs d'Arius et d'Eutychès qu'avec celles
des incrédules et des agnostiques contemporains,
d'étudier plus à fond les causes des hérésies albi-
geoises, ou luthériennes, ou de la Révolution française que les agents des soulèvements sociaux de
notre époque. Le monde est entré dans une phase
entièrement nouvelle, le passé ne reviendra pas ;
la réaction est le rêve d'hommes qui ne voient
pas, qui n'entendent pas, qui se tiennent à la
porte des cimetières et pleurent sur des tombes à
jamais fermées, oubliant le monde vivant qui est
là derrière eux. Nous devons parler à notre siècle
de choses qu'il sent, dans une langue qu'il puisse
comprendre. Nous devons être de notre siècle,
rester dans notre siècle, si nous voulons qu'il
nous entende. »

XI

La population des États-Unis est partout mobile ; elle est plus que mobile dans les États transmississipiens, presque nomade dans le Far-West et parmi les *settlers*. De leurs déplacements incessants, de leurs poussées rapides en avant et au sein des solitudes, il résulte que les religions qui ont une unité trop forte, des rites compliqués, des sacrements nombreux et un caractère essentiellement sacerdotal se sont trouvées à peu près incapables de les suivre avec ce lourd bagage. Le catholicisme, particulièrement, était condamné à rester en arrière. L'avantage était pour les organisations qui faisaient une Église autonome de chaque communauté de fidèles, comme c'était le cas des baptistes et des congrégationnalistes, et pour les formes religieuses les plus simples et les plus laïques, j'entends celles qui avaient le moins besoin du prêtre ou qui lui demandaient le moins, qui se prêtaient le mieux à le remplacer par le prédicateur improvisé, ou à le suppléer par le chef de maison, qui pouvaient se perpétuer sans trop d'amoindrissement à l'état de culte de famille. On voit pourquoi le baptisme et le méthodisme, avec leurs prêcheurs en grande partie laïques ou qui n'avaient point passé par le séminaire, et avec leur doctrine de l'inspiration ouverte à tous, sont les *dénominations* qui ont le mieux réussi parmi les populations de l'Ouest. Elles étaient seules adaptées à la condition de colons disséminés dans les solitudes.

A contempler ces hommes qui s'enfoncent dans le Far-West sans regarder derrière eux, on se surprend à espérer je ne sais quel retour à la fraîcheur d'impression, à la fécondité d'imagination de l'humanité jeune devant un monde nouveau. Aux confins des déserts, dans l'infini horizontal des hautes herbes, près des forêts inexplorées où circule une faune redoutable, à l'ombre des grandes chaînes de montagnes, dans ces vallées closes où les rivières se perdent mystérieusement au lieu de rejoindre la mer, ne doit-on pas s'attendre à voir quelque chose de l'antique naturalisme renaître dans ces cervelles incultes et rajeunir la vieille tradition apportée du continent? L'astre, le mont, le fleuve, l'arbre, pères des dieux d'autrefois, seront-ils ici sans postérité?

La platitude monotone de la Russie, qui laisse l'âme moscovite sous l'empire des formules verbales et des saintes images, se retrouve ici dans la prairie illimitée des régions centrales. Mais que d'autres sensations plus riches l'Américain reçoit de ces bois que les lianes rendent impénétrables, de ces campagnes fleuries comme un jardin, de ces cimes neigeuses qui envahissent le ciel, de ces cours d'eau dont un bord ne distingue pas l'autre, de ces marécages aux vapeurs traînantes ! Les Indous, les Grecs, les Hébreux n'avaient pas un horizon plus varié pour l'envolée de leurs légendes. N'allons-nous pas rencontrer des révélations et des épiphanies locales, des saints ou des héros propres à chaque tribu, des fétiches ou des objets sacrés propres à chaque district ? Autour de ces dévotions, les communions et les sectes n'iront-elles pas se multipliant et se diversifiant ? A partir de 1846, l'affluence des immigrants est énorme. Pressés par ceux qui viennent derrière eux, entraînés plus loin, privés du peu de souvenirs qu'ils ont pu garder d'abord de la vie européenne, désorientés comme l'enfant qu'on a transporté en un lieu inconnu pendant son sommeil, les voilà enfin livrés à eux-mêmes et à des sensations toutes nouvelles. La nature vierge, une existence solitaire et presque sauvage, n'auront pas de peine, ce semble, à refaire tout l'homme, et de ce tout la religion sera l'âme, le centre vivant.

Plusieurs causes ont arrêté l'efflorescence des légendes et des cultes locaux. Une vue profonde de Michelet sépare en deux l'humanité religieuse : les peuples de la nature et les peuples du livre. Les peuples du livre l'emportent. La Bible que les immigrants apportaient du continent ou qu'ils retrouvaient sur ces bords nouveaux leur a comme désenchanté le monde physique. Toute la magie flottant sur les choses s'en est retirée pour se condenser entre ces feuillets augustes. Il n'y a plus eu de *divin* que dans le texte sacré ; l'univers visible en a été comme purgé. Toute création de l'imagination religieuse a eu pour point de départ et pour caution quelque verset des saintes Écritures, authentiques ou apocryphes. De là je ne sais quoi d'arrêté, de verbal, de déductif qui remplace le libre coup d'aile de l'intuition primitive. Les conceptions religieuses sont ici comme des tiges qui sortent toutes, non de racines plantées en terre, mais de boutures et de greffes pratiquées sur le tronc vigoureux du christianisme biblique.

Plus encore que le christianisme, les siècles de réflexion et de culture que l'humanité a traversés font échec au naturalisme mystique. Ils ont laissé dans la langue, et par la langue dans l'esprit, un résidu résistant qui a son siège dans le vocabulaire et dans l'appareil dialectique, et qui tend à dissoudre la légende à mesure qu'elle se forme. Les plus incultes participent à cet héritage. La longue civilisation de l'Europe occidentale est comme une liqueur recuite, un bouillon à demi stérilisé, où ne peuvent vivre qu'affaiblis les germes générateurs des mythes. Cette influence se fait sentir chez les plus ignorants et les plus isolés de nos paysans ; elle frappe

d'une sorte d'impuissance relative la fonction
mythogénique. — Enfin, sortis par sélection
d'une race amoureuse de l'action et de l'effort,
aux prises avec une tâche accablante, le loisir et
l'aptitude manquaient aux immigrants, soit pour
les immobiles contemplations et les longs retours
sur soi-même, soit pour les bavardages et les
récits ornés d'où procèdent les légendes religieuses ou héroïques. Ils ont donné l'exacte
mesure de leur capacité en ce genre par la théologie matérialiste et courte du mormonisme et
par le spiritisme, cette forme à la fois puérile et
vieillotte de la création mythique, qui paraissait
naguère fort répandue dans l'Ouest et qui comptait, disaient les adeptes[1], trois millions d'adhérents.

Le développement religieux de cette partie de
la population américaine a été, on pouvait s'y
attendre, presque exclusivement éthique. La
religion a été conçue comme l'appui d'une
morale. Déclassés en Europe, aventuriers ici,
simples chercheurs de lucre, beaucoup des plus
récents *settlers* semblent avoir pour conscience
une table rase. Depuis cinquante ans, un grand
nombre n'ont fait qu'une trop courte étape dans
les États de l'Est, au sein d'une société assise
et relativement régulière, dont l'exemple et la

1. Hepworth Dixon (1867).

pression collective auraient pu les plier à une
discipline traditionnelle. La règle de vie s'est
obscurcie chez ces hommes trop tôt dispersés et
comme égrenés; un individualisme brutal est
resté leur unique loi. S'ils possèdent enfin un
idéal moral, c'est qu'ils l'ont eux-mêmes retrouvé.
La dure vie, qui a déchaîné leurs instincts, les
dispose par réaction à concevoir je ne sais quel
ordre supérieur. Une illumination soudaine le
leur découvre, au détour d'un chemin, dans des
circonstances qui varient avec un chacun. L'opération a été bien des fois décrite. Partout où
l'homme ne reçoit pas son *Credo* tout fait, mais
le rencontre seul à seul ou l'invente à son usage
dans le secret de sa conscience, la diversité est
extrême. Il en est ici de la religion comme de la
langue, avant qu'aient paru ou après qu'ont été
détruits les monuments qui la fixent. Jusque-là
ou à partir de là, dans toutes les bouches, les
mots ne cessent pas de naître, de presser sur
leurs devanciers qui parfois tombent hors de
l'idiome et se perdent, puis ils tombent à leur
tour, refoulés par de nouveaux venus. La concurrence a ici son libre jeu, sans privilège ni protection pour aucun. Le renouvellement est indéfini.
C'est exactement ce qui se produit en matière de
foi tant qu'il n'y a pas de société constituée et
assise solidement autour de l'arche sainte qui
contient le dogme et les rites, ou lorsqu'une

partie considérable de la nation se trouve jetée
hors de la sphère où l'action de cette société peut
s'étendre. Alors toutes les croyances germent
comme des graines folles dans un sol qui n'a pas
été sarclé et n'a pas reçu de semailles régulières.

Ne nous étonnons donc pas du nombre des
sectes différentes qui existent aux États-Unis. Il
y aurait plutôt lieu d'être surpris qu'elles ne
fussent pas plus nombreuses. S'il n'y en a pas
davantage, c'est que là encore l'*action* tient trop
de place, souffre de trop rares détentes et, en un
mot, prend trop tout l'homme pour que la foi et
les émotions religieuses aient leur part régulière
de la vie quotidienne et en forment comme le
fond continu et perpétuellement senti. Chez les
settlers du Far-West, elles ne paraissent guère
qu'à intervalles inégaux et rares ; aussi des
communions distinctes à profession de foi fixe et
définie peuvent difficilement se constituer sur cette
base qui se dérobe. Ce qui a le plus de chance de
prévaloir ici, ce sont les sectes sans profession de
foi déterminée, sans ombre de théologie, à inspiration très libre, comme le baptisme. Avant le
baptisme, ce qui a dominé et domine encore, la
première forme de l'inspiration religieuse, c'est
quelque chose qui échappe à toute dénomination
sectarienne (bien que les baptistes en aient été
généralement les ouvriers avec Dieu), c'est le
réveil des *camp meetings*.

Que sont ces *revivals*? Selon les témoignages de maint observateur, ceux d'aujourd'hui sont encore semblables à celui qui troubla le Kentucky et étonna l'Amérique en 1801. Un arrêt se produit de temps à autre dans le cours de ces vies brutales et impures, une crise aiguë du sens moral longtemps silencieux et comme mort, et cette crise se traduit, dans ces tempéraments trop forts, par des accès à moitié physiques, chaos répugnant où se mêlent la frénésie du remords, les bonds en avant, les chutes volontaires, les cris inarticulés, les éjaculations monotones, le geste idiot, les attendrissements cherchés, les attouchements suspects. L'imagination, la raison n'ont rien à voir dans ces déréglements; cela se passe entre la conscience — qui apparaît ici moins comme une lumière que comme un éclair rapide et affolé dans une nuit épaisse — et les systèmes nerveux et musculaires qui s'agitent hystériquement à ce signe, com...e si ces âmes, inhabiles à un retour sur elles-mêmes, avaient besoin de se voir en quelque sorte du dehors, et n'étaient sûres d'éprouver que ce qui se répercute en mouvement dans leurs membres, en impressions sur leur chair et dans leurs sens. Nulle création théologique, nulle vue claire de l'au-delà; rien qu'un reflet obscur et brouillé du divin qu'on reconnaît à peine dans cette moralité intermittente à forme épileptique.

XII

Est-il possible de prévoir quelles modifications et inflexions se produiront à l'avenir dans le cours de l'évolution religieuse? La direction paraît en avoir été déterminée jusqu'ici par quatre causes destinées à s'atténuer; ce sont : l'extraordinaire consistance et la vigueur héréditaire du groupe Nord-Est, l'extrême mobilité et l'individualisme de l'Ouest, l'absence ou la médiocrité de la culture dans tous les autres groupes un peu anciens, la prépondérance écrasante de l'activité pratique.

Or, l'unité du groupe Nord-Est est aujourd'hui rompue par l'invasion pacifique d'un grand nombre d'Irlandais et de Franco-Canadiens catholiques. Les derniers remplacent en partie les vieilles familles de fermiers congrégationnalistes qui ont émigré en grand nombre à la recherche d'exploitations plus fructueuses. Les premiers sont maîtres de Boston et des grandes villes. L'antique noyau puritain est ainsi entamé par l'extérieur, tandis que l'unitarisme, l'universalisme et l'agnosticisme le désagrègent intérieurement. C'en est fini de la puissante action éducatrice qu'il exerçait il y a cinquante ans.

A l'Ouest, à mesure que les territoires se peu-

plent et sont mis en valeur, des groupes plus
stables, des sociétés régulières se forment; l'individualisme se discipline, et les plus acceptables
d'entre les croyances prévalent sur les autres,
grâce à l'appui et à la recommandation d'une
opinion publique constituée. La libre végétation
des sectes avait déjà ce caractère, où se trahit
l'influence du milieu originaire, que toutes se
présentaient avec une apparence et un port chrétiens. Elles le conserveront sans doute en se multipliant avec plus de lenteur; puis elles se rappro-
cheront, se fondront enfin en un petit nombre
d'orthodoxies évangéliques [1]. Toutes les différentes branches du christianisme auront alors
l'autorité qui repose sur une croyance et un culte
officiels communs à des groupes nombreux et
respectables, tandis que s'amortira la puissance
de vie et d'expansion divergente dont les sectes
pullulantes sont le signe.

Par un mouvement parallèle, les Universités,
qui se sont déjà multipliées avec une rapidité
extraordinaire depuis cinquante ans, devien-
dront plus nombreuses encore et le point de
vue spéculatif s'élèvera graduellement au-dessus
des courtes perspectives de l'esprit pratique.
Le territoire entièrement occupé et exploité,

---

1. Baird observait déjà en 1836 que les sectes sont très nombreuses dans les régions récemment colonisées, et que leur
nombre diminue à mesure que la population augmente.

moins d'élan vers une richesse qu'il faudra
disputer à d'autres pour l'acquérir, des accu-
mulations de richesse acquise créant la curiosité avec le loisir, autant de conditions favorables
au développement de la science désintéressée. Une
marque première et déjà décisive de cette évolution est la place prépondérante que les principales
Universités accordent à l'étude des origines nationales et à l'étude de l'histoire philosophique, et le
lien étroit qu'elles établissent entre cette dernière
science et la politique. Les sciences exactes et les
sciences naturelles sont aussi en progrès. La
conception religieuse commence à les trouver
devant elle à l'état de corps constitués, en possession d'une méthode et d'un esprit qui s'insi-
nuent et s'étendent dans la société au delà même
de la limite où s'arrête la diffusion de leurs notions
positives, en sorte que l'intelligence de l'ignorant
lui-même résiste davantage aux *Credo* tout faits.
Des publications récentes nous montrent pour la
première fois des attaques suivies dirigées contre
l'obscurantisme des Eglises au nom de l'esprit
scientifique en même temps que des apologies
régulières, sous la forme d'essais de conciliation
entre les postulats religieux et les démonstrations
de la science.

Dans ces conditions, peut-on s'attendre à voir
la théologie renaître en se transformant, ou n'est-
ce pas, au contraire, l'extraordinaire amollissement

dogmatique dont nous sommes témoins qui va se
poursuivre? Questions à peu près insolubles en ce
qui concerne le lointain avenir. Dans les limites
d'une période plus prochaine, il semble à première
vue que les théologies régnantes puissent tout au
plus subsister par la force de l'habitude, mais
non qu'elles puissent s'accroître, ni des théologies
nouvelles se produire, dans l'atmosphère scientifique où baigne désormais l'esprit humain. Si un
développement dogmatique recommençait dans
ce monde encombré de lois immuables, ce ne
serait pas, sans doute, par une floraison fraîche et
libre, distincte et colorée, rappelant celle de l'imagination hellénique, mais plutôt sous la forme
d'une philosophie sentimentale et vaporeuse et
par une sorte de maladie du langage, analogue à
ce vague symbolisme verbal dont Emerson et Fro-
thingham ont donné de si singuliers exemplaires.
N'est-ce pas le dernier qui, écartant le Jéhovah
des Hébreux, la divinité trinitaire du chrétien, le
dieu personnel du déiste — conceptions finies —
adore la Loi indéfinissable, universelle, « matérielle, intellectuelle, spirituelle »..... « qui se
déploie à travers le monde, gouvernant les moin-
dres choses, maîtrisant les plus grandes; *tenant
dans le creux de sa main* toutes les affaires du
globe; comprenant tout : le domaine entier de la
raison, le domaine entier de l'espérance; si haute
qu'aucune foi ne peut en gravir la cime, si tendre

qu'on peut *reposer sur son sein comme un enfant...* » Dans cet éther brumeux, les différences dogmatiques des communions religieuses s'effacent et, dès à présent, au reste, plusieurs de ces communions correspondent moins à des divergences de fond qu'à des degrés dans l'échelle des classes sociales, le baptisme et le méthodisme ralliant les pauvres et les ignorants, les autres Églises groupant les riches et les cultivés. Ce qu'on peut se demander, c'est si la chute des barrières qui séparent les sectes n'entraînera pas quelque chose de ce qui a fait jusqu'ici la force et l'action du christianisme. La passion profondément humaine d'appartenir à un corps assez restreint pour que chaque homme ne s'y sente pas perdu, le goût du débat et de la lutte, le besoin d'une part d'activité machinale, trouvaient dans les différences sectariennes de doctrines et de rites une satisfaction qui leur manquera désormais. « Combien d'hommes, dit justement M. J. B. Vasson, n'auraient jamais été attirés par les maximes du christianisme pur, qui sont tout prêts à vivre du christianisme et même à mourir pour lui, quand il est mélangé d'éléments terrestres et jeté dans des moules essentiellement humains? Nos yeux ne supportent pas de fixer la blanche lumière qui vient du ciel. » Le christianisme, en s'épurant, perdrait ainsi un peu de ses prises sur l'âme et de sa valeur pratique.

J'arrête ici cette trop longue course à travers un sujet d'une richesse infinie, qui demanderait, pour être traité dignement, un ensemble d'informations que je n'ai pas. J'aurai atteint mon but, si j'ai réussi à montrer la complexité du sujet et à indiquer les positions dominantes où il faut se placer successivement pour l'apercevoir dans son ensemble et avec tout son relief.

CHAPITRE VII

L'IMPÉRIALISME ET LA CONSTITUTION

L'impérialisme est un état psychologique qui a commencé à paraître en Europe vers 1860. L'Allemagne l'a éprouvé la première; puis il a gagné l'Angleterre, la France, et a enfin traversé l'Atlantique pour s'épanouir aux États-Unis. Trois caractères le distinguent à divers degrés dans ses spécimens européens : d'abord un désir extraordinaire d'acquérir de nouveaux territoires et de faire sentir sa domination sur les anciens, ce qui a amené la prépondérance de la politique extérieure et de la politique coloniale dans les préoccupations habituelles de chaque peuple. Secondement, surtout en Allemagne et en Angleterre, la glorification de chacune des deux races, devenues les instruments du Très-Haut pour l'accomplissement de ses desseins.

Tous les actes qui avaient pour fin la grandeur
nationale revêtaient ainsi un caractère sacré et
toutes les objections qu'on eût tirées il y a cinquante ans des notions de droit absolu ou du
respect dû aux traités, étaient dédaigneusement
repoussées du premier plan où ne restait que
l'intérêt de l'État, associé aux fins de la Providence. Il est remarquable que, dans les trois pays,
les principes abstraits, dont l'influence avait jusqu'alors été sans rivale, n'ont plus été considérés
que comme une idéologie oiseuse et irritante.
Enfin l'armée, surtout en Allemagne et en
France, a été considérée comme le premier corps
de l'État. En France même on a soutenu de
bonne foi que, ne pouvant être coupable, elle ne
devait pas être soupçonnée, que tout blâme dirigé
contre elle était inspiré par un esprit pervers. On
a créé une sorte de façon rituelle d'en parler et de
la glorifier. On lui a supposé des ennemis imaginaires, auteurs d'injures mortelles qu'on aurait
volontiers punis de la peine capitale. Tels sont
les principaux caractères qu'a présentés ce qu'on
a appelé l'impérialisme européen.

C'est un sentiment de même nature qui a fait
son entrée en scène aux États-Unis pendant les
dix dernières années. L'impérialisme américain
a deux caractères par lesquels il diffère de l'ancien
patriotisme : l'excès de l'infatuation, la vivacité
de la convoitise. Les États-Unis veulent être

comptés parmi les grandes puissances du globe ; ils n'admettent pas qu'on ait un autre avis que le leur en ce qui concerne les affaires de leur continent. Ils s'attendent à être consultés avec déférence dans les questions qui intéressent l'ancien monde. De plus, chaque fois qu'ils rencontrent un territoire bon à prendre, ils éprouvent une envie instinctive de se l'approprier et, ensuite, une difficulté extrême à y renoncer par sagesse. D'autre part, l'impérialisme américain diffère de celui des grandes nations de l'Europe par trois caractères : 1° Il est absolument dépourvu de tout élément mystique. L'élément mystique est le legs d'un long passé qui faisait naturellement défaut aux États-Unis. 2° On ne trouve pas ici cette glorification de l'armée, conçue à part et faisant figure à côté de la nation. L'armée n'avait que les proportions d'une force de police. Elle était trop petite pour qu'on pût se la représenter isolément et comme subrogée au peuple lui-même dans l'accomplissement de ses destinées. On a simplement manifesté au retour des troupes fédérales un enthousiasme assez grossier où se dépensaient les esprits animaux de la foule. Enfin l'esprit positif s'est montré, là encore, plus dégagé des contradictions et des difficultés que lui opposaient ailleurs sinon les notions de droit absolu, au moins la générosité, la courtoisie, le respect des formes. Il était d'avance très déterminé à ne pas tenir compte

d'abstractions qu'il jugeait vides, d'une sentimen-
talité qu'il considérait comme puérile.

D'où venait l'impérialisme américain? Était-ce
une simple imitation de l'Europe ou le produit
d'une circonstance fortuite, ou bien avait-il des
origines proprement américaines, des racines profondes enfoncées dans le sol natal? — Une circonstance fortuite a pu lui donner l'occasion de se
produire. L'esprit d'imitation a pu lui suggérer
quelques-unes de ses formes. Mais c'est dans
l'histoire même des États-Unis que se rencontre
la grande cause d'où ce sentiment procède.

Cette cause est le progrès extraordinaire de la
nation dans l'ordre démographique, économique
et politique, particulièrement depuis dix ans.
L'Union a passé durant cette période de 63 000 000
à 76 000 000 d'habitants [1]. Son taux d'accroissement est plus que double de celui de l'Angleterre.
Elle est, par la population, la première puissance
du monde après la Russie, qu'elle aura selon
toute apparence dépassée dans un tiers de siècle.
Elle fournit au monde plus des trois quarts de
son coton. Elle a définitivement dépassé l'Angleterre dans la production de la fonte brute et du
charbon [2], et sa primauté est encore plus effective

1. Ces chiffres et les suivants sont tous extraits du *Census*
et du *Statistical abstract*, et, pour l'Angleterre, du *World* ou du
Reform Almanach.
2. Le chiffre qui exprime la production de la fonte était en
1890, pour l'Angleterre, de 8 000 000 de tonnes; pour les États-

et plus durable en ce qui concerne la production du blé et du maïs. Son réseau des chemins de fer compte 30 000 milles de plus que celui de l'Europe.

Une nation de 76 000 000 d'hommes, qui est à la fois le grenier à blé, le chantier de charbon et de fer, le dépôt de coton où vont puiser tous les peuples, ne peut plus comme autrefois s'enfermer dans son continent et rester indifférente à tout ce qui se passe dans les quatre autres parties du monde. Elle est une trop importante section de l'humanité pour avoir le droit de s'isoler. Elle sent que puissance oblige. Sa force lui crée un droit, le droit se tourne en prétention, et la prétention se résout en un devoir de se prononcer dans toutes les questions que dénouait naguère l'accord des seules puissances européennes. Le monde l'encourage. En toute affaire il regarde du côté des États-Unis et se demande avec inquiétude ce que va penser, ce que sera tentée de faire la grande nation de l'autre côté des mers. Son attente serait singulièrement trompée si cette nation ne donnait pas son avis.

Unis, de 9 200 000 tonnes. En 1900, il a été pour l'Angleterre de 9 500 000 tonnes, pour les États-Unis de 13 800 000 tonnes. Le chiffre qui exprime la production du charbon était en 1890 pour l'Angleterre de 181 600 000 tonnes, pour les États-Unis de 141 000 000 de tonnes. Il a été en 1900, pour l'Angleterre, de 220 000 000 de tonnes; pour les États-Unis, de 227 000 000 de tonnes.

Ajoutez que tandis que la masse des êtres vivants qui occupent la planète est de plus en plus assujettie aux besoins que l'Union peut satisfaire, elle a de moins en moins recours à eux pour ses propres besoins. En regard des chiffres déjà cités qui expriment le total de la production, il faut mettre le chiffre qui exprime l'importation des marchandises étrangères : il est de 850 000 000 de dollars en 1900 contre 845 000 000 en 1891 pour une population qui a augmenté de 13 000 000 d'individus : preuve péremptoire que les États-Unis fabriquent eux-mêmes de plus en plus les objets qu'ils consomment. Ils sont néanmoins très intéressés, par l'augmentation énorme de leur trafic, à surveiller les mesures que prennent les différentes nations de l'Europe et à ne pas permettre qu'elles appliquent des tarifs élevés aux marchandises américaines. C'est à cette fin qu'ils ont organisé le système expéditif et brutal d'une ordonnance du Président frappant du jour au lendemain de taxes considérables les marchandises des pays qui n'ont pas consenti, de leur côté, aux réductions qu'il juge nécessaires.

Ces procédés sommaires, ce sans-gêne singulier dont les États-Unis usent à l'égard des nations étrangères ont une autre cause : c'est la prépondérance des États de l'Ouest dans les conseils de l'Union. L'Ouest, c'est-à-dire la partie des Etats-Unis qui s'étend au delà du Mississipi,

comprend 23 États qui envoient au Sénat 46 sénateurs sur 90 et à la Chambre 157 représentants
sur 350. Ils forment donc la majorité dans l'une
des Chambres, et disposent dans l'autre d'une
minorité très imposante. Or, de quoi se compose en grande partie la population qui occupe
cette vaste étendue de territoires? D'immigrants
qui, détachés molécule par molécule du bloc
européen, ont été poussés rapidement à travers
la population plus affinée de l'Est, qui n'a pas eu
le temps d'exercer sur eux une influence, jusque
dans des espèces de solitudes où ils ont retrouvé
çà et là les conditions de la vie sauvage. Ils sont
prodigieusement incultes et arriérés, et l'absence
en beaucoup d'endroits de toute vie sociale les
laisse sans défense contre leurs idées fixes qui
sont presque toujours des idées d'enfants. Tels
sont les hommes qui sont devenus pour un temps
les maitres de l'opinion aux États-Unis et les
directeurs, par l'intermédiaire de leurs sénateurs
et de leurs députés, de toute la politique étrangère. Il serait vain de dire qu'une de ces rétro-
gressions qui se sont produites dans nos sociétés
aristocratiques par l'avènement du régime populaire, n'était pas possible dans un pays entièrement démocratisé depuis cinquante ans. Il y a eu
une rétrogression, déterminée par l'énorme afflux
de cette matière humaine désorganisée que l'Europe rejetait vers les États-Unis. On s'en aperçoit

bien au langage que les politiciens tiennent à cette multitude. Ils ont dû retrancher de leurs discours tout ce qui n'est pas absolument simple. Ils n'y ont admis que les idées qui se traduisent immédiatement en sensations. Ils donnent aux mots leur sens le plus élémentaire et leur interprétation en quelque sorte la plus matérielle. Il ne leur viendrait pas à l'idée de dire qu'un territoire n'est bon ni à prendre ni à garder. Cela est trop contraire à la manière de penser de l'enfant. La seule politique extérieure intelligible pour cette multitude se ramène à une psychologie très simple qui s'exprime par des phrases comme celles-ci : Il faut être fort; la force se mesure par l'étendue du champ où elle se fait sentir. Une puissance dont la voix est entendue de tout l'Univers est plus forte qu'une puissance qui ne se fait entendre que d'un continent. La force se mesure encore aux coups qu'on donne à son voisin, et il faut que l'épreuve soit renouvelée de temps à autre : les coups qu'on donne sont un fait incontestable. La force se prouve par l'arrogance des déclarations diplomatiques. L'arrogance est comme un coup qu'on administre par la parole. Une diplomatie discrète et mesurée serait supecte de timidité : l'éclat et la violence du langage sont déjà comme des commencements de victoires. La force se constate, en temps de paix, par l'existence d'une armée considérable : le chiffre des troupes est un fait matériel indiscutable. — On remarquera que toutes ces raisons peuvent sans effort se résoudre en des sensations et agir par là sur ces cerveaux inhabiles à accueillir l'abstraction la plus élémentaire. La politique extérieure imposée au Congrès, et par suite aux hommes d'État de l'Union, se caractérise donc par un mélange de vide et d'enflure, de brutalité et d'imprévoyance et surtout par la puissance des représentations sensibles au sein d'une imagination pauvre. Cet état de choses durera tant que cette démocratie n'aura pas réussi à se cultiver, ce qu'elle essaie d'ailleurs de faire avec beaucoup d'énergie et de suite.

J'ai montré par des raisonnements que l'impérialisme, s'il s'est révélé à l'occasion d'une circonstance fortuite comme la guerre avec l'Espagne, n'en avait pas moins son origine et sa cause dans l'état extraordinairement prospère de l'Union depuis dix ans. Je voudrais maintenant montrer par des faits que ce même impérialisme est la suite et comme la conclusion d'une politique constamment poursuivie depuis près d'un siècle, et qui a ses fondements dans les traditions les plus incontestables de l'esprit américain.

A aucune époque il n'y avait eu de grands établissements militaires en Amérique. Le siège de ces établissements était en Europe, et les différentes nations n'avaient sur le sol du nouveau continent que les troupes qu'elles y pouvaient transporter. Les États-Unis étaient donc dispensés de créer eux aussi pour leur défense des forces militaires permanentes. Toutefois, ils n'étaient pas exempts d'inquiétude : une armée régulière assez considérable pouvait à la rigueur franchir l'Atlantique et menacer leur sécurité.

De 1811 à 1822, un grand changement s'accomplit : les colonies espagnoles se révoltent et proclament leur indépendance. Cette indépendance est reconnue par les États-Unis. La plus grande puissance coloniale de l'Univers, au moins par l'étendue de ses possessions, disparaît du nouveau monde, laissant à sa place de 10 à 12 Républiques désorganisées, en proie à l'esprit révolutionnaire et incapables de se poser en rivales des États-Unis. Monroë et surtout Adams, son secrétaire d'État, sentent tout l'avantage de cette situation; ils ont un intérêt évident à la maintenir intacte. La célèbre déclaration par laquelle ils signifient indirectement leur volonté à l'Europe est un acte d'une singulière hardiesse. J'en résume les traits les plus essentiels en ces deux phrases : Les États-Unis verront avec déplaisir les puissances de l'Europe intervenir en Amérique, soit pour ramener les républiques nouvellement formées à leur ancienne allégeance, soit pour obtenir d'elles des cessions de territoire. Les possessions américaines des nations de l'ancien monde sont définitivement limitées à ce qu'elles sont aujourd'hui, et leurs frontières ne pourront être déplacées. Elles ne pourront changer d'état que pour devenir, elles aussi, des Républiques. — En revanche, les États-Unis annoncent et promettent qu'ils ne se mêleront jamais à aucun degré des questions qui intéressent l'Europe dans les autres parties du monde. Ainsi la doctrine de Monroë séparait absolument le continent américain de l'ancien continent : elle partageait l'Univers en deux mondes distincts, dont chacun réglait ses destinées indépendamment de l'autre.

Cette doctrine était singulièrement hasardée en 1823. En 1820 le *Census* avait fait ressortir la population américaine au chiffre de 9 633 822. Il n'y avait naturellement pas de chemins de fer et le développement économique était des plus médiocres. L'Union avait donc toutes les raisons du monde de sentir sa faiblesse et d'être prudente. Toute la politique extérieure des Américains tendit à restreindre en fait la doctrine de Monroë, à en délaisser une partie, sans jamais avouer toutefois qu'ils n'avaient pas la volonté de l'appliquer tout entière. Leurs hommes d'État les plus considérables, Clay, Webster, Polk, etc., ne se croient pas tenus d'observer littéralement les termes de la déclaration de Monroë. Leur ferme propos, révélé par un dis-

cours de Webster, est d'y renoncer en ce qui
concerne l'Amérique du Sud, et de ne la rendre
effective que pour l'Amérique du Nord. Au
congrès de Panama, où figurent la plupart des
États importants de l'Amérique méridionale, les
délégués américains reçoivent comme mot
d'ordre de ne pas prendre d'engagement. Pour
plus de sûreté, ils s'arrangent pour ne pas y
paraître. Le traité Clayton-Bulwer (1859) reconnaît à l'Angleterre des droits égaux à ceux des
États-Unis sur le canal projeté à travers le territoire du Nicaragua, et les deux puissances invitent
toutes les nations de l'Europe à y intervenir en
donnant leurs garanties.

Ainsi tout d'abord le cadre tracé par Monroë
et adopté par l'esprit public américain s'est
trouvé trop vaste. Les États-Unis montrent un
juste sentiment de la médiocrité de leurs forces
en ne poussant pas jusqu'aux limites qu'il leur a
fixées, en n'affichant pas les prétentions qu'il
leur suggère.

En 1850 la population a considérablement
augmenté : elle atteint le chiffre de 23 191 876.
L'Union produit déjà 2 479 093 balles de coton,
36 174 927 hectolitres de blé, 213 145 597 hectolitres de maïs; 632 000 tonnes de fonte, 1 800 000
short-tons de charbon. Toutefois cette augmentation des forces démographiques, économiques et
politiques du pays, si large comparée au passé,

si insignifiante comparée au présent[1], ne produira pas l'effet qu'on pourrait en attendre : les États-Unis sont absorbés d'abord par la douloureuse gestation de la guerre civile, puis par la guerre civile elle-même et, quand elle est terminée, par la compression et les représailles qui suivent un tel bouleversement. Ce n'est guère qu'entre 1880 et 1890 que cette préoccupation cesse. Ils se réveillent en quelque sorte, et se retrouvent à ce moment même l'une des premières puissances politiques et économiques du globe.

Le cadre tracé par Monroë n'est plus alors disproportionné à leurs forces. Ils le remplissent entièrement, ils en occupent pour ainsi dire toute la surface. Ils pèsent même sur les bords comme s'ils manquaient d'air et d'espace dans cette enceinte devenue trop étroite, et l'on s'attend au vigoureux coup d'épaule qui en jettera bas les parois. C'est d'abord le congrès panaméricain de Blaine, par lequel on essaie de constituer un *Zollverein* de tous les États de l'Amérique, première forme de l'union politique future. Voilà certes une application très complète et très décidée de la doctrine de Monroë : on cherche à rapprocher les uns des autres les différents États des

---

1. Les mêmes productions atteignent à l'heure actuelle les chiffres suivants : 190 000 000 d'hectol. de blé, 757 000 000 d'hectol. de maïs, 9 142 000 balles de coton, 226 500 000 tonnes de charbon, 13 790 000 tonnes de fonte.

deux Amériques. On ne sort pas des limites du continent. — C'est ensuite l'affaire du Vénézuela, où les Etats-Unis interviennent entre deux puissances souveraines, sans autre titre que la doctrine de Monroë qu'aucun État n'a encore reconnue; se posent en arbitres nécessaires et, après qu'un traité a reconnu cette prétention, compulsent les pièces du procès, président, sans être nommés dans l'arrêt, à la rédaction qui est finalement acceptée par les deux parties. Là encore on se trouve en présence d'une application à coup sûr très tendue et très risquée de la doctrine de Monroë. On annonce, par l'insolence des prétentions, qu'on est tout prêt à la dépasser, mais on ne la dépasse pas encore. — C'est le projet de traité Hay-Pauncefote, qui modifie profondément le traité Clayton-Bulwer, en écartant l'Angleterre de l'isthme de Nicaragua pour n'y laisser que les États-Unis maîtres de construire eux-mêmes le canal interocéanique. Encore, le fait que ce projet appelle les autres nations en garantie est-il cause que le Sénat fédéral a refusé son assentiment. On voit clairement qu'il ne s'agit ici que d'expurger le traité Clayton-Bulwer, d'en éliminer tout ce qu'on a laissé s'y introduire de contraire à la doctrine de Monroë. — C'est l'affaire des îles Hawaï : des Américains, planteurs de canne à sucre, veulent rendre définitive la franchise établie pour leur produit par le traité de

réciprocité de 1875. Ils provoquent une révolution, détrônent la reine, et obtiennent que leur
archipel soit proclamé *territoire* de l'Union, ce
qui implique la suppression absolue des droits
d'un pays à l'autre. Là se révèle pour la première
fois un désir d'agrandissement, un commencement d'ambition coloniale. Mais cette ambition
est comme masquée par la préoccupation économique qui, après avoir pris la conduite de l'affaire,
pose et résout à elle seule toutes les questions.
— Reste l'affaire de Cuba. L'annexion de cette île
est, comme on va le voir, l'une des fins les plus
anciennement conçues et les plus fidèlement
poursuivies de la politique américaine. L'impérialisme y est aussi étranger qu'il l'a été autrefois
à l'admission du Texas, qui s'est faite dans des
conditions à peu près semblables. Cuba a été tout
d'abord l'unique objet des négociations enta-
mées avec l'Espagne, et c'est par un cas fortuit,
la victoire de Dewey et ce qui s'en est suivi, que
le traité, à la dernière heure, s'est trouvé comprendre les Philippines. Mais pour s'être produit
à la suite d'un accident, l'impérialisme n'est pas
engendré par lui et n'a rien d'accidentel. Il n'est,
qu'on s'en rende bien compte, que le patriotisme
à son maximum d'intensité, il en garde toute la
forte réalité, toute la vigueur qui résulte de sa
longue croissance et se précipite avec l'énergie
souveraine d'un sentiment adulte dans la voie

qui lui est ouverte. C'est vers cette époque, au moment où s'ouvre le siècle, qu'éclatent, comme un chant d'orgueil et de victoire, les chiffres du *Census* de 1900. Désormais les États-Unis, avec leurs deux grandes îles dans l'Atlantique, leurs deux groupes d'îles dans le Pacifique, se préparant à réunir les deux Océans par un canal depuis longtemps prévu dont ils entendent jusqu'à nouvel ordre demeurer seuls les maîtres, nous offrent une image très différente de celle que nous avons été accoutumés à rencontrer durant le dernier siècle. L'expansion ne connaît plus de limite. La doctrine de Monroë semble avoir sombré et s'être perdue dans la politique mondiale. Elle subsiste, au fond, et c'est elle qui servira de règle bien longtemps encore à la politique américaine.

On pressent, d'après ce qu'on vient de lire, la conclusion qui clôt cette première partie de mon sujet. L'impérialisme a en Amérique des racines profondes. Il est le résultat et le terme d'une longue et lente évolution. C'est une grave méprise d'y voir, comme on l'a fait sous l'impression toute récente et toute vive de la guerre, l'effet d'un événement qui aurait pu être autre qu'il n'a été, et où les occasions qui se sont présentées si à propos au jingoïsme américain auraient pu lui faire défaut. La guerre aurait tourné autrement ou n'aurait pas eu lieu, que le jingoïsme se serait développé en impérialisme par toutes les autres voies qu'il s'était ouvertes. C'est une disposition d'esprit qui puise sa force dans un long passé et qui ne dépend que pour la forme qu'elle a prise d'une circonstance fortuite ; elle se sert des événements au lieu de leur obéir.

La question de Cuba, que je viens d'effleurer, nous amène à la même conclusion. Cuba est une île, mais elle n'en est pas moins une dépendance avérée du continent américain. Elle est située au sud et à 60 lieues environ de la Floride. Elle infléchit sa corne occidentale dans la direction du Yucatan, de façon à fermer le golfe du Mexique. Elle prolonge vers le Sud-Est, sur une étendue de 360 lieues, une côte riche en bons ports en face de la côte américaine qui en est dépourvue jusqu'à Baltimore. De l'autre côté elle forme presque le tiers de l'hypothénuse du vaste triangle qui constitue la mer des Antilles. Elle est une station merveilleuse avant la dernière étape qui mènera les vaisseaux à l'un quelconque des canaux projetés, surtout au canal de Nicaragua, qui est littéralement couvert par la grande île. Il est facile de comprendre que Cuba est pour les États-Unis un complément nécessaire, une annexe dont ils ne peuvent se passer, depuis qu'ils sont devenus, par la cession de la Louisiane, riverains du golfe du Mexique. S'ils ont pu tolérer que cette possession restât encore pendant plus d'un siècle aux mains d'une puissance étrangère, c'est que cette puissance était l'Espagne, nation faible, en déclin rapide et hors d'état de rien entreprendre contre la grande République nord-américaine. Que Cuba fût entrée par voie d'achat ou d'échange dans le domaine colonial de la Grande-Bretagne ou de la France, les États-Unis se seraient sentis presque aussi menacés que si, en regard de leur New-York, Brooklyn ou Jersey City fussent restés des dépendances anglaises. Aussi ne faut-il pas s'étonner que tous les hommes d'État qui ont eu l'occasion de parler au nom des Etats-Unis se soient montrés depuis un siècle très impatients de décider l'Espagne à leur céder Cuba. Jefferson disait dès 1809 que Cuba serait pour l'Union une conquête bien plus utile encore que les Florides, qu'il serait facile de s'en rendre maître si Napoléon n'y faisait pas d'objection, et qu'en ce cas « il faudrait ériger immédiatement une colonne à l'extrémité méridionale de l'île pour marquer les limites de l'extension américaine de ce côté ». John Quincy Adams, dans une lettre écrite en 1823 au représentant de l'Amérique à Madrid, prévoyait comme un fait qui ne peut pas ne pas se produire l'annexion de Cuba aux États-Unis. « Si une pomme, disait-il, détachée par la tempête de l'arbre qui la portait ne peut faire autrement que de tomber sur le sol, Cuba, les liens artificiels qui l'unissent à l'Espagne rompus, incapable de se soutenir sans un appui extérieur, ne peut que graviter vers l'Union nord-américaine, qui, par suite de la même loi naturelle, ne peut la repousser. » Au temps de Pearce, les États-Unis entreprennent avec une conviction très décidée de démontrer à l'Espagne qu'elle ne peut mieux faire que de leur vendre Cuba. Les principaux ministres américains en Europe, réunis à Ostende, expriment avec beaucoup de fermeté cette opinion et terminent leur manifeste par une phrase comminatoire. Le secrétaire d'État, M. Marcy, refuse de s'associer à ce langage, mais n'en continue pas moins, avec l'Espagne qui n'y répond pas, des négociations très pressantes qui seront poursuivies sous la présidence de Buchanan. En 1868, après la guerre de Sécession, la question s'impose de nouveau au général Grant par la rebellion des Cubains. Le général Grant ne parle plus d'acheter l'île à beaux deniers comptants, mais il offre sa médiation et ses bons offices, qui pourront comprendre l'avance faite aux indigènes d'une somme que ceux-ci paieraient à l'Espagne à titre d'indemnité. Cuba se trouverait donc ainsi dépendre de la grande République nord-américaine par une dette dont elle aurait beaucoup de peine à s'acquitter. C'est aussi sa médiation qu'offre, pour commencer, le Président Mac-Kinley. Seulement, il reprend la phrase comminatoire du manifeste d'Ostende. Il

ne dissimule point l'extrémité à laquelle il pourra
éventuellement être amené « par nos obligations,
dit-il, envers nous-mêmes, envers la civilisation,
envers l'humanité ».

Je ne pousse pas plus loin ces citations. Elles
auront suffi pour démontrer que la question de
Cuba appartient en entier à la politique tradi-
tionnaliste, que la nécessité de l'annexion a été
aperçue et affirmée dès le commencement du
XIXᵉ siècle ; qu'à quatre ou cinq reprises, à des
époques où le jingoïsme était encore inconnu,
elle a été réclamée sous différentes formes et
amorcée par différents moyens ; que lorsque le
jingoïsme est né de la substance de l'ancien
patriotisme, il n'a eu qu'à recevoir la question
cubaine des mains d'une longue suite d'hommes
d'État, et non pas, comme on pourrait le croire, à
la créer de toutes pièces ou à imaginer pour l'introduire un nouvel appareil. Il s'est contenté de
greffer sur cette antique convoitise les désirs
d'agrandissement, les rêves d'expansion coloniale
qui naissaient d'une avidité devenue tous les
jours plus ardente et plus ambitieuse. On constate
ainsi, sans qu'il puisse nous rester le moindre
doute, la continuité du traditionnalisme et de
l'impérialisme. Ils sont engendrés de la même
sève sur le même rameau, et c'est assurément
pour le dernier un principe singulier de force et
de ténacité que d'aller puiser à des sources sécu-

laires, à travers les racines de l'ancien patriotisme, la vie surabondante qui l'anime.

Nous voici donc amené à la seconde partie de notre sujet. Il s'agit non plus de rechercher les causes, mais de prévoir les destinées de l'impérialisme, de marquer les résistances qu'il rencontrera et le caractère de la lutte qu'il aura à soutenir. Notre conclusion sera très simple : l'impérialisme durera et se développera parce qu'il est l'effet de causes profondes ; mais il durera et se développera sans s'opposer directement au traditionnalisme américain d'où il sort, sans contester théoriquement ses origines, sans juger vaine et surannée, par exemple, la doctrine de Monroë. La même cause est pour ce sentiment un principe de force et un gage de modération. Il ne changera rien violemment : il croira même peut-être n'avoir rien à changer, et les institutions et les mœurs, formées dans un milieu qui subsiste encore en grande partie, résisteront longtemps à une action qui n'aura rien de révolutionnaire, à des influences qui, la première émotion passée, s'exerceront pacifiquement. C'est pourquoi je me refuse à admettre tout ce qu'on s'est plu à dire sur le développement du militarisme aux États-Unis, sur les amendements à prévoir dans la Constitution, sur le rôle considérable auquel est destiné à bref délai le pouvoir exécutif.

Voici à peu près comment on raisonne : l'armée

est le principal instrument de la grandeur nationale. Il faudra de toute nécessité qu'une nation
dont l'ambition s'étend à tout l'univers, ait une
armée nombreuse, bien encadrée, bien tenue en
main par ses chefs. Il faudra tôt ou tard que la
plus grande partie de cette armée devienne permanente, se distingue de la nation par un véritable esprit de corps et contracte des habitudes
militaires. Les habitudes de la vie civile prévalent seules aujourd'hui ; elles n'ont pas de rivales.
Il est facile de prévoir le moment où elles auront
à subir une redoutable concurrence et où la primauté leur sera disputée. L'armée sentira — elle
sent peut-être déjà — que la sécurité de la nation
dépend d'elle. Elle se croira appelée à jouer un
rôle important dans l'État. Le prestige qui se
concentrera sur les chefs ne restera pas purement
militaire : il engendrera à l'occasion une popula-
rité capable d'assurer à un général peu scrupu-
leux la majorité des voix pour la présidence.
Quant au Président lui-même, on a déjà commencé, on continuera à augmenter ses attributions, à diminuer sa dépendance. On l'a laissé
maître d'instituer des représailles économiques,
pendant un temps dont il reste juge, à l'égard des
pays dont la législation douanière lui paraît
« unreasonable ». A la Haye on lui a conféré le droit
de nommer les juges à sa volonté, sans le concours du Sénat. Ce n'est pas moins qu'une déro-

gation à la Constitution. Le Président, qui a perdu par l'érection des territoires en États d'énormes surfaces où il exerçait, grâce à la tolérance du Congrès, un pouvoir arbitraire, vient d'en retrouver l'équivalent dans ces États vassaux qui sont tenus dans une étroite dépendance et où la nécessité d'agir à l'occasion avec une grande vitesse et une grande sûreté de main donne au Président de fréquentes raisons d'intervenir. Enfin, cette dépendance elle-même, n'est-il pas surprenant qu'elle soit acceptée et soufferte par un peuple qui s'est fait une sorte de dogme de l'égalité entre les citoyens, et n'est-ce pas un gage frappant de la conversion à l'impérialisme que la façon dont généraux, hommes d'État et juges de la Cour suprême forcent l'esprit de la Constitution pour y faire une place à ces citoyens imparfaits, déchus d'une partie de leurs droits?

Cette argumentation est fondée en partie sur les faits, en partie sur des raisonnements *a priori*. Il est aisé de répondre aux uns et aux autres.

Au sujet de l'armée, nous ferons tout simplement observer que le Congrès n'a jamais consenti à en élever le chiffre au-dessus de 65 000 hommes. Le reste des forces de l'Union, 200 000 hommes environ, a été fourni par des volontaires. Ceux-ci ont reçu une organisation et des cadres distincts de ceux de l'armée régulière, et c'est l'organisation par État qui leur a été, en fait, conservée. Le

Congrès devait se dire qu'à la fin de la guerre les corps de volontaires n'auraient aucune peine à se détacher de l'armée régulière et qu'ils se retrouveraient alors organisés en milices locales, avec leurs propres officiers, exactement comme sur le pied de paix. La guerre terminée, le Congrès consentit à garder sous les drapeaux une partie de ces forces extraordinaires, jusqu'à l'expiration de deux années, au bout desquelles l'armée serait ramenée au chiffre traditionnel de 25 000 hommes. Ce n'est que postérieurement et en vue de la continuation de la guerre aux Philippines qu'il accepta les chiffres de 60 000 hommes pour l'armée régulière et de 40 000 hommes, dont 15 000 Philippins, pour les volontaires.

On voit clairement, dans toute cette série de statuts, que le Congrès résiste autant qu'il peut à la création de forces militaires considérables. Il n'est pas séduit par la perspective des grandes choses qui pourraient être entreprises avec une grande armée. Il la maintient aussi peu nombreuse que le souffrent les circonstances. Il semble n'avoir pas conscience du rôle mondial auquel est appelée l'Union, et sa tendance constante est de conserver aux troupes fédérales les proportions et le caractère d'une force de police. Si l'on veut un exemple du jingoïsme américain, on ne le trouvera pas dans l'organisation de l'armée, dont le chiffre, plus que modeste, même aujourd'hui, ne rappelle

que de bien loin nos grandes masses militaires
européennes. C'est ailleurs qu'il faut le chercher.

La marine, qui ne fait qu'un en général avec
l'armée, se présente ici dans des conditions assez
différentes. C'est à partir de 1881 que la création
d'une flotte a été entreprise et suivie par les
secrétaires d'État Hunt et Chandler, avec l'appui
du Président. Cette flotte, qui devait succéder à
un ramassis de vaisseaux de bois, était, dans le
principe, un moyen de défense contre l'Europe,
dont les arsenaux n'étaient qu'à huit jours des
principaux ports de l'Union. Quoiqu'elle ait pu
par la suite être employée d'une manière offensive et agressive, elle représentait, dans la pensée
de ses auteurs, comme une ceinture de forts détachés et mobiles, errant devant les ports de
l'Union et les protégeant contre toute attaque.
L'augmentation des forces navales n'a donc rien
qui dépasse ou contredise la doctrine de Monroë :
elle a pour but et pour effet d'assurer aux États-
Unis la sécurité dans le continent où ils se ren-
ferment. Toutefois, la guerre a dans une certaine
mesure changé ces dispositions : elle a été bril-
lante, heureuse et rapide. Les succès remportés à
Cuba et aux Philippines ont éveillé le *miles glo-
riosus* dans chacun des membres de ce peuple qui
a rétrogradé pour un temps jusqu'à la manière
de sentir d'une démocratie inculte et brouillonne. On ne peut guère posséder des vaisseaux

bien équipés et bien armés, qui portent dans leurs
flancs la mort et la victoire, sans être tenté d'en
faire usage. Les Américains, exaltés par le sentiment de leur puissance sur mer, seront probablement enclins à se montrer difficiles et peu conci-
liants dans les complications diplomatiques qui
désormais vont avoir mainte occasion de se produire, et, après que le conflit se sera terminé,
l'instinct de la conservation, comme le désir de
vaincre encore, les poussera à augmenter le
nombre de leurs vaisseaux ; conjecture assez
vraisemblable, mais sur laquelle on ne saurait
faire fond comme sur un fait réel. Ce que je
demande à retenir de toute cette analyse, c'est
que la cause qui a conduit à l'augmentation de
la force navale n'a pas été autre chose, dans le
principe, qu'une préoccupation défensive, parfaitement conciliable avec une stricte application de
la doctrine de Monroë, et qu'elle n'a engendré
qu'à la fin, par ses conséquences extrêmes, un
instrument de guerre offensive.

La condition du pouvoir exécutif est le dernier
point important sur lequel il y ait lieu d'insister.
On nous représente que les attributions du Président ont été amplement développées depuis dix
ans ; les exemples ne manquent pas. Je n'ai besoin
que d'un mot pour répondre à cette argumentation. Que les pouvoirs de l'exécutif aient été
notablement augmentés aux États-Unis, c'est un

fait incontestable; mais ils ont été augmentés
pareillement partout ailleurs, et le fait perd, par
son universalité même, la signification qu'on
voudrait lui donner. Ce qu'on peut dire, c'est
qu'en tout pays le progrès naturel de la civilisation a multiplié les cas où une intervention administrative était jugée nécessaire. Cette cause n'a
pas agi moins efficacement en Amérique qu'en
Europe : c'est à elle, non à l'impérialisme qu'il
faut rapporter tous les développements qui ont
été donnés dans ces derniers temps au rôle et
aux attributions du Président de la République
nord-américaine.

Il faut tenir compte ici de la façon toute particulière dont le pouvoir exécutif a été conçu aux
États-Unis. La méfiance et le soupçon qui carac-
térisent en Europe l'attitude de l'esprit public à
l'égard du personnage nominalement revêtu de
ces hautes fonctions, sont inconnus en Amérique.
On y est très préparé et très disposé, on l'a toujours été, à lui conférer sans inquiétude des
attributions qu'il exerce sans contrôle. C'est
qu'on a le sentiment très exact des nécessités de
l'action, des conditions qui en assurent la vigueur,
la suite et l'efficacité. On rencontre même en
dehors de la politique cette disposition de l'esprit
public. Je citerai l'exemple des compagnies de
chemins de fer. Là les *directors*, c'est-à-dire les
administrateurs et spécialement le principal d'en-

tre eux, le « président », ont été faits les maîtres de
toute l'entreprise. Les actionnaires se sont eux-
mêmes résignés à ne pas surveiller — pour ne
pas l'entraver — la gestion de leurs intérêts. On
fixe les dividendes sans leur participation. On
peut, sans les consulter, contracter un emprunt,
fusionner avec une société rivale, changer les
tarifs. Ce qui leur importe, c'est que le président
ne soit pas retardé dans ses décisions par la
nécessité de convoquer une assemblée générale,
qu'il puisse se résoudre vite, gagner du temps et
devancer, s'il le faut, un concurrent redoutable.
Ils ont donc renoncé eux-mêmes — car nul ne
les a forcés d'accepter un pareil régime — à exiger
du président qu'aucune de ces mesures soit soumise à leur approbation. Ils lui accordent un
large et presque exorbitant crédit de confiance.
La Constitution des États-Unis s'est montrée de
tout temps aussi partiale pour le Président que
les statuts des compagnies de chemins de fer le
sont pour leurs *directors*. C'est lui qui a la charge
de l'action; il ne serait donc pas naturel de lui
refuser les conditions qui contribuent à rendre
l'action efficace. Aussi la République américaine
a-t-elle été mainte fois qualifiée de « république
présidentielle » et l'on a comparé le régime qu'elle
s'était donné en naissant, à celui de l'Angleterre
sous George III, à l'époque où le roi, non seulement régnait, mais gouvernait encore à l'aide

d'un cabinet qu'il avait formé de ses mains. Le pouvoir très étendu dont jouit le Président est donc traditionnel, et les augmentations que ce pouvoir reçoit ne sont nullement un sujet d'alarme ou de scandale. Ce n'est pas l'impérialisme qui les a imaginées et introduites à ses fins; l'optimisme des États-Unis, le désir qu'ils ont toujours eu de fortifier l'action au lieu de la gêner, voilà la cause permanente et séculaire à laquelle il faut tout rapporter.

Il y a une raison spéciale pour que les Américains se fassent moins de scrupule que nous autres Européens de grossir les attributions d'un quelconque des pouvoirs et qu'ils soient moins préoccupés des conséquences : c'est que ces pouvoirs sont plus séparés ici que partout ailleurs et que leur indépendance est plus effective. Ils ont leur jeu et prennent leur développement dans des plans différents. Il en résulte d'abord que l'on n'est pas forcé d'enlever à l'un ce qu'on donne à l'autre, comme cela nous arrive chaque fois que nous réglons les attributions des pouvoirs. Il en résulte ensuite qu'une attribution de plus, conférée par exemple à l'Exécutif, n'est presque point jalousée par le Législatif et le Judiciaire et qu'ils n'en font pas un sujet d'animosité ni de rancune. Il en résulte enfin qu'on peut leur ôter quand on voudra ce qu'on leur a octroyé, sans que le pouvoir qui a par là gagné ou perdu se

sente frustré, humilié, comme cela ne manque-
rait pas d'arriver en France, par exemple. Aucun
d'ailleurs n'engage les autres par ses paroles ou
sa conduite, et ceux-ci restent toujours libres de
se déterminer en sens contraire ou différent.
Tandis que notre gouvernement est tout entier
avec ses trois facteurs dans chacun de ses actes,
particulièrement dans les traités qu'il conclut,
l'Amérique n'a pas jugé que ce concours et cette
unanimité fussent nécessaires. Un traité sur les
marques de fabrique, conclu régulièrement par le
Président et le Sénat, accepté de plus par la
Chambre des représentants qui avait fait une loi
de ses dispositions essentielles, a pu, après dix
ans, être mis à néant par un arrêt de la Cour
suprême. Pareillement, Polk disait que la déclaration de Monroë exprimait l'opinion d'un seul
des grands pouvoirs constitutionnels et que les
deux autres restaient absolument libres d'être
d'un avis différent. Cleveland, sommé par une
déclaration *conjointe* du Sénat, qui avait d'avance
l'assentiment de tout le Congrès, de reconnaître
les insurgés cubains, déclara hautement que la
Chambre n'avait aucune autorité pour lier le
Président et que celui-ci était seul qualifié pour
reconnaître un État étranger.

On voit que les mêmes faits ne justifient pas la
même conclusion en Europe et en Amérique, et
qu'avant de voir dans l'augmentation des pou-

voirs du Président l'indice d'un changement constitutionnel en préparation, il faudrait avoir réuni bien d'autres preuves que celles dont nous nous contenterions dans notre hémisphère.

Il faut donc être très réservé dans l'interprétation des faits qui semblent donner un nouveau tour à la Constitution et en changer l'esprit. Il faut l'être d'autant plus que nous avions fait, il y a quarante ans, une expérience et reçu des avertissements dont nous aurions dû profiter. Une situation semblable à celle qui existe maintenant s'était produite après la guerre de Sécession. J'ai tort de dire une situation semblable : les causes qui étaient alors en action étaient infiniment plus accusées, plus volumineuses, plus riches en effets qu'aujourd'hui. Une armée extrêmement considérable avait été mise sur pied ; elle avait, sans être licenciée, fait la guerre pendant quatre ans ; elle avait pris les habitudes de la vie militaire et une certaine inclination à regarder ses chefs comme les seuls auxquels était due l'obéissance. Bien plus, après la guerre, elle avait été employée à briser la résistance du Sud ; elle avait été un agent de répression et même d'oppression aux mains du Président, et ses habitudes s'étaient complétées par une tendance à se considérer comme un organe au service et à la discrétion de l'Exécutif. Celui-ci avait eu plus d'une décision importante à prendre sous sa responsabilité. Il

avait peu à peu agrandi son champ d'action, et
la théorie de ses pouvoirs s'était enrichie de
nombreux précédents, non point anticonstitution-
nels, mais assurément non prévus par les Constituants au moment où ils rédigèrent le texte
de 1789. On pouvait et l'on devait croire, à ce
moment, qu'une grande partie des changements
accomplis serait retenue, que l'armée garderait
un rôle dans l'État, ses chefs une importance
prépondérante, le pouvoir exécutif une plénitude
d'attributions dont il avait fait une heureuse expérience et que personne ne songeait à lui contester. Presque rien de tout cela ne s'est produit.
L'armée est redescendue sans effort et sans délai
au chiffre plus que modeste d'avant la guerre.
Après la présidence du général Grant, le peuple
est revenu à l'habitude de choisir indifféremment
des Présidents civils ou militaires. Les pouvoirs
des Présidents ont été, comme on l'a vu dans cet
ouvrage, ramenés graduellement à leur ancienne
limite, et l'année 1894 a vu disparaître le dernier
des *force acts* qui leur avaient permis d'exercer
dans le Sud une autorité aussi immodérée qu'arbitraire.

Je n'irai pas jusqu'à prétendre que des mêmes
causes, ou à peu près, sortiront cette fois les
mêmes effets. Il y a dans les dispositions actuel-
les du peuple américain quelque chose d'entièrement nouveau, de plus accusé, de plus effecti-

vement durable. L'impérialisme est un élément
qui ne disparaîtra pas, qui se fera peu à peu sa
part. Néanmoins on aurait tort de supposer que
les anciennes institutions n'opposeront pas à ses
progrès une résistance mainte fois victorieuse ;
elles se débattront longtemps avant de se rendre,
ou, pour mieux dire, elles n'auront pas l'occasion
de se rendre, car l'impérialisme ne leur veut pas
de mal ; il n'est au fond que le type extrême du
patriotisme à la façon de Monroë, et, lorsqu'il ne
subit pas l'emportement d'un désir impatient et
direct, il est plein de scrupules et de ménagements pour le droit ancien et les habitudes séculaires qu'il a vues grandir autour de lui sous sa
première forme [1].

1. Deux faits essentiels marquent une transformation capitale dans les visées du peuple américain. Un projet de loi très
étudié, déposé au Congrès, a pour objet, non seulement de
relever de son insignifiance internationale une marine réduite
aujourd'hui au simple cabotage, mais de la développer avec
la rapidité et l'énergie qui sont propres au tempérament américain. Des primes à la construction et à la navigation sont
établies, de façon que de grandes compagnies trouvent avantage à se constituer sur le sol national et à mettre en chantier
des vaisseaux de toute grandeur ; de façon aussi que les négo-
ciants trouvent facile et expédient de charger leurs denrées
sur ces navires qui pourront ne pas leur demander plus cher
que les bâtiments de commerce européen. D'autre part, la dernière résolution qu'on ait connue au président Mac-Kinley
était de remplacer les droits de douane exorbitants, établis à
l'entrée des États-Unis, par des traités de réciprocité où l'on
tiendrait compte de l'intérêt des deux pays. Cette résolution a

été recueillie et adoptée par son successeur. Les États-Unis
règlent donc aujourd'hui leur politique moins sur leurs traditions que sur leurs intérêts de puissance mondiale. Quel spectacle nouveau, et quel sujet de réflexion pour l'homme d'État
que de voir toute une flotte de navires construits sur le sol
américain transporter en Europe et ailleurs le fret immense
qui s'accumule dans leurs ports! Ce grand fait ne se rattache-t-il
pas aux traités encore en projet qui vont engager les nations
de l'ancien monde à souhaiter et à accueillir les produits américains convoyés par une marine nationale qui n'avait guère
paru dans nos ports depuis 1860? Ce sont là des faits acquis et
autant de raisons pour que les États-Unis s'attachent au rôle
activement international qui leur appartiendra nécessairement dans le monde du xxᵉ siècle.

TABLE DES MATIÈRES

Coulommiers. — Imp. Paul BRODARD. — 381-1901.

Librairie Armand Colin, 5, rue de Mézières, Paris.

Choses d'Amérique, par M. MAX LECLERC,
1 vol. in-18 jésus, broché. 3 50

Ouvrage couronné par l'Académie française.

Ce livre est le résumé, non pas seulement des impressions
de voyage de l'auteur, pendant un tour de trois mois, mais des
observations méthodiques, des réflexions suivies qu'il a faites
sur certains sujets particulièrement désignés à sa curiosité.
Le premier chapitre : *Comment on fonde une ville*, a tout l'intérêt que promet son titre. Les chapitres suivants traitent de la
situation morale et économique des fermiers de l'Ouest, de
leurs revendications, de leur organisation en « Granges » et
plus tard en « Alliance », de leur attitude à l'égard du bill
Mac-Kinley, et finalement de la brusque volte-face par laquelle,
déplaçant le centre de gravité politique, ils donnèrent, aux
élections qui suivirent, la majorité au parti démocrate. Ce
livre s'achève par une étude intéressante et, en bien des
points, devenue prophétique, sur le catholicisme aux États-
Unis.

Essai d'une Psychologie politique du Peuple anglais, par M. ÉMILE BOUTMY, membre
de l'Institut. 1 vol. in-18 jésus, broché. . . . . 4 »

M. Boutmy précise d'abord les marques distinctives que la
race anglaise doit au milieu physique où elle s'est formée, et
il les retrouve dans les manifestations les plus variées du
caractère britannique. — Puis, c'est le milieu humain qui
exerce son influence par les races venues du dehors, et plus
tard, par les phénomènes ethniques se produisant sur le sol
lui-même. — Enfin, après avoir successivement considéré
l'homme moral et social, l'homme politique et le citoyen,
l'homme de parti et l'homme d'État, l'auteur termine par
l'étude des rapports qui régissent les deux grands facteurs de
la vie politique et sociale en Angleterre : d'un côté l'individu,
de l'autre l'État.

Tels sont l'objet et le plan général de ce beau livre,
conçu du point de vue élevé de l'historien et du philo-
sophe.

N° 352ᵗᵉʳ.

Le Développement de la Constitution et de la Société politique en Angleterre,

par M. E. BOUTMY, membre de l'Institut, directeur de l'École libre des sciences politiques. 1 vol. in-18 jésus (*nouvelle édition, mise à jour*), broché. **3 50**

M. Boutmy s'est proposé d'étudier dans ses grandes lignes l'histoire des institutions politiques anglaises, généralement fort mal connue en France. Dans une suite de chapitres très clairs et très précis, l'auteur nous fait assister aux diverses phases de l'évolution qui s'est opérée en Angleterre, depuis la conquête de ce pays par les Normands jusqu'à nos jours. Nulle part le présent ne se rattache davantage au passé que chez nos voisins d'outre-Manche. L'Angleterre politique moderne s'est constituée dans ses éléments essentiels du XI° au XIV° siècle. La féodalité disparaît de bonne heure pour faire place à la gentry, qui périt à son tour pour avoir voulu aller trop loin. La démocratie s'est levée contre ses dominateurs, et ses progrès, de plus en plus sensibles depuis un siècle, amèneront dans un temps très rapproché un déplacement radical des bases du pouvoir politique en Angleterre.

Études de Droit constitutionnel (*France, Angleterre, États-Unis*),

par M. E. BOUTMY. 1 vol. in-18 jésus, broché. **3 50**

Dans cet ouvrage, dont le titre pourrait tromper au premier abord, M. Boutmy a fait avant tout œuvre d'historien. C'est ce qui fait l'intérêt de ces magistrales études. Dans la première, l'auteur nous montre l'originalité profonde de la Constitution anglaise qui ne repose pas comme la nôtre sur un texte précis, et dans laquelle la tradition joue un rôle prépondérant. La seconde étude est consacrée à la constitution des États-Unis. Enfin, un troisième chapitre, suggéré par le rapprochement des deux morceaux qui le précèdent, en forme en quelque mesure la conclusion. Par une comparaison plus serrée et plus suivie avec la France, M. Boutmy fait ressortir dans cette dernière étude les différences, non seulement de forme et de structure, mais d'essence et de genre qui existent entre la Constitution des États-Unis et les nôtres.

Les Industries monopolisées (*Trusts*) aux États-Unis, par M. Paul de Rousiers. 1 vol. in-18 jésus (*Bibliothèque du Musée social*), br. 4 »

En 1896, M. de Rousiers fut chargé par le Musée social de faire une enquête sur le fonctionnement des *Trusts* ou monopoles aux États-Unis. Ce sont les résultats de cette enquête qui sont exposés dans ce livre.

Des observations minutieuses et scientifiques du phénomène économique des *Trusts*, il résulte que les industries vraiment monopolisées aux États-Unis l'ont été par suite de la rencontre fortuite de circonstances exceptionnelles et de circonstances artificielles, mais non en vertu de leur évolution normale.

La conclusion de M. de Rousiers est de nature à calmer les appréhensions exagérées auxquelles les *Trusts* ont donné naissance, en même temps qu'elle fait toucher du doigt le danger réel auquel un pays s'expose par un protectionnisme outré qui détermine l'isolement économique.

La Concentration des forces ouvrières dans l'Amérique du Nord, par M. Louis Vicouroux (*Bibliothèque du Musée social*). 1 vol. in-18 jésus, broché. . . . . 4 »

Ce livre est le résultat d'une enquête impartiale. Son but est de montrer pourquoi et comment les travailleurs américains ont « concentré leurs forces » dans certains métiers, organisé des fédérations couvrant toute l'Amérique du Nord et noué des relations avec les syndicats ouvriers du monde entier.

Après avoir décrit leur organisation, l'auteur a essayé de faire le bilan des conflits ouvriers; il a étudié les traités imposés par le vainqueur après la bataille (ou bien signés d'un commun accord pour empêcher l'ouverture des hostilités) et il s'est attaché à expliquer l'influence exercée sur les conditions du travail par le mouvement de concentration des employeurs et des employés. Enfin il a examiné le problème soulevé par l'organisation grandissante des travailleurs.

N° 395bis.

La Femme aux États-Unis, par M. C. DE VARIGNY. 1 vol. in-18 jésus, broché. 3 50

L'auteur recherche comment s'est formée la femme américaine. Son rôle actif et énergique dans la fondation et la défense des États-Unis en a fait l'égale de l'homme, à la naissance de cette civilisation nouvelle. L'éducation des deux sexes en commun a consolidé cette égalité et a même contribué à donner la prépondérance à la femme, que la loi défend avec un soin jaloux. Rien n'est plus intéressant et plus curieux pour nous autres Européens, que ces mœurs si différentes des nôtres : flirt, amour, mariage, existence de la jeune fille et de la femme mariée; rien de plus étonnant que les abus résultant de la préoccupation protectrice de la loi et de la différence des législations dans chaque État.

En concluant, l'auteur rend hommage à l'Américaine moderne, fait la part de ses qualités et de ses défauts, et constate son heureuse influence sur la société aux États-Unis.

Femmes d'Amérique, par Th. BENTZON. 1 vol. in-18 jésus, broché. 3 50

« Sous ce titre, un écrivain dont le nom recommande les œuvres, Mme Th. Bentzon, publie un livre de haut intérêt qui nous fait mieux connaître que bien des récits très piquants le caractère véritable des femmes américaines.

« Rien de plus captivant que la lecture des chapitres consacrés aux Américaines pendant l'indépendance, aux femmes poètes, à Mme Beecher-Stowe et à l'abolition de l'esclavage. L'auteur nous fait connaître une institutrice : Lucretia Crocker; une comédienne : Anna-Cora Mowatt; une amie de la nature : Célia Thaxter; Margaret Haughéry surnommée la mère des orphelins, toutes femmes célèbres au delà de l'Atlantique et à peu près inconnues ici.

« Ces brèves études, écrites avec un rare talent, sont aussi intéressantes que bien des romans et ont le grand mérite d'être l'expression de la vérité. »

(*Le Figaro.*)

N° 359bis.

Librairie Armand Colin, 5, rue de Mézières, Paris.

Essai d'une **Psychologie politique du Peuple anglais au XIX⁰ siècle**, par ÉMILE BOUTMY, membre de l'Institut. Un volume in-18 jésus, broché . . . . **4** »

L'Angleterre et l'Impérialisme, par VICTOR BÉRARD. 1 vol. in-18 jésus, broché (2⁰ édition) . . **4** »

Ouvrage couronné par l'Académie française.

Les Nouvelles Sociétés anglo-saxonnes : **Australie et Nouvelle-Zélande, Afrique du Sud** (*Nouvelle édition entièrement refondue*), par PIERRE LEROY-BEAULIEU. Un volume in-18 jésus, broché . . . . **4** »

Ouvrage couronné par l'Académie française.

Choses d'Amérique, par MAX LECLERC. Un volume in-18 jésus, broché **3 50**

Ouvrage couronné par l'Académie française.

Les industries monopolisées (Trusts) aux États-Unis, par PAUL DE ROUSIERS. Un volume in-18 jésus (*Bibliothèque du Musée social*), broché . . . **4** »

La Concentration des forces ouvrières dans l'Amérique du Nord, par LOUIS VIGOU-ROUX. Un volume in-18 jésus (*Bibliothèque du Musée social*), broché . . . . **4** »

Femmes d'Amérique, par TH. BENTZON. 1 vol. in-18 jésus, broché **3 50**

Le Féminisme aux États-Unis, en France, dans la Grande-Bretagne, en Suède et en Russie, par KAETHE SCHIRMACHER. Une brochure in-16 . . . . . **1** »

9829. — Paris. — Imp. Hemmerlé et Cie.